고집불통 철학자들

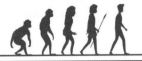

고집불통
철학자들

강성률 지음

글로벌콘텐츠

프롤로그

초등학교 5학년 때 담임 선생님으로부터 부당(?)한 매를 맞고, 복도에 나가 두 손을 든 채 무릎 꿇고 앉아 있으라는 지시를 받았다. 분하고 억울했지만 달리 수가 없었다. 아이들은 모두 집에 돌아가고 사방에 어둠이 깔렸지만, 스스로의 자존심 때문에 끝내 손을 내릴 수가 없었다. 순찰을 돌던 늙은 소사의 눈에 띄어 그의 등에 업혀 가면서도 가지 않겠노라 발버둥을 쳤다. 그렇게 고집을 피우게 된 맘속에는 제자에게 혹독(?)한 벌을 주고서 그 사실마저 망각한 채 퇴근해 버린 선생님, 그에 대한 원망이 들어 있었다.

그때로부터 한 살을 더 먹은 해, 이번에는 잔뜩 화가 난 어머니의 손에 끌려 시골집의 간이 목욕탕 안으로 들어갔다. 창과 출입문이 모두 함석으로 되어 있어 한낮에도 어두컴컴한 그곳에서 회초리를 맞기 시작했다. 처음 몇 대는 버티었지만 이내 두 손을 싹싹 비비며 한 번만 용서해 달라 애원하기에 이르렀다. 그것이 매를 덜 맞는 유일한 길임을 터득했기 때문이다.

우리에게 잘 알려진 철학자들의 모습 역시 어렸을 적 필자와 크게 다를 바 없는 것 같다. 무모하게 보일 만큼 고집을 피울 때도 있고, 간사하게 여겨지리만큼 나약할 때도 있다. 자신의 신념을 지키기 위해 많은 것을 희생하는 장면도 있고, 부와 권력을 쟁취하기 위해 스스로 양심을 판 경우도 있다.

이처럼 다양한 철학자들의 인격을 목도하면서 필자가 내린 결론은 "이들 역시 어쩔 수 없는, 하나의 인간이었다."는 사실이다. 아들을 사형에 처하게 한 철학자나 자녀를 잃고 울부짖는 철학자나 똑같은 인간의 두 모습이다. 다른 것 같으면서도 닮아 있는, 사람의 모습이다. 부와 권력을 물리친 사람이나 그것들을 붙잡기 위해 아등바등한 사람이나 똑같은 사람의 모습이다. 친구와의 의리를 끝까지 지켜 나간 철학자나 우정을 헌신짝처럼 버린 철학자나 서로 다른 것 같으면서도 닮아 있는, 어쩔 수 없는 인간의 모습 아닐까? 경쟁자를 아끼고 사랑하는 마음과 그를 시기질투하는 마음 역시 어떤 인간 세계에서도 흔히 볼 수 있는 장면이 아니던가? 그럼에도 불구하고, 그 모든 인간적인 약점을 극복하고 인류에 불멸의 철학을 제공했다는 사실에서 우리는 그들의 위대성을 확인하는 것이다.

이 책은 동서양 철학자 100명의 삶과 에피소드를 엮음으로써 인문과학 분야 베스트셀러가 되었던 필자의 저서 『2500년간의 고독과 자유』 1, 2권을 비롯하여 많은 문헌들을 참조하였다. 또한 철학자들의 외모, 성, 사랑, 돈, 권력, 기이한 행동, 죽음 등을 한데 엮어 집중적으로 조명한 『철학 스캔들』(평단, 2010년)의 후속편에 해당한다고 볼 수도 있다. 그 책에서 미처 다루지 못했던 부분들, 예컨대 철학자들의 준법정신이랄지

부와 권력을 거절하는 장면, 출세 길을 내닫는 장면, 자녀에 대한 태도, 철학자들끼리의 우정 등을 다루고 있다. 이 책의 또 하나 특이한 점은 동서양의 4대 성인과 그 제자들에 대해서도 비교적 상세하게 언급하고 있다는 사실이다.

필자의 대중적 철학 저서들이 흔히 그렇듯, 이 책 역시 독자들의 눈높이에 맞추려 애를 썼다. 성인뿐만 아니라 청소년들이 읽어 나가는 데에도 지장이 없으리만치 쉽고 가볍게 쓰였다고 자부한다. 철학을 사랑하고 인문학에 목말라하는 이 땅의 많은 독자들이 이 책을 통하여 시원함을 맛보았으면 좋겠다. 여러 해 전부터 저의 졸저들을 예쁘게 만들어 주시는 글로벌콘텐츠 홍정표 사장님과 백승민 편집자 외 모든 직원분께 심심한 감사의 말씀을 전하며 애독자 여러분께도 이 자리를 빌어 감사의 말씀을 전한다.

◇◇ 차 례 ◇◇

프롤로그 · 04

제1부 **법은 반드시 지켜져야 한다**

01 아들을 사형에 처하다-복돈 · 015
02 자기가 만든 법에 따라 죽은 사람-상앙(공손앙) · 024
03 악법도 법이다-소크라테스 · 031
04 법으로 유산을 타 내다-쇼펜하우어 · 038

제2부 **거절의 명수들**

01 신령스런 거북이라면?-장자 · 047
02 50번의 사퇴서-퇴계 이황 · 052
03 햇빛이나 가리지 말아 주시오-디오게네스 · 059
04 교수직마저 거절하다-스피노자 · 065
05 노벨상을 거절하다-사르트르 · 075

제3부 출세의 달인들

01 본보기를 보인 인물들-이사와 한명회 · 083
02 이성계와 이방원의 사이에서-정도전 · 092
03 런던 탑에 갇힌 권모술수-베이컨 · 101
04 나치 정권 아래에서 대학 총장을-하이데거 · 111

제4부 철학자와 자녀

01 자식을 낳지 않은 철학자들 · 123
02 독한 아버지들 · 129
03 자녀를 잃은 슬픔 · 140

제5부 4대 성인과 제자들

01 공자와 제자들 · 156
02 석가모니와 제자들 · 164
03 소크라테스의 제자들 · 182
04 예수의 제자들 · 190

제6부 철학자들의 우정

01 우정의 상징-관포지교 · 216

02 논적의 죽음을 슬퍼하다-장자와 혜시 · 221

03 나이와 신분의 차이를 뛰어넘다-박지원과 박제가 · 227

04 친구의 죽음 이후까지-마르크스와 엥겔스 · 236

제7부 우정이 철천지원수로

01 친구를 죽이다-한비자와 이사 · 246

02 질투가 삼켜 버린 우정-흄과 루소 · 253

03 연구 실적 가로채기-데카르트와 파스칼 · 259

04 부지깽이 스캔들-비트겐스타인과 칼 포퍼 · 265

제8부 긴장과 경쟁관계

01 논쟁에서 화해로-주자와 육상산 · 274

02 만고의 충절과 개국공신-정몽주와 정도전 · 280

03 원로학자와 소장학자의 대결-퇴계와 고봉 · 286

04 나치가 갈라놓은 운명-야스퍼스와 하이데거 · 293

고집불통
철학자들

제1부

법은 반드시
지켜져야 한다

세상에는 누구나 어쩔 수 없이 지켜야 할 법이 있고 따라야 할 풍습과 관습, 불문율, 도덕이 있다. 그런데 그와는 무관하게 자기 스스로 세운 원칙을 어김없이 지켜 나간 철학자들이 있다. 그것이 주관적이고 자의적인 것일 경우, 우리는 그것을 그 철학자의 규칙(혹은 계율)이라 부를 수 있는데, 여기에는 동양의 혜원과 서양의 칸트를 예로 들 수 있다.

중국 동진 때의 승려 혜원慧遠, 334~416년은 아름다운 명산인 여산을 택하여 동산東山 위에 역사적으로 유명한 동림사를 건축하였다. 그는 절 안에 특별히 한 칸의 방을 마련하였다. 그리고는 이름난 학자 123인을 소집하여 오직 염불에만 종사하도록 하니, 이로써 '나무아미타불'로 시작되는 염불 운동이 창시된 것이다.

그런데 혜원은 속세와 단절하기 위해 37년 동안 한 걸음도 여산을 벗어난 적이 없었다고 한다. 설령 손님을 배웅할 때에도 항상 여산 동림사 앞 냇물의 언덕배기까지가 고작이었다. 중국의 대표적 시인으로 널리 알려진 도연명陶淵明이 찾아왔을 때에도 예외는 없었다. 이에 도연명은 돌아오는 즉시 현장의 감투를 벗어 던지고, 역사에 길이 남을 그 유명한 「귀거래사」[1]를 지었던 것이다.

노인이 된 칸트1724~1804년의 하루 일과는 매우 엄격하게 짜여 있었다. 그는 여름이나 겨울이나 매일 아침 정각 5시에 일어나 규칙적인 시간표에 따라서 서재에서 공부를 하고, 이어서 강의를 했다. 학술 논문을 작성하기 위한 스스로의 연구 시간은 주로 오전으로 정했다. 점심식사 때에는 거의 손님을 맞이했는데, 칸트는 이때 철학을 제외한 다양한 주제를 놓고 많은 얘기를 나누었다. 오후에는 어김없이 산책을 떠났는데, 나이가 들어 걷기가 힘들어질 때까지 한 번도 규칙적인 산책을 거른 적이 없었다. 루소의 『에밀』2을 읽는 데 열중하느라 며칠 집에서 나오지 않은 때를 빼고는 말이다. 그리하여 이웃에 살던 쾨니히스베르크3 사람들은 칸트의 평소 움직임을 보고 시계바늘을 맞출 정도였다고 한다. 산책에서 돌아온 칸트는 다시 연구에 몰두하였다가 밤 10시에 정확하게 잠자리에 들었다.

　160cm도 채 되지 않는 키에 기형적인 가슴을 가진 허약한 체질의 칸트였지만 이상과 같은 규칙적인 생활로 인하여 건강을 누리면서 당시 독일인의 평균 수명을 두 배나 뛰어넘는 80세까지 장수하였다.

1____ 귀거래사(歸去來辭): 도연명이 평택의 현령이 되었을 때, 군(郡)의 장관이 예복을 입고 배알하라고 명령한 데에 분개하여 '내 오두미(다섯 말의 쌀)의 봉급 때문에 향리의 소인배에게 절을 해야 하느냐?'며 그날 관직을 사임하고 고향으로 돌아간 것을 적은 글이다.

2____ 에밀(Emile): 루소가 1762년에 발간한 교육 이론에 관한 저서이다. '에밀'이라는 한 고아가 태어나 자랄 때까지의 과정과 미래에 그의 아내가 될 소피의 교육(여자 교육론)을 논한 교육 소설로, 자연주의 교육 사상의 결정체라고 할 수 있다.

3____ 쾨니히스베르크: 칸트가 태어나고 평생 동안 살았던 옛 독일의 북부 항구 도시로, 지금은 러시아의 영토로 이름 역시 칼리닌그라드로 바뀌었다.

이제부터는 자신의 삶을 보편적이고도 객관적인 법에 일치시켰던 철학자들의 이야기를 들어 보자. 엄격한 준법주의자로 불러도 될 만한 인물로는 동양의 복돈과 상앙, 서양의 소크라테스와 쇼펜하우어 등이 있다. 복돈은 자신의 아들을 법에 따라 사형에 처하도록 하였고, 상앙은 법을 어긴 태자를 대신하여 그 스승의 코를 베어 버렸다. 소크라테스는 '악법도 법이다'라며 독배를 마셨고, 쇼펜하우어는 법에 호소하여 어머니로부터 유산을 타 냈다.

01
아들을 사형에 처하다-복돈

묵가의 시조인 묵자墨子, 기원전 470~380년 무렵는 겸애설과 평화주의, 절용설을 주장했다. 그는 말년에 학원을 세우고, 많은 학생들을 가르치며 묵가의 이상을 실현하기 위해 철저한 규율로 조직을 다스려 나갔다. 얼마나 명령 체계가 잘 세워졌는지는 진나라의 거자鉅子-묵가 집단의 우두머리 복돈이란 사람의 행동에서 증명된다.

어느 날 늘그막에 얻은 그의 아들이 살인을 저질렀을 때의 일이다. 그가 비록 죽을죄를 저질렀으나, 진秦나라의 혜왕惠王은 복돈에게 은혜를 베풀고자 하였다.

"선생은 나이도 많고 또 다른 아들이 없으시니, 과인이 이미 형리에게 아들을 처형하지 말도록 조처를 취했습니다. 선생께서는 이런 제 뜻을 따르시기 바랍니다."

그러나 당연히 감격할 줄 알았던 왕의 귀에 청천벽력 같은 복돈의 음성이 들려왔다.

"모름지기 살인자는 사형에 처하고, 남을 해친 자는 형벌을 받는 것이 묵가의 법입니다. 이는 사람을 죽이거나 해치지 않도록 하기 위함이기도 하거니와, 무릇 사람을 죽이거나 해치는 행위를 금하는 것은 천하의 대의大義이기도 하기 때문입니다. 왕께서 비록 제 자식의 죄를 용서하시어 처형하지 않도록 하셨더라도, 저로서는 묵자의 법을 따르지 않을 수 없습니다."

세상에! 왕의 사면방침을 거절하면서까지 자기 아들을 사형에 처하도록 했다고 하니, 벌어진 입이 다물어지지 않는다. 물론 당시 묵가 조직에는 국가의 법률과 별도로 독자적인 법을 갖고 있었던 것이 아닌가 추측되기도 한다. 만약 그럴 경우 군주가 사면하더라도 묵가의 기율이 허락하지 않으면, 최고 우두머리인 거자의 아들마저 구할 방도가 없는 것이다.

이 장면에서 과연 우리는 복돈의 행동을 어떻게 해석해야 할까? '묵가의 규약'을 들먹이며 아들을 죽음에 이르게 한 그의 행동이 과연 '규약' 때문에 어쩔 수 없이 그렇게 한 것인지, 아니면 순수히 자신의 신념에 따른 것이었는지 그건 알 수 없다.

그런데 유가의 경전이랄 수 있는 『논어』에는 이와 정반대의 스토리가 나온다. 춘추 시대 초나라 변방 지역인 섭현葉縣의 태수였던 심제량이 공자에게 이렇게 말했다.

"우리 무리에 몸소 바름을 실천한 이가 있으니, 그 아비가 양을 훔치자 아들이 아비가 훔쳤다고 증언을 했습니다."

이에 대해 공자는 아래와 같이 대답했다.

"우리 무리의 바름은 그와 다릅니다. 아비는 자식을 위해 숨겨 주고, 자식은 아비를 숨겨 줍니다. 바름은 그 안에 있습니다."

『맹자』에도 이와 비슷한 이야기가 나온다.

"순임금고대 중국의 전설적인 제왕이 천자天子-옛날 중국의 통치자로 있을 때, 만약 순임금의 아비인 고수가 사람을 죽였다면 사법 담당자인 고요는 이를 어떻게 처리했을까?"

이 질문에 대한 맹자의 대답은 이랬다.

"고요는 법을 집행하기 위해 고수를 잡으러 나섰을 것이고, 순임금은 천자 자리를 헌신짝처럼 내던져 버리고 아비를 업고 외딴 바닷가로 달아나 죽을 때까지 즐거이 살면서 천하를 잊었을 것이다."(『맹자』진심편 상)

두 상황만 놓고 보면 유가는 매우 인간적인 정이 넘치는 집단으로, 묵가는 매우 엄격한 집단처럼 느껴진다. 하지만 천한 신분 출신들로 구성되어 '세습 귀족 중심의 세상을 뒤집어 엎어 보겠다'고 일어선 묵가의 입장에서, 유가처럼 점잖은 윤리는 허용될 수 없었을지도 모른다.

이보다 더 비극적인 스토리가 있다. 역시 묵가의 지도자 가운데 맹승[4]이란 자가 있었는데, 그는 당시 초나라의 양성군과 친밀한 관계를 맺고 있었다. 그런데 어느 날, 양성군이 맹승에게 대신 성을 막아 달라고 부탁하며 옥玉을 반절씩 잘라 약속의 증표로 삼았다. 두 사람은 "신표가 맞으면 명에 따른다."고 서약하였다.

그런데 기원전 381년, 초나라의 도왕이 죽은 뒤 벌어진 내란에서 양성군은 왕실에 도전했다가 실패하자, 자기의 성으로 돌아가지 않고 밤을 틈

---

4   맹승(孟勝): 묵가 집단 가운데 역대의 거자로서 금활리(禽滑釐)·맹승(孟勝)·전양자(田襄子) 등의 이름이 전해지고 있다.

타 다른 지역으로 도망쳤다. 이에 초나라 왕실은 양성군의 봉지封地-천자로부터 받은 제후의 영토를 몰수하기 위해 군사를 보냈다.

이때 성을 지키던 맹승이 군졸들에게 "나는 성을 지켜 달라는 양성군의 부탁을 받아들이고, 신표로서 약속했다. 대신 초나라와는 약속의 증표가 없다. 그러므로 우리는 이 성을 지켜야 한다. 물론 우리 힘으로는 초나라 군사를 막을 수 없을 것이다. 그렇다고 하여 우리가 죽음을 두려워한다면 말이 되지 않는다. 우리는 죽음을 무릅쓰고 그들을 격퇴시켜야 한다."고 선포하였다.

이 말을 들은 그의 제자 서약이 말하기를, "만약 우리의 죽음이 양성군에게 이롭다면 죽는 게 마땅할 것입니다. 하지만 지금 우리가 죽음을 선택하는 건 양성군에게 하등 이로울 것이 없는 데다 이 세상에서 묵자의 조직을 끊어 버리는 일만 될 터인즉, 이 일은 마땅하지 않습니다."고 하였다.

이에 다시 맹승이 대답하기를, "그렇지 않다. 양성군에 대한 나의 관계는 스승이기 이전에 벗이었고, 벗이기 이전에 신하였다. 내가 이런 상황에서 죽음을 피한다면 세상 사람들이 엄격한 스승을 구할 때 묵자학파는 반드시 제쳐 놓을 것이고, 어진 벗을 구할 때도 묵자학파의 사람들을 제쳐 놓을 것이며, 좋은 신하를 구할 때에도 반드시 묵자학파를 제쳐 놓을 것이다. 내가 지금 죽는 것은 묵자학파의 대의를 실천하고 그 업을 계승하려는 것이다. 또한 나는 장차 거자 자리를 송나라에서 활동하고 있는 전양자田襄子에게 넘기려 한다. 전양자는 지혜로운 사람이니, 어찌 묵자의 조직이 세상에서 끊어질 것이라 걱정하는가?"라고 하였다.

이에 서약은 감격에 겨워 "과연 맹승다운 말씀이십니다. 그렇다면 제가 먼저 죽어 여러분의 앞길을 열고자 합니다."라고 말하고는 맹승이 보는 앞에서 자기의 목을 잘랐다. 이에 맹승은 의기충천한 제자들을 거느리고 나아가 장렬한 최후를 마쳤다.

또한 이때 맹승으로부터 '전양자에게 임무를 전하라!'는 명령을 받은 제자 두 사람은 전양자에게 서찰을 전하고 곧 돌아가, 맹승과 함께 죽고자 하였다. 이에 전양자가 말리며 "너희들은 이제 나의 명령을 들으면 된다." 고 설득하였다. 그러나 끝내 둘은 돌아가 자살하고 말았다. 이와 같은 고사故事를 통하여 우리는 묵가들이 얼마나 의로운 용기를 강구하며 또 얼마나 법을 굳게 지켰는지 알 수 있다.

그러나 맹승이 죽은 후로 묵가 조직에는 이에 버금갈 만한 인물이 나오지 않았던 것 같다. 그리하여 한비자는 "묵자가 죽은 뒤 상리씨相里氏의 묵가, 등릉씨鄧陵氏의 묵가, 상부씨相夫氏의 묵가로 분열되었다."고 전하고 있으며, 『장자』편에는 "묵가의 분파들이 서로를 비난하며 다투었다."고 기록하고 있다.

어떻든 아들을 사형에 처하게 한 복돈이란 사람도 독하지만 우리는 그에 못지않게 비정한 아버지를 알고 있다. 바로 사도세자1735~1762년의 아버지이자 조선의 제21대 왕인 영조이다. 과연 어떻게 하여 그러한 참극이 일어날 수 있었을까? 아무리 국왕이라 할지라도 차기 국왕을 예약해 놓은 세자世子를 어떻게 죽일 수 있었을까? 27세밖에 되지 않은 친아들을, 그것도 매우 엽기적인 방법으로. 이를 알기 위해서는 우선 그 역사적 배경부터 살펴보아야 한다.

영조는 즉위하기 전, 정빈 이씨와의 사이에서 맏아들 효장세자[5]를 얻는다. 하지만 효장세자는 세자로 책봉되었음에도 불구하고, 9세의 나이로 요절하고 만다. 둘째이자 마지막 아들인 사도세자는 그로부터 7년 뒤에 태어났다. 그때 영조는 41세로 당시로서는 적지 않은 나이였기 때문에 그의 기쁨은 이루 말할 수 없이 컸다. 그는 "이제야 비로소 여러 성조聖祖-조상을 높여 부르는 말를 뵐 면목이 서게 되었다."며 감격해했다.

더욱이 사도세자의 영특함은 주변을 놀라게 하기에 충분했다. 그는 2세 때 세자로 책봉되고 10세 때 결혼하여 별궁에 살게 되었는데, 어려서부터 문장과 글을 잘 읽고 지었다고 한다. 정치에도 일찍부터 탁월한 안목이 있어, 부왕인 영조를 세제世弟로 책봉하는 일에 두 차례나 태도를 바꾼 노론의 행적을 비판하기도 하였다. 열다섯 살 때부터는 부왕父王을 대신하여 서정庶政을 대리하게 되었는데, 이때부터 그를 싫어하던 노론과 이에 동조한 정순왕후 김씨 등이 그를 무고誣告-거짓으로 꾸며 고발함하기 시작하였다.

무고의 내용은 "세자의 천품과 자질이 탁월해 임금이 매우 사랑했지만 10여 세 이후로 점차 학문에 태만하게 되었고, 대리청정한 뒤부터 질병이 생겨 천성을 잃었다."는 것이었다. 물론 터무니없는 내용은 아니었지만 그 내막을 살펴보면 어디까지나 정치적인 것이었다. 세자를 둘러싼 외척, 처갓집 식구들이 모두 노론에 속해 있었던 것이다.

세자를 동정하는 쪽에서 보면 주변의 경직된 분위기와 세자 자신의 심약한 기질이 그를 극단적인 정신 상태로 몰아갔고, 급기야 그것이 궁 안팎에서 비행을 저지르게 된 요인이 되지 않았을까 추측된다. 이와 관련하여

5___ 효장세자: 영조의 맏아들로 태어나 왕세자에 책봉되었으나, 일찍 죽어 이복동생 사도세자가 왕세자가 되었다. 그러나 사도세자마저 죽음을 당하자, 사도세자의 아들 정조가 그(효장세자)의 양자(養子)가 되어 즉위하였고, 이에 따라 효장세자는 진종으로 추존되었다.

약 짓는 신하 하나는 "세자가 요즘 가슴이 막히고 뛰는 증세가 있어, 발자국 소리만 들어도 그렇게 된다."고 보고했다. 또 사도세자의 빈 혜경궁 홍씨6는 사도세자가 옷 입기를 싫어했다고 밝히고 있다. 세자가 영조를 만나기 싫어 옷을 입지 않으려고 했다는 것이다. 세자의 증세가 심해져 발작할 때는 궁비와 내시를 죽였고, 죽인 뒤에는 후회하곤 했다고 한다. 임금이 그때마다 심하게 책망하니, 세자는 두려워 질병이 더하게 되었다는 것이다.

이렇게 볼 때 세자는 대리청정을 시작한 20세 무렵부터 부왕을 극도로 두려워하는 정신적 질환에 걸린 것으로 판단된다. 나랏일을 맡긴 뒤부터 부왕 영조는 세자를 더욱 자주 나무랐고, 세자는 아버지를 두려워하고 피하게 되었다. 이를 틈타 노론의 사주를 받은 나경언노론 계열의 인물 윤급의 종이 세자의 비행 10조목을 상소하였다. 이 내용을 보면 "세자가 일찍이 궁녀를 살해하고, 여승女僧을 궁중에 들여 풍기를 문란케 하였으며, 부왕의 허락도 없이 평양에 미행했다."라는 것이다. 이 외에 '장차 환시들과 반역을 꾀한다'는 것까지 끼워 넣어 형조刑曹에 고발을 한다.

나경언의 고발에 대해 억울함을 느낀 세자는 나경언과의 대면을 요구하였으나 영조는 이를 거부하였다. 이후 세자의 비행 문제는 더욱 확대되어 영조가 세자에게 자결을 요구하는 지경에까지 이르렀다. 그럼에도 세

---

6 혜경궁 홍씨: 영의정 홍봉한의 딸로 태어나 사도세자의 빈(嬪)으로 책봉되었던 정조의 친어머니이다. 당시 왕후의 아버지와 작은아버지 홍인한은 외척이면서도 세자의 살처벌을 지지하는 입장에 있었던 까닭에, 왕후는 남편의 참담한 운명을 지켜볼 수밖에 없었다. 후에 남편인 사도세자의 참사를 중심으로 자신의 한 많은 일생을 소설체로 적은 『한중록(恨中錄)』을 남겼다.

자가 자결하지 않고 버티자, 영조는 세자를 폐하여 서인으로 만들고 뒤주에 가두었다.

그러나 실록에는 '뒤주'라는 말은 나오지 않고 "안에다 엄중히 가두었다."라고만 기록되어 있다. '뒤주'와 관련해, 그 좁은 공간에서 9일 동안 살아있는 것은 물리적으로 불가능하다는 논거에서 그 사실을 부정하는 견해가 있는 것이다. 어떻든 사도세자는 하루 정도 뒤주에 갇혀 있다가 방 같은 곳에 유폐되었을 것이라고 추측된다. 하지만 다른 문헌에 '뒤주' 대신 '한 물건'一物이라는 표현이 나오는데, 이 표현이 여러 차례 나오는 것으로 보아 뒤주가 사망에 중요한 도구가 된 것은 사실인 것 같다.

세자가 갇혀 있는 동안에도 영조는 일상적으로 나랏일을 처리했다. 그는 육상궁7에 나아가 절을 올리고, 문을 지키는 군사를 위로했다. 뿐만 아니라 신하들과 함께 토론을 하고, 인사人事도 처리했다고 한다. 이 와중에 결국 세자는 9일 만에 세상을 떠나고 만다.

이때 세자의 장인 홍봉한은 "전하께서 결단하지 못할까 염려했는데, 결국 혈기가 왕성할 때와 다름없이 결단하셨으니 공경하여 우러러 마지않는다."고 말했다고 한다. 이튿날에는 세자의 부정한 행실과 관련된 인물들이 처형되었다. 한편, 영조는 그동안 세자의 비행을 알리지 않은 신하들을 꾸짖고 고변자 나경언을 충직한 자로 보아 살려 주었다. 그러나 홍낙순과 남태제 등이 도리어 '나경언이야말로 세자를 모함한 대역죄인'이라 주장하여 결국 그를 처형하였다.

7___ 육상궁(毓祥宮): 영조의 친어머니인 숙빈 최씨의 신주를 모신 곳이다.

사도세자의 장례를 치른 다음, 영조는 즉시 세손을 동궁으로 책봉했으며, 2년 뒤에는 세손을 효장세자^{영조의 맏아들}의 후사(後嗣)로 입적하였다. 이때 영조는 세손^{정조}에게 '사도세자를 추앙하지 말라!'고 엄중하게 당부했다. 그러나 사도세자의 아들 정조가 즉위한 바로 그날, 신하들에게 내린 교훈서의 첫 머리는 다음과 같은 것이었다.

"아, 과인은 사도세자의 아들이다."

사도세자는 아들 정조에 의해 장헌莊獻으로 추존되었고, 1899년에 다시 장조莊祖로 추존되었다. 사도세자의 비극은 정치적인 상황 외에 영조의 개인적인 기질, 사도세자의 비행 문제 등이 복합적으로 작용한 결과라 여겨진다.

단종端宗8이 숙부인 수양대군에 의해 희생된 경우와 달리 사도세자는 아버지(부왕)에 의해 죽임을 당했다는 특징이 있다.

---

8 ___ 단종: 문종의 아들로, 어린 나이에 즉위하여 조선 제6대 왕이 되었으나 숙부인 수양대군에게 왕위를 빼앗겼다. 이후 단종복위 운동을 하던 성삼문 등이 죽임을 당하자, 서인으로 강등되어 결국 죽음을 당하였다.

02
자기가 만든 법에 따라 죽은 사람
-상앙(공손앙)

춘추 전국 시대의 정치·사회적 혼란을 바로잡기 위해서 실제 나라를 통치하는 면에 주목하여 일어난 한 학파가 있었으니, 그들이 바로 법가法家이다. 이들의 특징은 모든 이론을 군주의 관점에서 펼쳐 나간다는 점인데, 그 통치 방법은 주로 법에 의존하는 것이었다. 이 가운데 상앙商鞅, 기원전 338년 사망. 본명은 공손앙은 법가인 관중의 사상에 입각하여 준법정신을 강조하였다.

공손앙은 위나라의 귀족 출신으로 젊은 시절 재상인 공손좌 아래에서 식객 노릇을 하고 있었다. 공손좌는 그가 인재임을 알아보고 그를 위나라 혜왕惠王에게 추천할 생각이었으나 갑자기 병이 나 자리에 눕게 되었다. 이때 혜왕이 병문안을 오자 공손좌는 공손앙의 재상 임용을 추천했다. 그러나 혜왕은 결정을 내리지 못했다. 이에 공손좌는 "왕께서 그를 기용하지 않으시려면 그가 다른 나라에 가지 못하도록 죽이십시오."라고 말했다. 그러자 혜왕은 그러겠노라 대답했다.

혜왕이 떠나자 공손좌는 공손앙을 불러 "조금 전에 내가 너를 혜왕에게 재상으로 추천했다. 그러나 왕이 아무런 말을 하지 않는 걸 보니, 마음이 없는 것 같았다. 그래서 내가 또 너를 꼭 죽여야 한다고 했더니, 그 말에는 동의했다. 그러니 빨리 도망치는 것이 좋겠다."라고 일러주었다. 하지만 공손좌가 죽은 뒤에도 혜왕은 그가 한 말의 의미를 이해하지 못했다.

이때 위나라의 서쪽에 자리한 진秦나라에서는 젊은 효공孝公이 막 즉위해 있었다. 그는 중국 진나라의 제24대 군주인 헌공憲公의 유업을 계승하리라 결심하고 야심만만하게 나랏일을 추진하기 시작했다. 효공은 우선 인재들을 불러 모으는, 이른바 초현령招賢令을 내려 부국강병책에 대한 남다른 계책을 내놓는 사람에게는 높은 관직과 함께 후한 녹봉을 내렸다. 이 소식을 들은 공손앙은 즉각 진으로 달려가 효공의 측근인 경감景監의 주선으로 효공을 만났다. 첫 만남에서 공손앙은 요·순이 태평성대를 이룩한 도리에 대해 청산유수처럼 늘어놓았다. 그러나 효공은 듣다가 잠이 들고 말았다.

공손앙이 물러간 후, 효공은 만남을 주선한 경감을 크게 나무랐다. 하지만 공손앙은 다시 경감에게 왕과의 만남을 부탁했다. 5일 후 공손앙은 또 요·순·주 문왕·주 무왕의 도를 막힘없이 이야기했다. 그러나 왕은 이번에도 잠이 들 뻔했고, 공손앙이 물러가자 역시 경감을 불러 호통을 쳤다. 그럼에도 경감은 왕에게 다시 한번 공손앙을 만나 볼 것을 권했다.

세 번째로 만난 자리에서 공손앙은 천하의 패자覇者-무력으로 천하를 다스리는 사람가 되는 계책을 이야기하기 시작했고, 왕은 그제야 열심히 귀를 기울였다. 하지만 공손앙의 기용에 대해서는 아무 말이 없었다. 공손앙이 물러간 뒤, 왕은 경감에게 이렇게 말했다.

"당신이 추천한 그 사람이 참 괜찮아 보이더이다. 더불어 이야기할 만하오."

이 말을 전해 들은 공손앙은 경감에게 자초지종을 설명하고, '이제야 왕의 의도를 알았으니, 마지막으로 한 번만 더 만날 수 있게 주선해 달라' 부탁했다. 이렇게 하여 마련된 네 번째 만남에서 두 사람은 드디어 의기투합하게 되었고, 며칠을 토론으로 지새우고 나서도 피곤한 줄 몰랐다.

이리하여 공손앙은 효공에 의해 진나라의 고위급 관직인 좌서장左庶長으로 임명되어 법률 및 제도의 개정령을 제정하면서 정치 개혁에 착수하였다. 이때 공손앙이 만든 법의 내용은 엄벌주의와 연좌제9, 밀고의 장려, 신상필벌10 등 법률 지상주의였다. 모든 사항을 법으로 세밀히 규정하여 백성의 일거수일투족을 구속받게 하였던 것이다. 법률을 만든 공손앙은 그것을 공표하기 전에 우선 백성에게 '법령은 반드시 지켜져야 한다!'는 정부의 굳센 의지를 보여 줄 필요가 있다고 생각하였다. 그리하여 높이 30척의 장대를 수도인 함양11의 남문에 걸어 두고 "누구든지 이 장대를 북문으로 옮기는 자에게는 황금 열 덩어리를 상으로 주겠노라!"고 공언하였다.

---

9 ____ 연좌제(連坐制): 한 사람의 범죄에 대해서 특정한 범위의 몇 사람이 연대 책임을 지고 처벌되는 제도로, 가령 아버지의 죄를 아들에게 묻는다거나 또는 그 역으로 책임을 추궁하는 제도이다.

10 ____ 신상필벌(信賞必罰): 상을 줄 만한 공이 있는 사람에게는 반드시 상을 주고, 벌할 만한 죄가 있는 사람에게는 반드시 벌을 주는 일을 뜻한다.

11 ____ 함양(咸陽): 중국 산시성의 중부에 있는 도시로 진나라의 수도였다.

그러나 백성들은 이를 수상하게 여기어 아무도 옮기는 자가 없었다. 이에 공손앙은 상금을 황금 50덩어리로 올렸다. 그러자 호기심 많은 어떤 사람이 용기를 내어 장대를 북문으로 옮겼다. 공손앙은 즉석에서 황금 50덩어리를 상으로 주고는 '나라가 결코 백성을 속이지 않는다'는 사실을 보여 주었다. 그런 다음, 새로 개정된 법률을 공표하였다.

　　한 번은 태자가 사형 판결을 받은 고위직의 혈통인 공족(公族) 한 사람을 숨겨 주었다. '범인을 숨긴 자는 범인과 같은 죄를 지은 것'이라고 하는 신법新法에 따르면 태자가 사형을 면하기 어려운 상황이 되었다. 이에 공손앙은 "법률이 제대로 시행되지 않는 것은 위에서부터 법을 어기기 때문입니다."라고 하며 태자를 법에 따라 처리하려고 하였다. 그러나 차마 왕위를 계승할 태자를 죽일 수는 없었다.

　　결국 공손앙은 효공과 상의하여 태자의 시종장侍從長인 공자公子 건虔에게 대신 형을 주어 코를 깎았고, 교육을 맡고 있는 공손가公孫賈는 얼굴을 불로 지지는 문신형으로 다스렸다. 전통적인 규범으로는 대부大夫 이상의 귀족에게도 형을 가하지 않도록 되어 있었으나, 공손앙은 '법 앞에는 귀족도, 서민도 없다'는 점을 명확히 하였던 것이다. 이 사건을 계기로 백성들은 모두 법을 준수하여 아무도 감히 법에 어긋나는 일을 하지 못했다.

　　이 무렵 진나라의 선비인 조량이라는 사람이 공손앙을 찾아와 "제가 바른 말을 하더라도 화내거나 벌을 주지 않겠다고 약속해 주십시오." 하였다. 이에 공손앙은 "약속하겠으니 어서 말해 보시오."라 대답하였다. 그제야 조량은 속내를 털어놓기 시작했다.

　　"저는 상군商君-공손앙께서 너무 엄한 형벌과 준엄한 법으로 다스리는 것을 반대합니다. 백성들을 너무 고통스럽게 하면 원망이 쌓이고, 언젠가는 원망이 재앙을 불러오기 마련입니다. 힘을 믿고 위세를 부리기보다 어 짊과 덕으로 교화하십시오. 그렇지 않으면 민심을 잃게 됩니다. 그러나 이 제는 상군의 위태로움이 아침 이슬과 같아 보입니다. 이왕 이렇게 된 마당 에 모든 것을 정리하고, 시골에 가서 농사를 짓는 것이 현명한 일일 것 같 습니다."

그러나 상앙은 조량의 말을 듣지 않았다. 그야 어떻든 새로운 법령이 시 행된 지 10년이 지나자, 진나라는 질서가 잡혀 갔다. 길에서 남의 물건을 주워 가는 사람도 없고, 산에서는 도둑이 없어졌으며, 개인끼리의 싸움은 서로 피하되 나라를 위한 전쟁에서는 용감하였다. 그리하여 전국 방방곡 곡이 잘 다스려져 나갔다. 공손앙은 법에 반대하는 사람은 물론이려니와, 법을 찬양하는 사람마저 처벌함으로써 법에 대한 논의 자체를 금지하였 다. 그저 아무 소리 말고 무조건 따라오라는 식이었다. 더욱이 2차로 시행 된 개혁에서는 부자와 형제가 한 방에서 기거하는 것마저 금하였으니, 이 것은 인간성에 도전하는 잔악한 법이 아닐 수 없었다. 그러니 공손앙이 재 상으로 있은 지 10여 년 동안에 그를 원망하는 사람은 늘어만 갈 수밖에 없었다.

그러던 중 얼마 지나지 않아 효공이 죽고 태자가 왕위에 오르니, 이 이 가 곧 혜왕이다. 태자 시절 자신의 잘못을 질책하여 스승의 코를 베어 버 린 공손앙에 대해 좋은 감정을 가졌을 리 없는 혜왕은 기다렸다는 듯이 그 를 관직에서 물러나게 했다. 그러나 공손앙이 사직하고 상읍12으로 돌아

---

12 _____ 상읍(商邑): 공손앙이 하사받은 봉읍이다. 공손앙이 '상앙'으로 고쳐 불린 것 역시 이 봉읍 의 명칭 때문이다.

가는데 그의 행렬은 제후에 못지않았다. 아직 그의 세력을 두려워한 대신들이 그를 전송하느라 줄을 선 모양새였던 바, 이에 따라 조정이 텅 비다시피 하였다. 그러자 혜왕은 이 기회에 상앙을 제거해야겠다고 결심하고, 군대를 보내 그를 체포하도록 하였다. 드디어 상앙에게 체포령이 떨어진 것이다.

이 같은 사실을 전해 들은 상앙은 급히 도망가다가 국경 근처의 객사에서 하룻밤 묵고 가기를 청하였다. 그러나 이곳의 관리들은 그가 상앙임을 알지 못하고 "상군商鞅의 법률에 여행권이 없는 자를 유숙케 하면 벌을 받게 되어 있습니다."라면서 거절하였다.

이 말을 들은 상앙은 속으로 '아, 내가 만든 법률의 폐단이 이 지경에까지 이른 줄은 몰랐구나!'라며 탄식하였다.

그 길로 상앙은 위나라로 갔다. 그러나 위나라 사람들 역시 자기 나라를 공격한 바 있는 상앙을 받아들이는 대신, 다시 진나라로 추방하려 했다. 이에 상앙은 상商땅으로 도피하여 군사를 모은 다음, 정鄭나라를 공격하였다. 결국 정나라에서 혜왕의 군대에 의해 체포된 상앙을 앞에 두고 혜왕은 이렇게 말했다.

"다시는 상앙처럼 배신하는 자가 나타나서는 안 된다."

그리고 그를 '두 대의 우마차에 나누어 묶어 놓고 각각 반대 방향으로 말을 몰아 몸을 찢어 죽이는', 이른바 차열車裂이라는 무시무시한 형벌로 처형하였다. 그리고는 그 시신을 여러 사람에게 보여 주었으며 상앙의 일가 구족13까지 몰살시키고 말았다. 그리하여 사람들은 상앙에 대하여 '자신이 만든 법률에 의해 죽은 자'라고 희롱하였다. 만약 상앙이 불과 몇 달 전 조량의 충고를 겸허하게 받아들이기만 했더라면 그토록 처참한 죽음은 당하지 않았을지도 모른다.

상앙은 그렇게 비참하게 죽어 갔다. 그러나 그가 정비한 법과 제도는 결국 후일에 진의 시황제로 하여금 중국 역사상 최초로 통일 국가를 수립하게 한 힘의 원천이 되었다.

---

13 ___ 구족(九族): 이의 범주에 대해서는 여러 설이 있다. 대개는 고조로부터 증조, 할아버지, 아버지, 자기, 아들, 손자, 증손, 현손에 이르기까지의 직계 친가를 중심으로 하여, 방계친으로 고조의 4대손 되는 형제를 포함한다.

03
악법도 법이다-소크라테스

상앙이 억지로(원통한 심정으로) 죽음을 맞이한 데 반하여, 아테네의 소크라테스는 자의에 의해 비교적 담담하게 죽음을 받아들였던 것 같다. 우선 그가 사형을 판결받게 된 과정을 살펴보도록 하자.

기원전 499년, 소아시아 연안에 있는 그리스 도시 밀레투스의 정치가 아리스타고라스를 중심으로 여러 소도시들이 연합하여 이오니아 반란을 일으켰다. 이에 페르시아의 다리우스 1세는 이를 진압하고자 공격을 감행하여 이오니아 소도시들을 모두 점령해 버렸다. 이 여세를 몰아 함대를 정비한 다음, 그리스 북쪽에 있는 트라키아 원정을 시작했다. 그러나 함대는 아토스 곶에서 폭풍을 만나 난파하였고, 이 사고로 300척의 전함과 2만 명의 군사가 수장水葬되고 말았다. 이를 제1차 페르시아 전쟁이라고 부른다.

기원전 490년, 제2차 원정대는 에게 바다를 건너 다음 목표인 아테네를 공격하기 위해 주 병력을 아테네 동북부 마라톤 해안에 상륙시켰다. 이에 다급해진 아테네는 스파르타에 지원을 요청했다. 그러나 스파르타는 종교 행사를 이유로 파병을 미루었고, 이에 아테네는 10,000명의 본군本軍과 1,000명의 지원군으로 페르시아 군과 맞섰다. 이 싸움에서 명장 밀티아데스 장군을 앞장세운 아테네 군대는 중장비 보병重裝備 步兵 밀집대 전술로 페르시아 군을 무찔러 크게 승리하였다. 그리스군의 피해는 192명, 적군의 손실은 6,400명이었다. 이 승전보를 알리기 위해 전령은 전속력을 다해 뛰었고, 그는 아테네 시민들에게 "우리 군대가 승리했다."는 마지막 말을 남기고 숨을 거두었다. 오늘날 '올림픽의 꽃'으로 불리는 마라톤 경기는 바로 여기에 기원을 두고 있다.

페르시아가 제3차 전쟁을 준비하고 있을 무렵, 그리스에서는 스파르타를 중심으로 하는 30개 도시 국가가 동맹을 맺은 다음 육군은 스파르타가, 해군은 아테네가 지휘권을 맡았다. 이때 아테네에서는 '대大 함대를 만들자'는 테미스토클레스의 제안이 받아들여져 충분한 대비를 해 두었다. 나아가 테미스토클레스는 살라미스 해전을 앞두고, 아테네 일반 시민들에게 수부水夫-뱃사람로 참전해 줄 것을 호소하였다. 이로써 페르시아 군을 크게 격파할 수 있었고, 이후 페르시아는 그리스 정복의 야욕을 포기하게 되었다.

이 전쟁 후 그리스군의 총지휘권은 스파르타에서 아테네로 넘어갔고, 아테네는 마침내 델로스 동맹의 맹주가 되었다. 이 대목에서 주의해 보아야 할 점은 마라톤 전투에서는 중산층 시민들이 중장보병重裝步兵으로서 활약하고, 살라미스 해전에서는 가난하고 힘 없는 무산 계급 대중들이 수부로서 활약하였다는 사실이다. 이후 아테네에서 그들의 정치적 영향력은 점점 커지기 시작했다.

한편, 아테네를 중심으로 델로스 동맹이 맺어진 데 반하여, 스파르타를 중심으로 하는 펠로폰네소스 동맹이 체결되었다. 이렇게 고대 그리스의 도시 국가들은 양쪽으로 나뉘어져 30년 동안 전쟁을 치렀다. 그 결과 스파르타가 승리하게 되자 아테네에는 스파르타식의 귀족 정치, 과두 정치 寡頭政治가 세워졌다. 그런데 소크라테스는 바로 이 귀족주의적 정파에 이념적 무기를 제공하고 있었다.

그러나 또 한 차례의 정부 전복에 의해 민주주의자들이 권좌에 올라서게 됨으로써 (정치적 기반을 상실한) 소크라테스가 누명을 쓰고 고소를 당하기에 이른 것이다. 이밖에 30명의 참주僭主-비합법적으로 독재권을 확립한 지배자들이 부당한 정치적 살인에 동조하라고 그에게 요구하였지만 이를 거절함으로써 그들에게 증오감을 심어 주었다는 요인도 작용하고 있었다. 이리하여 아테네의 양심 소크라테스는 '청년들을 부패하게 하고, 국가의 신 대신에 새로운 신을 믿는다'고 하는, 당치도 않은 죄목으로 고소를 당한다.

그러나 소크라테스는 재판정에서 누구에게 사과하거나 애원하지 않고, 오히려 시민들과 배심원들을 꾸짖다시피 하며 정의와 진리의 길을 설파하였다. 죽음에 대해서도 두려워하는 기색은 전혀 없었다. 이와 관련하여, 평소 소크라테스는 다음과 같은 죽음관을 갖고 있었다.

첫째, 죽음이란 육체로부터 영혼이 분리되는 것이다. 둘째, 그러므로 지혜를 추구하는 참된 철학자라면 육체적인 것으로부터 마땅히 해방되려 할 것이다. 왜냐하면 육체는 우리의 순수한 영혼을 방해하는 일이 종종 있기 때문이다. 예를 들어 사람은 육체를 먹여 살리기 위해 간혹 거짓말도

하고, 이웃을 속이기도 한다. 육체의 산물인 자녀는 끊임없이 부모의 속을 긁어 놓는다. 셋째, 따라서 죽음이 다가올 때 회피하는 사람은 지혜를 사랑하는 자[14], 즉 철학자가 아니고, 고통과 죄투성이의 육체를 사랑하는 자가 되고 만다.

그렇다고 하여 자살이 용납되는 것은 아니다. 왜일까? 소크라테스 입장에서 그것은 죄악이기 때문이다. 소크라테스에 의하면 인간의 신에 대한 관계는 가축의 사람에 대한 관계와 마찬가지로 주종主從관계에 해당한다. 그런데 가령 소나 돼지가 세상 살기 싫다고, 처우를 개선해 주지 않는다고 인간(주인)의 허락도 없이 골짜기에 투신자살해 버린다면 주인의 마음은 어떨까? 무척이나 불쾌하고 기분 나쁘지 않을까? 이와 마찬가지로, 우리가 한평생을 살아가는데 조금 어려운 일을 당했다고 함부로 목숨을 끊는다면 얼마나 신이 노할까? 신의 허락도 없이 그의 피조물인 인간이 자살해 버린다면 신 역시 속상해할 것이 분명하다. 따라서 자살은 신에 대한 반역이고, 그렇기 때문에 범죄 행위이다. 그러므로 우리는 현재 주어진 상황 속에서 열심히 살아야 한다. 그렇다고 하여 사람이 영원히 살 수 있게 되어 있진 않다. 살다 보면 언젠가 신이 부를 때가 오는 것이다. 그때에는 미련 없이, 기꺼이 떠나야 한다. 이때 만약 죽지 않으려 발버둥 친다면 그것이야말로 또 비겁한 일이다. 따라서 소크라테스는 재판정에 섰을 때 신의 부름을 받았다고 생각했는지도 모른다.

원래 아테네 법정으로부터 사형 선고를 받은 사람은 24시간 안에 처형

---

14 지혜를 사랑하는 자: 철학을 의미하는 Philosophy는 '사랑한다'는 뜻의 Philos와 '지혜'라는 의미의 Sophos가 합쳐진 단어이다. 즉 애지자(愛智者)를 뜻한다.

을 받게 되어 있었다. 그러나 마침 델로스[15] 섬에 있는 아폴론 신에게 감사의 제물을 바치러 떠난 배가 돌아오지 않았기 때문에 소크라테스에 대한 처형은 그 집행이 연기되었다. 왜냐하면 이 기간 동안은 신의 노여움을 사지 않는다는 의미로, 나라에서 상서祥瑞-복되고 길한 일의 징조롭지 않은 일들을 금지시켰기 때문이다. 소크라테스는 사면 신청을 하지도 않고 날짜만 기다리고 있었다. 그로부터 한 달 후, 제물을 바치러 떠났던 배가 돌아왔다. 마침내 최후의 날이 다가온 것이다. 그날 아침, 그의 아내인 크산티페 외에도 친구와 제자들이 감옥에 모였다. 어렸을 때부터 죽마고우였던 크리톤[16]은 "돈은 얼마가 들든지 관리들을 매수할 테니, 탈출하게나."라고 권유하였다. 그러자 소크라테스는 "이제까지 나는 아테네 시민으로서 아테네 법이 시민에게 주는 특권과 자유를 누려 왔네. 그런데 그 법이 이제 내게 불리해졌다고 하여 그 법을 지키지 않는 것은 비겁하지 않은가?" 하며 단호히 거절하였다. 바로 이 장면이 오늘날 소크라테스가 '악법도 법이다'라고 말했다는 대목이다.

그날 해질 무렵, 간수들이 독배[17]를 가지고 왔다. 사형 집행 시간은 일

---

15   델로스(Delos): 에게 바다의 키클라데스 제도(諸島)에 속한 가장 작은 섬이다. 제우스의 애인이었던 여신 레토가 헤라 여신의 질투로 출산할 곳을 찾아 헤매다가, 이곳에서 아폴론과 아르테미스를 낳았다고 한다. 이 때문에 섬 곳곳에는 아폴론 신앙의 흔적이 많이 남아 있다.

16   크리톤: 소크라테스와 절친한 사이로서 동갑이다. 매우 부유했던 그는 소크라테스의 보석금을 내겠다고 자처하기도 하였으며 사형이 확정된 이후에는 간수의 호의를 사 소크라테스로 하여금 감옥에서 불편하지 않도록 하였다. 또한 소크라테스의 탈옥을 준비하면서 그에 들어가는 모든 비용을 기꺼이 지출하였다.

17   독배(毒杯): 술에 독(毒) 인삼 가루를 탔을 것으로 추측된다. 유럽에서 흔히 볼 수 있는 독인삼 속에는 매우 독성이 강한 알칼로이드 물질이 들어 있다. 따라서 이를 섭취하면 팔다리부터 마비가

몰시로 정해져 있었으나, 대개는 해가 저문 후에도 음식을 원대로 먹고 마셨다. 심지어는 여자를 불러 욕정을 채우고 나서 독배를 마시는 사람도 있었다. 그러나 소크라테스는 크리톤에게 약(독이 든 인삼주)을 빨리 가져오도록 재촉하였다. 크리톤이 할 수 없이 눈짓하자, 그의 심부름꾼이 나가 간수와 함께 독약을 들고 들어왔다. 소크라테스가 태연하게 잔을 든 채 간수에게 물었다.

"여보게! 어떻게 하면 되는지 내게 가르쳐 주게."

그러자 그 간수는 "그 약을 다 마시고 다리가 무거워질 때까지 걷다가 그 다음에 누우시면 됩니다."라고 침울하게 말했다.

소크라테스가 다시 "신에게 드리는 뜻에서 한 방울 떨어뜨려도 될까?" 하자 간수는 "여기서는 마실 분량밖에 갈지 않습니다." 하였다.

단호한 간수의 말에 그는 "알았네. 하지만 나는 기도를 드려야 하네. 아마 그대로 이루어질 걸세."하고는 조용하고 침착하게, 조금도 떨거나 얼굴빛이 변하는 기색조차 없이 독이 든 약을 다 마셔 버렸다. 그 순간, 울지 않으려고 겨우 참고 있었던 제자들은 그가 약을 입에 대고 마셔 버리는 것을 보고는 더 이상 눈물을 참을 수가 없었다. 점차 감옥 안은 높고 낮은 울음소리로 가득 찼다. 소크라테스는 조용히 있다가 "내가 여인네들을 돌려보낸 것은 바로 이런 꼴을 보기 싫어서였네. 사람은 마땅히 조용히 죽어야 하네."라고 말하였다.

그는 감옥 안을 거닐다가 다리가 무겁다고 하면서 반듯이 드러누웠다.

시작돼 몸만 경직되다가, 마침내 횡격막이 마비돼 호흡곤란으로 질식사한다고 한다.

사나이는 종종 소크라테스의 손과 발을 살펴보다가 발을 꼭 누르면서 '감각이 있느냐?'고 물었다. 없다고 대답하자, 다리를 눌러 보면서 '몸이 식어 가고 있다'고 말하였다. 하반신이 거의 다 식었을 때, 소크라테스는 얼굴에 가렸던 천을 제치고 "오! 크리톤, 아스클레피오스에게 닭을 한 마리 빚졌네. 기억해 두었다가 갚아 주게."라고 소리쳤다. 뒤이어 크리톤이 "잘 알았네, 그밖에 다른 할 말은 없는가?" 하며 물었으나 이 물음에는 아무 대답이 없었다.

여기서 아스클레피오스[18]는 의약醫藥의 신 이름인데, 당시에는 누구든지 병에 걸렸다가 나으면 감사의 뜻으로 닭 한 마리를 바치는 풍습이 있었다고 한다. 그러므로 소크라테스의 마지막 말은 자기가 모든 병에서 다 나았다는 의미가 아닐까 생각된다.

18___ 아스클레피오스: 그리스 로마 신화에 나오는 의술(醫術)의 신으로 아폴론의 아들이다. 그는 의술이 뛰어나 죽은 사람도 살릴 수 있었기 때문에, 그를 통하여 인간이 불사(不死)의 능력을 얻을까 두려워 제우스는 그를 죽였다. 그러나 아폴론의 요청으로 제우스는 다시 그를 별로 바꾸어, 오피우커스(뱀주인자리)가 생겼다고 한다. 그래서 뱀은 약초를 발견하는 비법을 알고 있다고 믿어졌고, 아스클레피오스와 관계 깊은 신성한 동물로 보아 뱀을 위하여 수탉이 제물로 바쳐졌던 것이다.

04
법으로 유산을 타 내다
-쇼펜하우어

지금까지와는 반대로, 법을 잘 활용하여 덕을 본 철학자도 있다. 헤겔과 같은 시대를 살았던 독일의 민간 철학자 쇼펜하우어1788~1860년가 그런 경우이다. 쇼펜하우어는 독일 단치히현재는 폴란드의 그단스크에서 부유한 상인의 1남 1녀 가운데 장남으로 태어났다. 그의 아버지는 고지식하고 특별한 취미도 없는 데다 추남이었다. 이에 반하여 그의 어머니는 문필가로서의 뛰어난 재능을 가진 미모의 작가였다. 그녀는 19세 때 20년이나 연상인 남편과 결혼하였다.

아버지는 장사에 상당한 능력을 가지고 있었다. 그는 한자 동맹19에

---

19 한자 동맹(Hanseatic League): 중세 중기 북해 및 발트 해 연안의 독일 여러 도시가 뤼베크(독일의 북부 홀슈타인 주에 있는 항구 도시)를 중심으로, 상업상의 목적으로 결성한 동맹이다. 독일의 도시 사이에는 자치의 확보, 치안의 유지 등의 필요성에서 서로 정치적, 군사적 동맹을 맺었

속해 있던 자유 도시 단치히가 프러시아훗날의 독일에 합병되자, 함부르크로 옮겨 갔다. 국제 무역에서 성공한 바 있는 그는 아들이 그의 가업을 이어받기 원했다. 이 점은 'Arthur'가 독일, 영국, 프랑스어에서 같은 철자로 쓰인다는 사실에 착안하여 아들의 세례명으로 정해 주었다는 점에서도 알 수 있다. 이름이 사업하는 데에 도움이 될 것이라 여긴 것이다.

그러나 쇼펜하우어 자신은 학자가 되려고 하는 열망에 사로잡혀 있었다. 이것은 어머니와 교제하던 저명한 문인들이 그의 집에 자주 출입한 데서 영향을 받은 것으로 보인다. 그의 아버지는 학자와 가난을 동의어로 생각하여 아들의 마음을 돌리려고 하나의 책략을 썼다. 그것은 "온 가족이 유럽의 여러 나라를 오랫동안 여행하려 하는데, 만일 네가 학자가 되려거든 라틴어를 배우기 위해 함부르크에 남아 있어야 하고, 상인이 되겠다고 한다면 따라가도 좋다."고 한 것이다. 쇼펜하우어는 순간의 달콤한 유혹에 못 이겨 결국 아버지가 원하는 대로 상인이 되겠다고 약속하고 말았다.

2년 동안의 유럽 여행을 마치고 돌아온 쇼펜하우어는 아버지와의 약속대로 함부르크의 유명한 상인에게 가서 견습생 노릇을 하였다. 그러나 장사 일에는 관심이 없었고, 대신 틈나는 대로 책을 읽거나 시내에 나가 강연을 들었다. 그는 자신이 그릇된 인생 항로를 따라가고 있다는 사실을 절실히 깨닫고는 절망감에 사로잡혔다.

그러던 중 17세 되던 해의 4월 어느 날, 갑자기 아버지가 세상을 뜨게

는데, 한자 동맹도 그 가운데 하나이다.

되었고, 그는 큰 충격을 받았다. 애초부터 돈만 보고 애정 없는 결혼을 하였던 어머니는 막대한 유산을 챙겨 여동생 아델라와 함께 바이마르[20]로 옮겨 가 문학 살롱객실이나 응접실을 열었다. 이에 대해서는 그녀가 괴테와 친분이 있던 문필가였기 때문이라는 설과 연애 생활에 가장 적합한 곳이었기 때문이라는 설 두 가지가 있다. 그야 어떠하든, 함부르크에 남아 상업 학교를 다닌 쇼펜하우어 입장에서는 아버지의 죽음을 순식간에 잊고 사교계로 진출한 어머니에 대해 강한 혐오감을 가질 수밖에 없었다. 그는 그녀와 한바탕 싸우고는 서로 헤어져 살기로 한다. 이때부터 그는 정해진 면회 날짜에 여러 사람들 사이에 끼어 한 손님으로서 어머니를 만나야 했다.

21세의 성년이 되자 쇼펜하우어는 어머니를 상대로 소송을 걸어 유산의 3분의 1을 받아냈다. 그는 그 유산을 가지고 평생 풍족하게 살 수 있었다. 물론 생계를 짜임새 있게 꾸려 나갔기 때문이겠지만 그는 이에 그치지 않고 비상한 재능을 발휘하여 유산을 불려 나가기까지 하였다. 그렇기 때문에 생계를 유지하기 위하여 긴박하게 직업을 가져야 할 상황에 놓여 본 적은 없었던 것이다.

그럼에도 어떻든 모자 사이에 법적인 공방까지 벌어진 것을 보았을 때, 평소 두 사람의 관계를 어느 정도 짐작할 수 있지 않을까 한다. 쇼펜하우어의 모친 요한나 쇼펜하우어는 크리스토프 빌란트독일 근대 문학의

---

20 _____ 바이마르: 독일 튀링겐 주에 있는 도시로서, 18세기부터 19세기에 걸쳐 독일 정신문화의 중심이자 고전 문학의 메카였다. 문호 괴테와 실러, 작곡가 리스트, 철학자 니체 등이 이곳에서 활약하였다.

거장이자 선구자에게 아들이 철학을 전공하지 못하도록 설득해 줄 것을 부탁하였다. 하지만 도리어 23세인 아들은 78세인 이 대학자를 만난 이후, 본격적으로 철학을 공부하기로 마음을 먹는다. 이러한 이유 때문인지 모친은 아들이 철학 박사 학위 논문을 가져왔을 때, 축하해 주기는커녕 맘껏 비웃고 조롱하였다.

쇼펜하우어가 26세 되던 1814년, 드디어 두 사람 사이에 한 사건이 터지고야 만다. 평소 못마땅하게 생각하던 어머니의 경박스런 생활 방식과 사망한 아버지를 무시하는 태도를 아들이 비난했고, 어머니는 도리어 아들의 교만함과 부정적 사고방식을 꾸짖으면서 서로 다투기 시작한 것이다. 특히 쇼펜하우어와 그 모친의 애인인 뮐러와의 사이에 싸움이 벌어졌을 때, 모친은 아들 대신 애인 편을 들었다. 그렇지 않아도 어머니의 간청으로 하숙생처럼 머물러 있던 쇼펜하우어는 미련 없이 바이마르를 떠났고, 이후 모친이 사망할 때까지 24년 동안 두 사람은 두 번 다시 만나지 않게 되었다.

그 와중에 1831년 베를린에는 콜레라가 유행하여 많은 사람이 목숨을 잃었고, 이 전염병을 피해 쇼펜하우어는 프랑크푸르트로 가 하숙집을 얻었다. 결국 그는 대학 교수직을 포기하고 그곳을 떠나지 않은 채 28년 동안 은둔 생활을 했다. 이때 그가 여류 소설가 요한나 쇼펜하우어의 아들이라는 사실이 동네 주민들에게 알려져 화제가 되기도 했다. 쇼펜하우어는 청년 시절부터 입어 온, 유행이 지난 외투를 입고 다녔다. 이런 쇼펜하우어의 독특한 모습과 그의 반려견인 푸들 '아트만'은 프랑크푸르트의 명물이 되었다. 칸트의 성실하고 규칙적인 산책 이야기가 쾨니히스베르크 사람들 사이에 회자되었듯이, 반려견과 같이 산책하는 쇼펜하우어의 모습은 마치 인격이 좋은 주인과 충직한 반려견의 동행길처럼 보여서 유명해졌다. 쇼펜하우어는 아무리 날씨가 나빠도 웬만하면 평안한 기분으로 일정한 시간 동안 산책을 했다. 그는 큰소리로 혼잣말을 하면서 걸어다닐 때가 자주 있었기 때문에 길을 걷던 동네 주민들은 가끔 의아한 표정으로 뒤돌아보기도 했다.

물론 당시까지 그의 학문적 업적은 세상으로부터 인정을 받지 못했다. 그의 주저主著『의지와 표상으로서의 세계』는 견본으로 나간 50부 이외에는 모두 폐기 처분 되었다. 1851년 쇼펜하우어는 6년에 걸친 작업 끝에, 에세이와 주석들을 모아 『부록과 추가』라는 제목으로 2권의 책을 펴냈다. 그런데 이때 기적이 일어나고 말았다. 모든 사람들의 예상을 깨고 책이 날개 돋친 듯 팔려 나간 것이다.

영국의 학자 존 옥스포드는 쇼펜하우어를 당대 사상가 중에 최고의 천재로 평가했고, 영국을 시발점으로 독일에서도 쇼펜하우어의 바람이 불었다. 신문과 잡지는 물론 여러 서적과 백과사전에 쇼펜하우어의 이름이 오르내리기 시작한 것이다. 이에 35년 동안이나 쇼펜하우어를 철저히 무시해 왔던 베를린 학술원이 재빠르게 그를 회원으로 추대하려 했다. 그러나 쇼펜하우어는 그 제의를 단박에 거절해 버렸다. 1857년 여름에는 본Bonn 대학에 그에 관한 강좌가 개설되었고, 세계 여러 곳에서 사람들이 찾아와 면회를 신청했다. 1858년 그의 70회 생일에는 세계 각지에서 축하의 언어들이 날아와 수북이 쌓였다. 그는 자신에 대한 기사가 나오면 '우편료 수신자 부담'으로 보내 달라고 친구들에게 부탁했고, 식사후에는 평소에 즐기던 플루트를 불며 여생을 즐겼다. 그러나 이 기간은 겨우 2년에 지나지 않았다. 1860년 9월 21일, 쇼펜하우어는 폐렴 증세로 인한 폐 경련으로 소파의 구석에 등을 기댄 채 세상을 떠나고 말았기 때문이다. 그의 묘비에는 그의 유지遺旨-죽은 사람이 살아 있을 때 가진 생각에 따라 이름 이외에는 아무것도 쓰지 않았다.

어머니와의 불편한 관계 때문인지, 쇼펜하우어는 여자를 인간적 불행의 근원으로 생각하였다. 그에 의하면 여자들의 특징이란 미치광이에 가까운 낭비벽과 본능적인 교활함, 그리고 습관적인 거짓말이다. 그는 여자란 어디까지나 하위의 존재로서 어린이와 남자 사이의 중간 단계에 속해 있다고 여겼다. 그리하여 "성적 충동으로 이성이 흐려진 남자들만이 키가 작고 어깨가 좁으며, 엉덩이가 크고 다리가 짧은 이 여자라는 존재를 아름답다고 말한다. 여자들은 음악에 대해서도, 시에 대해서도, 조형 미술에 대해서도 아무런 이해력이 없다. 만일 그들이 그런 능력이 있는 것처럼 행동한다면 그것은 남자들의 마음을 끌려는 의도로 꾸민 흉내일 뿐이다."라고 말했다.

여성에 대한 편견과 염세주의는 고난에 찬 그의 삶에서 형성된 것이라 짐작된다. 법률적인 공방으로 인하여 어머니와의 관계는 일찍이 망가졌고, 대학 교수의 꿈은 이루어지지 않았으며, 어떤 여자도 사랑해보지 못한 채 평생을 독신으로 지내야 했다. 비로소 그를 알아주는 소리가 들려올 무렵, 그는 영영 잠이 들고 말았다.

고집불통
철학자들

제2부

거절의 명수들

많고 많은 말 가운데 가장 하기 어려운 말이 '예, 아니오'라고 한다. 그 중에서도 또 하나를 고르라면 '아니오'가 될 것이다. 상대방의 비위를 거슬러야 하는 심리적 부담감에 더하여, 자신의 부와 명예, 권력, 욕망 등을 내려놓아야 할 때가 많기 때문이다. 사정이 이러함에도 불구하고, 미련 없이 '노(NO)'를 외친 철학자들이 있다.

그러나 그 속을 들여다보면 거절을 위한 거절이 아니라 어디까지나 자기 자신의 철학과 소신에 의한 것임을 알 수 있다. 우리가 그들을 단순히 고집불통이라고 단정해 버릴 수 없는 이유가 바로 여기에 있다.

01
신령스런 거북이라면?
-장자

흔히들 노자와 장자를 묶어 노장사상이라고 부른다. 하지만 이 두 사람 사이에도 차이는 있다. 노자가 정치와 사회의 현실에 어느 정도 관심을 가지고 있었던 데 비하여, 장자는 개인의 안심입명安心立命에만 몰두하였다. 노자가 혼란한 세상을 구하기 위하여 무위자연無爲自然에 머물 것을 가르쳤던 반면, 장자는 속세를 초탈하여 유유자적悠悠自適하고자 하였다.

장자莊子, 기원전 340~280년 무렵는 송나라의 몽현에서 태어났다. 이곳은 호수와 숲이 많고 경치가 아름다우며 기후는 온화하였다. 그는 맨 처음 칠원성漆園城의 옻나무 밭을 관리하는 하급 관리직에 있었다. 이 무렵, 장자는 경제적으로 아주 어려운 처지에 있었던 모양이다. 끼니까지 굶을 지경이 되자 어느 날, 치수治水를 담당하고 있는 관리에게 쌀을 좀 빌리고자 하였다. 그러나 그 관리는 이렇게 말했다.

"내가 수확기에 전세田稅를 받으면, 그 자리에서 3백 냥[1]을 빌려주겠소."

이 말에 불쾌해진 장자가 다음과 같이 말했다.

"내가 이리로 오는데 누군가가 나를 불러 사방을 둘러보았더니, 시궁창의 붕어 한 마리였소. 그 붕어가 나에게 하는 말이 '나는 동해의 파신波臣-용왕이 파견한 신하이었는데, 어쩌다 이렇게 되었습니다. 그러니 나에게 한 말의 물을 주어 제발 살려 주십시오' 하는 것이었소. 그래서 나는 '내가 남쪽의 오나라와 월나라의 군주를 만나 큰 강의 물을 끌어다가 당신을 환영하도록 청하리다' 하였소."

우리가 잘 아는 고사 성어에 오월동주吳越同舟라는 말이 있는데, 『손자孫子』에 나오는 이 이야기의 내용은 다음과 같다.

"대저 오나라 사람과 월나라 사람은 서로 미워한다. 그러나 그들이 같은 배를 타고 가다가 바람을 만나게 되면 서로 돕기를 좌우의 손이 함께 협력하듯이 한다."

즉, 서로 원수지간이면서도 어떤 목적을 위하여 부득이 협력하는 상태를 일컫는 것이다. 그렇다면 평상시에 이 나라의 군주를 동시에 만나기도 어렵거니와, 그들의 협력으로 강물을 끌어오는 일은 더욱 바라기 어려운 일이 아닐 수 없다. 결국 장자는 이 비유를 통하여 '사람이 급할 때 조금만 도와주어도 될 것을 도와주지는 않고, 말장난으로 희롱하는 것'

---

1   3백 냥: 조선시대의 대표적인 화폐를 예로 들어 보면 상평통보 한 닢은 한 푼이라 하고, 열 푼이 모여 1전이 되며, 다시 10전이 모여야 비로소 1냥이 된다. 이를 오늘날의 물가로 환산하면 한 냥은 약 9~10만 원 가량이 된다. 그렇게 따지면 300냥은 약 3천만 원에 이르는 거금인 셈이다.

에 대해 준엄하게 꾸짖고 있는 것이다.

장자는 그의 아내가 죽은 뒤, 관리 생활을 그만두고 여러 곳을 떠돌아다녔다. 그는 세상의 권세나 부귀를 우습게 여겼다. 물론 벼슬자리에도 관심이 없었다. 그가 중국 안의 여러 나라를 유랑한 것 역시 공자처럼 정치 무대를 찾기 위한 것도 아니었고, 묵자처럼 사회 개혁을 위한 것도 아니었다. 다만 욕망에 허덕이는 인간의 불쌍한 모습을 보고 있는 그대로의 세상 풍토를 글로 표현하며 웃어 버리고자 하였을 뿐이다.

한 번은 이런 일이 있었다. 송나라의 조상[2]이란 사람이 진나라로 사신 길을 떠날 때, 불과 몇 량의 수레로 출발했다. 하지만 돌아올 때는 선물이 가득 찬 100여 량의 수레를 이끌고 돌아왔다. 그리고는 장자에게 하는 말이 "나는 누추한 집에서 사는 재주는 없어도, 한마디 말로 군주를 기쁘게 하여 100량의 수레를 끌고 오는 재주는 있다오." 하였다.

이에 장자는 "진나라 왕이 언젠가 병이 들어 의사에게 고름이 가득 찬 종기를 손으로 터뜨려 주면 한 량의 수레를 선물로 주고, 입으로 빨면 다섯 량의 수레를 준다고 하였소. 즉, 그 방법이 더럽고 추할수록 수레를 많이 얻어 올 수 있었단 말이오."라고 말하였다. 이것은 후안무치厚顔無恥-얼굴이 두껍고 부끄러움을 모름한 행위로 명예와 부귀를 바꾸어 온 데 대한 통렬한 비난이었다. 어떻든 권력에 아부하는 방법이 더러우면 더러울수록 높은 관직에 오르고 재물을 많이 모으는 것은 옛날이나 지금이나 매한가지인 모양이다.

2 　조상(趙湘, 생존 연대 미상): 북송 구주 서안(西安) 사람으로 시와 고문(古文)에 능했으며, 송나라 이학(理学)의 심성(心性) 및 의리에 대한 단초를 연 인물이다.

언젠가 초나라의 위왕威王, 기원전 339~325년 재위이 장자의 명성을 듣고, 그를 재상宰相으로 등용하고자 하였다. 그래서 천금의 선물과 함께 대부大夫 두 사람을 보내 그를 모셔 오도록 했다. 대부들은 석 달 동안 장자를 찾아 헤맸다.

그러던 어느 날, 마침내 물가에서 낚시질을 하고 있는 그를 발견하였다. 두 사람이 다가가자 장자는 낚싯대를 잡은 채 돌아보지도 않고 "천금이라면 대단한 돈이며, 또 재상이라고 하면 고관 중의 고관이지요. 오늘 두 분께서 천금을 들고 나를 찾아오셨으니 감사해야 할 일이요마는, 듣자 하니 초나라 조정에는 죽은 지 3천 년이나 지난 신령스러운 거북이 있다지요? 왕은 그것을 비단으로 잘 싸서 종묘宗廟-왕과 왕비의 위패를 두던 사당에 모셔 두고, 길흉을 점친다고 합니다. 그러나 만일에 그 거북이 정말로 신령스럽다면 죽어 그 껍질로서 사람의 존경을 받겠소, 아니면 살아서 진흙 속에서 꼬리치며 살겠소?" 하고 물었다.

이에 대부 가운데 한 사람이 대답하기를 "그야 이를 말입니까? 당연히 흙탕물 속에서 자유로이 꼬리를 치며 사는 편이 좋겠지요." 하였다. 이 말이 떨어지기가 무섭게 장자는 "그럼 어서 돌아가시오! 나도 살아서 흙탕물에 꼬리를 젓고 싶은 사람이오."라고 소리치는 것이었다.

이와 비슷하지만 조금 다른 이야기도 전한다. 초나라의 위왕이 장자가 현인賢人이라는 소문을 듣고, 사자使者에게 후한 선물을 들려 보냈다.

"우리 주군께서 선생님을 재상으로 모시고자 합니다. 저희와 함께 가시지요."

이 말을 들은 장자가 웃으며 말했다.

"천금이라면 막대한 금액인 데다가 재상 또한 존귀한 지위가 아닌가?"

"그렇습니다. 그러니 마다하시지는 않겠지요?"

이에 장자가 말했다.

"자네, 교제郊祭-교외에서 하늘을 향해 지내는 제사에서 희생되는 소를 본 적이 있는가?"

"본 적이 있습니다."

"그 소를 어떻게 기르던가?"

"몇 년 동안 잘 먹이고, 수놓은 옷을 입혀서 호화롭게 사육하지요."

"그래. 그렇지만 끝내는 태묘太廟-종묘로 끌려 들어가 죽게 되지."

이에 사자는 말문이 막히고 말았다. 그러자 장자는 단호하게 말했다.

"그때를 당해 죽기 싫다며 갑자기 돼지 새끼가 되겠노라 아우성을 친다 해서 소가 돼지로 변하던가? 어서 그냥 돌아가게. 나를 더 욕되게 하지 말고."

"하지만……."

사자가 말을 덧붙이려 하자 장자가 말을 끊었다.

"차라리 나는 더러운 시궁창에서 유유하게 놀고 싶다네. 왕에게 얽매인 존재는 되기 싫으이. 못 알아듣겠나? 죽을 때까지 벼슬 같은 것은 하지 않고, 마음대로 즐기며 살고 싶단 말일세."

둘 가운데 어떤 이야기가 사실이건 간에 장자의 뜻은 이러하지 않았을까 싶다.

'내가 까닥 잘못하여 정변政變-혁명이나 쿠데타와 같은 정치상의 큰 변동에 휩쓸린 탓으로 몸이 죽기라도 한다면 그 후에 찾아오는 물질의 복, 인간의 명예가 무슨 소용이 있겠느냐?'

02

50번의 사퇴서
-퇴계 이황

퇴계 이황李滉, 1501~1570년은 지금의 경북 안동에서 좌찬성의정부의 종 1품 관직 이식의 7남 1녀 중 막내아들로 태어났다. 태어난 지 7개월 만에 아버지의 상을 당했으나 모친 박씨의 가르침 밑에서 총명한 자질을 키워 나갔다. 열두 살에는 숙부 이우李偶로부터 『논어』를 배웠고, 14세 무렵부터 혼자 책 읽기를 좋아하여 특히 도연명의 시를 사랑하고 그 사람됨을 흠모하였다 한다. 스무 살을 전후하여 『주역』 공부에 몰두한 탓에 건강을 해쳤고, 그 뒤부터 병이 많은 사람이 되어 버렸다.

22세 때에 향시鄕試-과거의 제1차 시험에서 진사시와 생원시 초시에 합격하고, 어머니의 소원에 따라 과거에 응시하기 위해 성균관에 들어갔다. 그런데 당시는 기묘사화3의 피바람 속에 조광조가 사형을 당한 이듬해로써 유생들은 사기가 떨어져 도학을 기피하고 문학만 숭상하는 경박한 풍조가 생겨나 있었다. 그리하여 퇴계의 도학 공부는 유생들의 비웃음을 받게 되었다.

그러나 퇴계는 이에 아랑곳하지 않았다. 24세 때에 과거에 응시하였으나, 연거푸 세 차례나 낙방하였다. 그 후 혼신의 노력을 쏟은 결과 3년 후에는 진사시에 수석으로 합격하였고, 생원시에는 차석으로 합격하였다. 4년 후에는 대과大科에 급제하여 승문원 권지부정자종9품 관직에 임명되었다. 그 후, 퇴계는 여러 관직에 승진, 발령되었지만 건강을 이유로 대부분 사양하였다.

그는 일찍부터 학문 연구에만 뜻을 두었었다. 그러나 집이 워낙 가난했던 데다 어머니와 형의 권고도 있고 하여 과거에 응시하였던 것인데, 이에 대해 자기 자신은 잘못을 저질렀다고 나중에 후회한 바 있다. 그는 간혹 속세를 떠나 독서를 즐기며 성현聖賢의 도를 찾고 싶은 심정을 토로하곤 하였다.

퇴계는 43세 때인 1543년에 성균관사성종3품 관직으로 승진하였으나 성묘를 핑계 삼아 고향으로 되돌아왔다. 을사사화4 후에는 몸이 병약함을 구실로 모든 관직을 사퇴하였다. 46세 되던 해인 1546년에는 부인 권씨를 잃고 나서 고향인 낙동강 상류 토계兎溪에 양진암養眞菴을 짓고는 학문에 전념하였다. 자연을 벗 삼아 독서에 전념하던 이때에 토계를 퇴계라 바꾸고, 자신의 아호로 삼았다.

---

3 ___ 기묘사화(己卯士禍): 1519년(중종 14) 남곤, 홍경주 등의 훈구파에 의해 조광조 등의 신진 사류들이 숙청된 사건이다.

4 ___ 을사사화(乙巳士禍): 1545년(명종 즉위) 윤원형 일파 소윤(小尹)이 윤임 일파 대윤(大尹)을 숙청하면서, 사림이 크게 화를 입은 사건이다.

퇴계는 그 스스로 아주 물러나 버릴 형편이 아님을 알고 있었으나 부패하고 문란한 중앙의 관계가 싫어 가급적 외직을 지망하였다. 48세 되던 1548년에는 충청도 단양 군수가 되었다. 여러 관직을 사양하던 퇴계였지만 이 자리만큼은 특별히 희망하였다. 그러나 부임한 지 9개월 만에 풍기 군수로 전임되고 말았다. 왜냐하면 단양군이 감사監司-지방 장관으로서의 관찰사가 된 그의 넷째 형이해의 통솔 아래로 들어갔기 때문이다.

1549년에는 병을 이유로 경상도 감사에게 사직원을 냈다. 그런데 3개월 동안 세 번이나 올렸어도 그에 대한 답변이 없자 행장을 꾸려서 고향으로 돌아와 버렸다. 다음 해에는 '허락 없이 직책을 버렸다' 하여 감사로부터 2계급 강등 처분까지 받았다. 그러나 그는 개의치 않고 퇴계의 서쪽 양지바른 곳에 한서암寒栖菴이라는 집을 지어 그곳에서 조용한 은둔 생활을 시작하였다. 이때부터 독서와 사색으로 나날을 보내었다. 벼슬살이를 하는 것보다는 오히려 학술에 몰두하는 편이 퇴계로서는 훨씬 더 좋았던 것이다. 물론 개인적인 정서가 그것을 선호하기도 했지만 '사화士禍'라 불리는 유혈 사태가 계속되었던 당시의 사회 환경도 어느 정도 작용했다고 보아야 할 것이다.

1552년52세에는 성균관대사성5의 명을 받아 취임하였다. 1556년 홍문관부제학6, 1558년 공조참판에 임명되었으나 여러 차례 사양하였다. 1543년 이후부터 이때까지 관직을 사퇴하거나 임관에 응하지 않은 일이 20여 회에 이르렀다.

5 　 성균관대사성: 정3품 당상관으로, 유학과 문묘의 관리에 관한 일을 담당했다.

6 　 홍문관부제학: 정3품 당상관으로, 궁중의 경서 및 역사책을 관리하는 일을 담당했다.

1560년60세에는 도산서당陶山書堂을 짓고 7년 동안 독서와 수양, 저술에 전념하는 한편, 많은 제자들을 가르쳤다. 조정에서는 그에게 자주 벼슬에 나아갈 것을 종용하였으나 듣지 않았다. 이에 명종은 독서당7에 들러 신하들에게 술을 내리고, 초현부지탄8이라는 제목의 시를 짓게 했다고 한다. 그리고 몰래 화공을 도산에 보내 그 풍경을 그리게 하였다. 그리고 그것으로 병풍을 만들어 아침저녁으로 바라보며 퇴계를 흠모했다고 한다. 그 뒤 직접 정치에 임하게 되자 퇴계를 자헌대부정2품, 공조판서장관급, 대제학홍문관, 예문관의 정2품 벼슬에 임명하며 시도 때도 없이 초빙하였다. 그러나 퇴계는 그때마다 사양하면서 고향을 떠나지 않았다.

그러나 1567년 명나라 황제의 사절이 오게 되자 조정에서는 퇴계 이황의 상경을 간절히 바라게 되었고, 이에 어쩔 수 없이 한양으로 올라갔다. 그런데 명종이 갑자기 죽고 선조가 즉위하게 되었으며, 왕이 된 선조는 그를 예조 판서에 임명하였다. 하지만 신병 때문에 부득이 귀향하고 말았다.

그 후로 여러 차례의 부름을 받고 그때마다 거절하기가 어렵게 되자 퇴계는 68세의 노령에 대제학, 지경연9의 중책을 맡아 선조에게 「무진육조소」10를 올렸다. 선조는 이 소를 천고의 격언으로 간주하여 한순간

---

7 ____ 독서당(讀書堂): 조선 시대에 국가의 중요한 인재를 길러내기 위하여 건립한 전문 독서 연구기구이다. 연구 기관으로서 학문적 기능을 뚜렷이 나타내었으며, 집현전이나 홍문관 못지않게 평가되었다. 왕들의 독서당에 대한 총애와 우대는 지극하였다.

8 ____ 초현부지탄(招賢不至嘆): '현인을 초대하였는데도 오지 않는 것을 탄식한다'라는 뜻이다.

9 ____ 지경연: 임금이 학문을 논하는 자리에 참석하는 정2품 벼슬이다.

도 잊지 않을 것을 굳게 약속했다고 한다. 또한 퇴계는 이때에 선조에게 여러 책들을 강의하였다. 이 무렵, 만년의 결정체인 『성학십도聖學十圖』를 만들어 왕에게 바치기도 하였다. 이는 68세의 노학자 퇴계가 17세의 어린 나이로 즉위한 선조에게 군왕으로서 알아야 할 학문(성리학)의 핵심 내용을 10개의 그림으로 간략히 정리하여 올린 것이다.

퇴계는 학자의 최고 영예인 양관대제학兩館大提學이라는 관직을 받았다. 이 자리는 홍문관대제학과 예문관대제학을 합쳐 부르는 관직으로서 정이품正二品에 해당한다. 학문과 도덕이 뛰어나고 가문에도 흠이 없는 석학, 그야말로 유학의 거장만이 오를 수 있는 최고의 지위로서 본인이 물러나지 않는 한 평생 종신직이었다. 그러나 퇴계는 나이가 70에 가까워 고향으로 돌아가기로 마음을 먹었다. 그리하여 선조 임금의 간절한 권유를 뿌리치고 귀향을 감행하였다. 그가 귀향하기 위해 뚝섬에서 배를 기다리고 있을 적에 수백 명의 후배, 제자들이 몰려나와 눈물로 이별했다고 한다.

그 후로 퇴계는 다시 학문 연구에 몰두하였다. 그러나 다음 해1570년 11월, 종가의 제사 때 무리를 해서인지 병이 악화되었다. 그 달 8일 아침, 평소에 사랑하던 매화분에 물을 주게 하고 침상을 정돈시킨 후에 '일으켜 달라!' 하였다. 그리고는 단정히 앉은 자세로 조용히 역책易簀-학덕이 높

10____ 무진육조소(戊辰六條梳): 첫째, 왕통을 튼튼히 하여 인(仁)과 효(孝)를 온전히 할 것, 둘째, 소인배의 참소를 막아 왕실의 어른을 잘 모실 것, 셋째, 제왕의 학문을 두텁게 하여 정치의 근본으로 삼을 것, 넷째, 성리학의 학문을 밝혀 인심(人心)을 바르게 할 것, 다섯째, 왕이 큰 신하들을 믿고 간언을 주의깊게 들을 것, 여섯째, 정성을 다해 수양하고 반성하여 하늘의 사랑을 받을 것 등 여섯 조목으로 되어 있다.

은 사람의 죽음하였다.

이상에서 보는 것처럼 퇴계의 말년 관직 생활은 그야말로 '문서상의 임명과 사퇴'만이 계속되었다. 52세부터 70세까지 18년 동안 50회의 사퇴서를 냈고, 특히 정3품 이상의 벼슬은 실제로 받아들인 적이 한 번도 없었다. 이와 관련하여, 그의 어머니는 살아 있을 때에 중앙의 고관 벼슬을 하지 말도록 당부하였다 한다.

퇴계는 임종 자리에서 "나라에서 하사하는 예장[11]은 사양할 것이며, 비석도 세우지 말고 자그마한 돌에 그저 이름만 쓰라."고 유언하였다고 한다. 또 다른 설에는 그가 명정[12]에 '처사이공지구處士李公之柩'라고만 쓰라고 했다는 말도 있다. 여기에서 처사處士란 세상 풍파의 표면에 나서지 않고, 조용히 초야에 묻혀 사는 선비를 가리킨다. 거사居士가 출가하지 않은 채 집에 있으면서 불교에 귀의한 남자를 일컫는다면, 처사란 유교적인 교양을 갖춘 선비를 가리키는 것이다.

그러나 막상 퇴계가 세상을 떠나자 선조는 3일 동안 정사政事를 밀쳐둔 채 그를 애도하였고, 대광보국숭록대부, 의정부 영의정 겸 경연, 홍문관·예문관·춘추관·관상감영사를 추증하였다. 장례식은 영의정의 예禮에 준하여 치렀으되, 산소에는 퇴계 자신의 유언대로 작은 돌에 '퇴도만은진성이공지묘退陶晚隱眞城李公之墓'라 새긴 묘비만 세웠다.

퇴계의 신주죽은 사람의 위패는 1609년 공자를 모신 사당에 함께 모셔졌고, 그 뒤 그를 섬기는 서원은 전국 40여 개에 이르렀다. 그리고 퇴계의

---

11 ____ 예장(禮葬): 국장의 다음가는 국가장으로, 국가에서 예를 갖추어 장사하는 것을 뜻한다.

12 ____ 명정(銘旌): 죽은 사람의 관직과 성씨 따위를 적은 기를 일컫는다.

위패가 있는 도산서원은 국비 보조로 크게 보수·증축되어 우리나라 유림儒林의 정신적 고향으로 성역화되었다. 조선 중기의 문신 조호익13은 이렇게 말한 적이 있다.

"주자가 세상을 떠난 후, 도道의 정통 맥은 이미 중국에서 끊어져 버렸다. 그러나 퇴계는 … (중략) 한결같이 성인의 학문으로, 나아가 순수하고 올바르게 주자의 도를 전하였다. 우리나라에서 비교할 만한 사람이 없을 뿐 아니라 중국에서도 이만한 인물을 볼 수 없다. 퇴계는 실로 주자 이후의 제1인자이다."

---

13 ____ 조호익: 임진왜란 때 전공을 세워 사슴 가죽을 하사받았으며, 정유재란 때 재차 의병을 일으켜 활약한 인물이다.

03

햇빛이나 가리지 말아 주시오
-디오게네스

벼슬을 거절하고 돈과 명예를 헌신짝처럼 버린 철학자는 서양에도 있었다. 우선 먼저 우리에게 가장 널리 알려진 사람 가운데, 대낮에도 등불을 들고 다닌 철학자가 있다. 그는 바로 금욕주의 키니코스학파의 대표적 인물인 그리스의 디오게네스이다.

거지(?) 철학자 디오게네스는 흑해 연안의 항구 상업도시 시노페에서 환전상14의 아들로 태어났다. 그의 아버지는 주화를 위조하다가 들켜 쫓겨 다녔는데, 디오게네스 역시 아버지를 따라 가짜 돈을 만들었다는 죄목으로 고향에서 추방되어야 했다.

그 후 아테네로 망명하여서는 정신적인 의미에서의 위조 화폐를 만들

---

14 _____ 환전상(換錢商): 외국 돈을 자기 나라 돈으로 사거나 파는 일, 혹은 그 반대의 일을 하는 직업을 말한다.

어 '공인된 가치'와 다른 가치를 창조했다고 한다. 디오게네스는 아테네에서 소크라테스를 따라다녔던 안티스테네스키니코스학파의 창시자를 스승으로 모셨다. 금욕을 강조한 안티스테네스와의 만남 때문에 그는 자연스럽게 세상의 부와 명예, 권력 등으로부터 자유로울 수 있었는지도 모른다.

아테네에 와 살면서 디오게네스는 당대의 기인奇人으로 소문이 나기 시작했다. 그가 대낮에도 등불을 들고 다니자 사람들이 그 까닭을 물었다. 이때 디오게네스는 "내 눈으로는 현자를 찾기가 힘들어 그렇다."고 대답하였다고 한다. 그는 "모름지기 사람이란 이성을 갖든지, 아니면 목매달 끈을 가져야 한다."고 주장하였다. 디오게네스는 '덕이란 모든 육체적 쾌락을 피하는 것'이라고 생각하였으며, 이를 위해서는 결핍과 곤고困苦-딱하고 어려운 처지, 모욕을 참아 내는 강한 정신력을 기르는 것이 중요하다고 보았다.

여러 가지 기행으로 널리 알려진 디오게네스이지만 알렉산드로스 대왕과의 만남은 특히 유명하다. 그리스 여러 나라 대표가 코린트에 모여 알렉산드로스를 장군으로 삼고 페르시아를 정벌하기로 결정하자, 수많은 정치가들과 철인哲人들이 그를 방문하여 축하 인사를 건넸다. 디오게네스도 당연히 자기를 찾아와 인사할 것으로 생각했으나 오지 않자 알렉산드로스는 부하들을 거느리고 직접 그를 찾아갔다. 마침 따뜻한 햇볕을 쬐고 있던 디오게네스를 보고, 알렉산드로스는 "내가 알렉산드로스인데, 원하는 것이 있으면 말해 보시오. 무엇이든지 들어주겠소!" 하고 말했다. 그러자 물끄러미 왕을 바라보던 디오게네스가 말했다.

"저쪽으로 좀 비켜 주시오. 당신에게 가려 햇볕이 들지 않거든."

그와 헤어져 돌아온 뒤, 디오게네스의 대꾸와 행색을 비웃는 부하들에게 대왕은 이렇게 말했다고 한다.

"내 생각은 너희와 다르다. 내가 만약 알렉산드로스가 아니었다면 나는 디오게네스가 되었을 것이다."

세상에 있는 것이라면 무엇이든지 지배하고 정복하려고만 했던 제왕, 그와 정반대로 세상 것들을 무엇이든지 버리려고만 했던 철학자의 절묘한 만남이라고나 할까.

그러나 디오게네스는 단순한 기인이 아니었다. 하루는 길거리에서 신전의 사제들이 헌금을 훔쳐 가던 사나이를 붙잡아 가는 것을 보았다. 디오게네스는 손가락질을 하면서 "저기 큰 도둑이 좀도둑을 잡아 가고 있다."고 소리를 질렀다. 당대의 대철학자 플라톤은 인간을 가리켜 '털이 없는 두 발 동물'이라고 정의하였다. 이에 대해 디오게네스는 닭의 털을 모두 뽑아 버리고 플라톤의 제자들에게 던지며 "여기 너희 스승이 정의한 인간이 있다."고 소리쳤다. 그들의 관념 철학을 비웃은 것이다. 이와 관련하여 사람들이 디오게네스에게 무슨 책을 썼느냐고 묻자 그는 이렇게 대답했다고 한다.

"자네는 진짜 무화과보다 그림 속의 무화과가 더 좋은가?"

디오게네스의 조롱 때문인지, 그 후 플라톤은 인간을 정의할 때마다 '손톱과 발톱을 가진'이라는 말을 앞에다가 첨가하게 되었다고 한다.

디오게네스 입장에서는 플라톤이 입으로는 항상 '욕망을 버리고 살라!'고 하면서 큰 집에 사는 게 못마땅했던가 보다. 이에 어느 날 디오게네스가 진흙투성이 발로 플라톤의 집에 들어가 침대를 짓밟아 놓고 나왔다는 일화도 전해진다. 다만 플라톤은 그를 라이벌로 여기지 않았던 모양이다. 사람들이 "도대체 디오게네스는 뭐 하는 놈이오?"라고 물으면 "미친 소크라테스이다."라고 대답했다고 한다.

디오게네스에게 이 세상의 부와 명예, 권력은 무가치할 뿐 아니라 귀찮은 것이었다. 그것들은 한순간의 따사로운 햇볕보다도 못했다. 디오게네스는 '아무런 부족도 느끼지 않고, 아무런 것도 필요로 하지 않는 것'이야말로 신이 갖고 있는 특질로 이해했다. 필요한 것이 적으면 적을수록 그만큼 신에게 더 가까워지는 것이 되기 때문에 되도록 간편한 생활이 삶의 이상이 되었던 것이다.

때문에 디오게네스는 무욕無慾과 자족自足 그리고 무치無恥를 생활 목표로 삼았다. 아무런 욕심 없이 현재의 처지에 스스로 만족하며 부끄러워하지 않는 생활이 그의 이상적인 삶이었던 것이다. 그런데 누구나 인정하듯이 그러한 삶을 매일 살아가고 있는 동물이 바로 개이다. 개는 아무것도 갖지 않고, 남의 눈치를 보는 일도 없이 주어진 대로 먹고 아무 데서나 잠을 잔다. 이처럼 '개 같은' 생활이야말로 디오게네스가 추구하는 삶의 이상이었던 것이다. 키니코스Kynikos라는 말 또한 Kyon개이라는 그리스어에서 유래하거니와, 그들을 견유학파犬儒學派라고 부르는 것도 개犬와 관련되어 있음을 나타낸다.

실제로 디오게네스는 전 생애를 통틀어 옷 한 벌, 한 개의 지팡이, 물을 떠먹기 위해 지니고 다니는 호박[15]으로 된 그릇, 두타대[16] 외에는 아무것도 몸에 걸치지 않았다. 그러나 어느 날, 한 어린아이가 손으로 물을 떠 마

---

15 호박(琥珀): 나무의 송진 따위가 땅속에 파묻혀서 일종의 화학 작용에 의하여 돌처럼 굳어진 광물이다.

16 두타대(頭陀袋): 수행자가 옷 등을 넣어 목에 걸고 다니는 자루를 뜻한다.

시는 것을 보고(다른 설에는 개가 물을 마시는 장면을 보고) 물그릇마저 내동댕이치고 말았다고 한다. 인간이 아무런 소유 없이 잘 살아갈 수 있다고 믿어 왔던 디오게네스지만 아직 자신이 철저하지 못했음을 다시 한번 깨달은 것이다.

특히 디오게네스는 무치와 관련하여 우리가 행복을 얻기 위해서는 인간이 가지고 있는 자연적 욕망을 간단하고도 쉬운 방법으로 만족시키면 된다고 주장하였다. 배고플 때 먹는 행위를 두고 비난할 수 없듯이 성욕을 채우는 일 역시 비난받아서는 안 된다는 것이다. 인간의 자연적 욕망을 충족시키는 것은 그다지 더러운 것이 아니므로 공공연하게 만족시켜도 된다. 형편이 이러함에도 불구하고, 우리로 하여금 괜스레 수치심을 갖게 하는 것은 도대체 무엇일까? 그것은 자연에 거슬러 인간의 본능을 억압하려는 잘못된 풍습이나 문명이다. 따라서 우리는 이러한 반反자연적인 것에 대항하여 그것들을 없애거나 무시해야 한다.

이와 관련하여, 디오게네스는 코린트 시 교외의 크라네이움이라는 곳에서 나무통을 이리저리 굴려가며 그 속에서 잠을 잤는데, 많은 사람들이 보는 앞에서 태연히 여성과 성교를 하기도 했다고 전해진다. 심지어 길거리에서 대놓고 자위행위를 하고 나서는 "배고픈 것도 이렇게 문질러서 해결되면 좋을 텐데."라고 말했다고 한다. 그리고는 자기 자신에 대해 이렇게 평가했다고 한다.

"나는 내게 무언가를 준 사람을 향해서는 꼬리를 흔들고, 거부하는 이에게는 짖으며, 나쁜 사람은 문다. 그래서 개라고 불린다."

디오게네스에 의하면 원래 자연은 인간으로 하여금 아무런 소유 없이도 잘 살아갈 수 있도록 창조하였다. 그러나 인간은 스스로가 만든 문화의 편리에 젖어 버렸기 때문에, 옛날의 일을 상상조차 할 수 없게 되었다. 따라서 우리는 문화의 탐닉으로부터 벗어나 원시 상태의 단순함으로 되돌아가야 한다.

디오게네스의 마지막 모습도 평범하지는 않았던 것 같다. 90세가 되었을 때, 그는 일부러 숨을 쉬지 않아 죽었다고 한다. 혹은 익지 않은 고기를 먹다가 식중독으로 사망했다는 설도 있다. 그리고 그의 무덤엔 개집(항아리)에 들어가 있는 강아지의 모습이 조각되어 있었다고도 한다.

디오게네스는 사회의 습속뿐만 아니라 국가의 법률까지도 귀찮은 것으로 보았다. 인간은 누구에게나 보편적인 이성이 있으며, 이에 따라 모두들 보편적인 법을 좇을 것이기 때문에 개별적인 국가의 간섭 따위는 필요 없다고 주장한 것이다.

물론 우리가 디오게네스의 행동을 현실 생활에서 그대로 따라 한다는 것은 무리이다. 그럼에도 불구하고 스스로 만들어 낸 물질 문명에 의해 압도당하고 자기들이 창조해 낸 정신 문화에 오히려 얽매어 가는 오늘날의 현대인들에게 있어서, 그의 예리한 문명 비판과 자연으로의 복귀 정신은 여전히 생명력을 지니고 있다고 해야 할 것이다.

더욱이 자원 고갈과 환경 오염, 인간성의 상실 등을 뼈저리게 경험하고 있는 우리에게 그의 사상은 '과연 문명의 발달이 인간을 행복하게 만들었는가? 혹시 커질 대로 커진 인간의 욕망이 그 스스로를 불행하게 하는 것은 아닌가?'라고 하는 물음을 끊임없이 던지고 있다.

04
교수직마저 거절하다
-스피노자

흔히 알고 있듯이 교수라는 직업에는 돈과 명예가 따른다. 물론 떼돈을 벌거나 대단한 권력을 손에 넣는 것은 아니지만 생활하는 데 지장받지 않을 정도의 봉급과 어느 정도의 사회적 대우가 보장된다. 거기에 연구할 수 있는 시간적 여유와 자신의 생각을 자유롭게 말할 수 있는 공간(강의실, 강연장, 저서)도 주어진다. 그 때문인지 제법 유명한 철학자들도 이 직업을 희망하는 경우가 많았다. 그 가운데 뜻을 이룬 경우도 있고, 그렇지 못한 경우도 있지만 말이다. 그런데 아예 이 자리를 거절한 철학자가 있었다니, 과연 그는 누구일까?

그는 바로 "내일 지구의 종말이 올지라도, 나는 오늘 한 그루의 사과나무를 심겠다."[17]고 말한 것으로 알려진 네덜란드 출신의 철학자 스피노자 1632~1677년이다. 너무나 유명한 그의 낙관적, 미래 긍정적인 발언과는 반대로, 그 인생은 출발부터 순탄하지 않았다. 스피노자의 나이 22세 때 아버지가 죽자, 이미 죽은 형 대신에 스피노자가 가업(수입 상품점)을 이어받았다. 그는 '스피노자 상회'의 주인이 되어 사업에 종사했다. 그러나 스피노자는 사업보다 학문에 마음이 쏠려 있었기 때문에 결국 사업을 정리하고 말았다.

24세 되던 해에 스피노자는 교회 장로들 앞에 불려가 심문을 받았다. 장로들은 "네가 친구들에게 '신은 신체를 가지고 있을지도 모른다. 천사는 환상일지도 모른다. 영혼은 단지 생명일지도 모른다. 그리고 구약 성경에는 영생永生에 관하여 아무 말도 없다'고 말한 것이 사실이냐?"고 다그쳤다. 스피노자가 이에 대해 무어라고 대답했는지는 알려져 있지 않다.

다만 "신학에 대하여 침묵을 지켜 주면 500달러의 연금을 주겠다."고 회유했음에도 불구하고 이를 거절하였다. 사람들은 밀정密偵을 시켜 그를 염탐하기도 하고, 뇌물로 매수하려 들기도 했다. 하지만 이 모든 것이 통하지 않았다. 그러자 드디어 그를 암살할 계획까지 세우기에 이른다. 우여곡절 끝에 결국 그는 유대인 교회로부터 온갖 저주와 함께 추방령을 선고받는다. 그에게 내려진 엄청난 파문 선고는 다음과 같은 내용으로 되어 있었다.

"천사들의 결의와 성인聖人의 판결에 따라 스피노자를 저주하고 제명하여 추방한다. 잠잘 때도, 일어날 때에도 저주받으라. 나갈 때도 저주받을 것이며, 들어올 때에도 저주받을 지어다. 주께서는 그를 결코 용서하

---

17 사실 이 말을 과연 스피노자가 직접 했는지는 분명하지 않다. 비극으로 점철된 그의 생애와 관련하여서는 본인의 말이 아닐 것 같기도 한데, 매우 독특한 그의 철학에 비추어 보면 타당성이 없는 것도 아니라 여겨진다.

지 마옵시고, 주의 분노가 이 사람을 향해 불타게 하소서. 어느 누구도 말이나 글로써 그와 교제하지 말 것이며, 그에게 호의를 보여서도 안 되며, 그와 한 지붕 아래 머물러서도 안 되며, 그의 가까이에 가서도 안 되며, 그가 저술한 책을 읽어서도 안 되느니라."

듣기에도 섬뜩한, 그야말로 악의에 찬 저주가 아닐 수 없다. 그렇다면 어떻게 하여 20대의 청년이 당시의 사람들과 전혀 다른 신앙관을 갖게 되었는지, 또 무엇보다 어떻게 하여 그처럼 엄청난 일을 감당할 마음이 생겼는지 그의 성장 환경을 살펴보도록 하자.

스피노자는 1632년 네덜란드의 암스테르담에서 부유한 상인의 아들로 태어났는데, 그의 아버지는 포르투갈에서 가톨릭교회의 종교 재판과 유대인 탄압을 피해 망명해 온 유대인이었다. 그의 친할머니는 로마 가톨릭교회에 마녀[18]로 몰려 화형을 당했었다. 그의 아버지는 세 번 결혼하여 세 아들과 두 딸을 낳았는데, 스피노자는 그 가운데 둘째였다. 아버지의 두 번째 부인이자 스피노자 자신의 생모인 한나 데보라는 스피노자가 6세 때, 폐병으로 세상을 떠났다. 스피노자는 5세 때에 탈무드[19] 학교의 랍비 모르테이라 밑에서 유대 철학과 신학을 교육받은 것으로 보인다. 어려서부터 이미 뛰어난 재능을 인정받은 스피노자는 부친의 뜻에

---

18 ___ 마녀(魔女): 유럽 등지의 민간 전설에 나오는 원시적 주술인을 말한다. 주문(呪文)과 마술을 써서 사람에게 불행이나 해악을 가져다준다고 한다. 기독교에서는 이단적 악마로 취급한다.

19 ___ 탈무드(Talmud): 유대교의 율법, 전통적 습관, 축제, 민간전승, 해설 등을 총망라하여 율법학자들이 집대성해 놓은, 유대인의 정신적·문화적인 유산. 유대교에서는 '모세 5경' 다음으로 중요시된다.

따라, 유대교 목사직을 꿈꾸며 성장해 갔다. 스피노자는 유대 공동체인 시나고그[20]에서 전통적인 유대식 교육을 받았고, 율법학자가 될 것이라고 촉망받았다. 그러나 라틴어를 배우고 기독교를 접하면서 유대교 교의 敎義에 점점 의심을 품게 된다. 여기에는 충격적인 그 자신의 체험도 한몫 거든 것으로 보인다.

스피노자는 14세 때에 유대인 학교를 졸업하고 모라틸라의 율법 학교에 입학하였다. 그런데 이듬해에 우리엘이라는 청년이 내세의 신앙을 의심하는 논문을 발표하여 유대 교회로부터 혹독한 파문을 당했다. 교회는 그 청년을 교회당 입구에 엎드리게 한 다음, 신자들로 하여금 그를 짓밟고 들어가게 하였다. 육체적인 고통보다도 정신적인 상처, 즉 모욕을 참지 못한 그 청년은 집으로 돌아가 그 박해자들에게 준열한 비난서를 남긴 채 자살하고 말았다. 이 사건은 감수성이 예민한 스피노자에게 큰 충격을 주었다. 이후 스피노자는 르네상스 및 데카르트 사상의 영향을 받아 독자적인 사상을 갖게 되고, 마침내 유대교 비판과 신을 모독했다는 구실로 가혹한 탄압을 받고 추방되었던 것이다.

그러나 스피노자는 모든 명예와 부, 권위까지도 물리치면서 더 치열하게, 오로지 철학적 진리를 탐구하는 길로 들어선다. 여러 곳을 떠돌아다니던 그는 헤이그[21]에 정착하여 1675년 필생의 저작인 『윤리학』을 완성하였다. 그러나 이 책은 전통적인 기독교 사상과 다른 내용 때문에 생

20　　시나고그(synagogue): 유대교의 공적인 기도, 예배의 장소이자 회당이다.

21　　헤이그: 네덜란드의 서부에 있는 여러 정부 기관의 소재지로, 현재 국제사법재판소가 설치되어 있다.

전에 출판하지 못하였다.

이후 스피노자는 유대교에 의문을 품고 탈무드 연구에 더욱 몰두하였다. 그 후 마이모니테스스페인 출신의 유대교도의 저서를 읽다가 구약 성경의 모순을 발견하였다. 20세 때에는 기독교 사상을 연구하기 위하여 이단적인 네덜란드 신학자가 책임자로 있는 라틴어 학교에 입학하였다. 여기서 그는 스승의 딸과 사랑하게 되었는데, 얼마 후 다른 구혼자가 값비싼 선물을 보내주자 그녀는 스피노자에게서 돌아서고 말았다. 그는 "우리는 신을 사랑하지만 신으로부터 보상을 기대하지는 않는다." 는 자신의 말처럼 그녀를 원망하지는 않았다. 하지만 대단한 충격을 받았다. 이 때문인지는 몰라도, 그는 한평생 결혼하지 않고 고독한 생애를 보냈다. 또한 그가 철학을 본격적으로 연구하기 시작한 것도 실연의 충격을 받은 후부터라고 한다.

어떻든 그의 파문은 심각한 것이었다. 심지어 누이동생마저 그로부터 상속권을 가로채려고 하였기 때문에 법정 투쟁까지 벌여야 했다. 하지만 재산을 되찾은 다음, 침대만을 제외한 모든 재산을 누이동생에게 돌려주었다. 친구들이나 주위 사람들 역시 그를 멀리하였다. 어디를 가건 셋방 빌리기조차 쉽지 않았다. 그러나 동정심 많은 한 사람을 만나 이름을 '베네딕트'로 바꾼 다음, 지붕 밑 조그마한 다락방에서 살게 되었다.

그렇지 않아도 고독에 젖어 드는 성향을 갖고 있었던 스피노자는 더욱 깊은 고독 속으로 빠져 들어갔다. 전하는 바에 따르면, 3개월 동안 한 번도 밖에 나간 적이 없었다고 한다. 떳떳한 직장을 구할 수 없었기 때문에 학생 시절 배워 둔 안경 렌즈 닦는 일로 생계를 유지해 나갔다. 그러다가 어느 날 집주인이 이사하게 되면 그 역시 주인을 따라 돌아다니면서 가난하고 고독한 나날을 보냈다. 한 번은 어느 시 의원이 그의 남루한 옷을 보고 다른 옷을 보내 주겠다고 하였다. 그러나 그는 "가치가 별로 없는 것, 혹은 전혀 없는 것을 값비싼 옷으로 감싸는 것은 불합리하지요."라며 사양했다. 파문 선고에 의해서 운명은 말할 수 없으리만치 가혹해졌으나, 그는 결코 굽히지 않았다. 오직 진리에만 귀를 기울일 뿐, 그것 때문에 생겨나는 결과에 대해서는 전혀 신경을 쓰지 않았다.

스피노자의 책들은 출간되는 즉시 금지 도서 목록에 올랐다. 그러나 이 때문에 도리어 이름이 널리 알려지게 되었고, 그렇게 되자 격려의 편지와 함께 생활비가 보내지기도 하였다. 그 가운데 암스테르담의 한 부유한 상인이 그를 몹시 존경한 나머지, 1천 달러의 기부금을 보내 온 적이 있었다. 그러나 스피노자는 이를 거절하였다. 그러자 이번에는 상대방이 자신의 모든 재산을 물려주겠다고 했다. 이에 스피노자는 할 수 없이 150달러의 연금만 받기로 하고, 재산은 그(부자 상인)의 동생에게 물려주도록 설득하였다. 또 프랑스 절대 왕정의 군주인 루이 14세는 스피노자의 다음번 저서를 자기에게 바치는 조건으로 거액의 연금을 제의해 왔다. 그러나 스피노자는 "나는 나의 책을 오직 진리 앞에만 바치겠습니다."라고 하며 정중히 거절하였다.

어떻든 스피노자의 고독한 생활은 모든 선입견으로부터 초연한, 정신의 독자성을 지니게 해 주었다. 그는 당대의 저명한 인물들과 편지 교환을 통하여 지식을 넓혀 나갔고, 그리하여 전체 유럽에 이름을 떨치게 되었다. 그 후에야 드디어 그를 인정해 주는 목소리가 들려오기 시작했다. 영주 칼 루트비히가 "하이델베르크 대학 철학 정교수 자리에 취임하는 것이 어떻겠느냐?"고 제의해 온 것이다. 이 제안을 전달한 그 대학의 신학 교수는 "당신은 철학을 하기 위한 가장 완전한 자유를 누리게 될 것입니다. 다만 이 자유를 교회의 혼란을 조장하기 위한 목적으로 잘못 쓰지는 않을 것으로 믿습니다."라고 덧붙였다. 매우 유혹적인 이 제안에 대해, 스피노자는 오랫동안 심사숙고하였다. 그리고 마침내 거절하기로 결심하는데, 그가 보낸 답장 중에는 이런 내용이 들어 있었다.

"저는 자유로운 철학이 어떤 제약을 받아야 한다는 것에 대해 이해할 수 없습니다."

이에 대해 좀 더 자세하게 알아보기로 하자. 우선 영주의 고문인 파브리티우스가 스피노자에게 보낸 편지의 내용이다.

> 선제후(選帝侯-중세 독일에서 황제 선거의 자격을 가진 귀족) 전하의 호의가 두터우신 귀하에게, 저명한 대학에서 철학 교수직을 맡으실 의향을 여쭙고자 합니다. 급료는 현재 교수직에 있는 사람들과 같을 것입니다. … (중략) 귀하는 철학을 가르치는 일에서 충분한 자유를 누리게 될 것입니다. 전하는 귀하가 공적(公的)으로 확립돼 있는 종교를 어지럽히지 않으리라 믿고 계십니다. … (중략) 빠른 시간 안에 답을 주시기 바랍니다. …

> 귀하를 진심으로 존경하는, 요한 루드비히 파브리티우스.
> 팔라틴 선제후의 고문이자 하이델베르크 아카데미 교수.
> 하이델베르크에서 1673년 2월 16일.

이에 대한 스피노자의 답장 내용은 다음과 같다.

제가 교수직을 소망한다면 귀하를 통해 전하가 배려하신 교수직 외에는 생각하기 힘들 것입니다. … (중략) 그러나 학생들을 가르치는 데 몰두하자면 저 자신의 철학 연구를 포기해야 하지 않을까 생각합니다. 또한 공적으로 확립된 종교를 어지럽히는 모든 행동을 피해야 한다면 제가 가르치고 연구하는 자유가 결국 제한받지 않을까 생각합니다. … (중략) 저를 움직이는 것은 좀 더 나은 지위에 대한 희망이 아니라, 다만 평안에 대한 사랑입니다. … (중략) 이 문제에 대해 제가 좀 더 고려할 수 있도록 선제후께 간청해 주십시오.

베네딕투스 데 스피노자.
헤이그에서 1673년 3월 30일.

물론 스피노자가 철학 교수 자리를 물리친 데에는 학문적 자유를 누리고자 하는 소망 때문이었다고 말할 수 있다. 그리고 앞에서 말했듯이 이미 안경 렌즈 닦는 기술을 습득해 놓았다는 이유도 있었다. 그렇다고 하여 그의 생활이 풍족했던 것은 아닌 것 같다. 어떨 때는 너무나 어려워 상상할 수 없을 만큼 검소한 생활을 해야 했다. 그럴 때에는 보다 못한 친구들이 기부금을 주어 돕겠다고 하였지만 스피노자는 생활에 꼭 필요한 정도만 받았을 뿐, 그 이상의 어떤 것도 요구하지 않았다.

하지만 이상의 내용에 대해서도 다른 설이 있다. 스피노자가 파문을 당한 때부터 1660년까지 4년 동안 그는 라틴어 학교에서 조교 역할을 하면서 철학과 자연과학에 대한 조예를 길렀으며, 렌즈 가공 기술을 익혔던 것으로 추정된다. 그런데 당시 그가 현미경이나 망원경에 쓰이는 렌즈 가공을 익힌 것은 광학光學에 대한 과학적 관심 때문이었다고 볼 수 있다. 또 스피노자의 생계는 주로 그의 친구와 지지자들이 제공하는 연금 형식의 돈으로 유지되었기 때문에 비록 풍족하지는 않았지만 가난에 시달리지도 않았다는 것이다.

그야 어떻든 렌즈 손질의 직업이 마침내 스피노자의 수명을 단축시키고야 말았다. 먼지투성이의 작업장이 그에게 폐병을 안겨 주었던 것이다. 그리고 결국 '박물관에 매장되어 있는 것처럼' 외롭고 고요한 사색의 삶은 45년이라는 짧은 기간으로 고독하게 마감했다. 여기에서 그의 임종과 관련된 장면을 살펴보도록 하자.

추위가 혹독했던 1676년 겨울, 스피노자의 건강은 빠르게 악화됐다. 렌즈를 가공하면서 유리 가루를 많이 마셔 앓게 된 폐 질환이 악화됐다는 설이 유력하다. 1677년 2월 21일 일요일 아침, 여느 때와 같이 스피노자는 집주인 부부와 담소를 나누었고 암스테르담에서 온 의사이자 친구 로데빅 마이어는 집주인에게 부탁하여 닭고기 스프를 끓이게 했다. 오후에 스피노자는 닭고기 스프를 맛있게 먹었다. 집주인 부부가 오후 4시쯤 교회에 다녀온 뒤, 마이어는 스피노자가 오후 3시에 숨을 거두었다는 것을 알려 주었다. 그의 나이 45세 때였다.

스피노자가 남긴 유산 목록은 다음과 같다.

> 침대, 방석, 이불, 모자 두 개, 구두 두 켤레, 속옷, 낡은 여행 가방, 책상, 의자, 렌즈 연마기와 몇 개의 렌즈, 작은 초상화, 은 버클(혁대를 죄어 고정시키는 장치) 2개, 체스(체크무늬 판과 말을 이용하여 두 사람이 펼치는 게임. 서양장기)도구, 은 인장

유족들은 유산을 경매 처분하여도 경비를 빼면 남는 돈이 거의 없다는 것을 알았고, 결국 상속을 포기했다. 1677년 2월 25일 장례가 치러졌고, 스피노자의 시신은 헤이그의 스푸이 거리 근처 신교회新教會 부속 묘지에 안장됐다. 스피노자가 갖고 있던 영혼의 순수함은 다음과 같은 그의 글에도 잘 나타나 있다.

"우리의 슬픔이나 시기, 두려움, 미움은…… 모두 없어질 것들에 대한 사랑 때문에 생기는 것이다. 그러나 영원하고 무한한 것에 대한 사랑은 순수한 기쁨으로 영혼을 먹이며, 어떤 슬픔도 여기에 끼어들지 않는다."

05
노벨상을 거절하다
-사르트르

아무리 욕심이 없다 한들, 현재 지구인이 받을 수 있는 가장 영예롭고도 큰 상, 노벨상[22]을 거절할 사람이 과연 있을까? 알다시피 노벨상은 스웨덴의 화학자 알프레드 노벨의 유산을 기금으로 하여 1901년에 제정되었고, 해마다 물리학, 화학, 생리 의학, 경제학, 문학, 평화의 6개 부문에서 인류 문명의 발달에 공헌한 사람이나 단체를 선정하여 수여하는 최고의 상이다. 사람이라면 모두가 바라마지 않는, 바로 그 상을 거절한 철학자가 있었다니.

그는 바로 사르트르1905~1980년이다. 사르트르는 철학과 문학뿐만

---

22 ____ 노벨상: 상은 금메달, 상장, 상금으로 구성되는데, 상금은 이자율의 변동, 수상 해당자가 없었을 때 기금의 증가 등으로 매년 그 금액이 조금씩 다르다. 또, 한 부문의 수상자가 2명 이상일 경우에는 해당 부문의 상금을 나누어 지급한다.

아니라 예술과 정치, 사회 활동 등 거의 모든 영역에 걸쳐 가장 왕성한 지성의 힘을 발휘한 불세출不世出-좀처럼 세상에 드러나지 않을 만큼 뛰어난 인물이나 작품의 거장이었다. 특히 1964년 노벨 문학상의 수상을 거부한 것은 그의 명성을 드높였다. 그리하여 사람들이 흔히 20세기 프랑스 지성을 들먹일 때 사르트르는 항상 그 중심에 서 있다. 일의 자초지종은 다음과 같다.

1964년에 사르트르는 자서전적 소설 『말』을 썼고, 이로 인하여 노벨상을 받게 되었다. 그러나 그는 이 최상의 명예와 그에 수반되는 5만 달러의 상금을 거부하였다. '노벨상이 서구 작가들에게 치우침으로써 그 공정성을 상실했다'는 것이 거부 이유였다. 그러나 다른 한편으로, 자신의 라이벌인 카뮈[23]보다 늦게 노벨상 수상자로 선정된 데 불만을 품고 수상을 거부하였다는 설도 있다.

어떻든 그가 노벨상을 거절한 데에는 그의 소신과 철학 외에 특이한 성장 배경과 그로 인해 형성된 독특한 기질도 한몫을 했을 것으로 추측된다. 사르트르는 어렸을 적 아버지를 잃었다. 그의 부친은 사르트르가 태어난 지 15개월 만에 인도차이나 전쟁에서의 후유증인 열병으로 사망하였다. 그럼에도 불구하고 사르트르는 아버지 없는 어린 시절을 오히려 축복이었다고 말한 적이 있다.

"좋은 아버지란 이 세상에 존재하지 않는다. 만일 나의 아버지가 오래 살았다면 그는 나의 머리 위에 군림하며 나를 억압하고 있었으리라 … 나

23　카뮈: 프랑스의 소설가이자 극작가이다. 작품으로 『이방인』, 『페스트』 등이 있으며, 1957년 노벨문학상을 수상했다.

는 내 위의 어떤 존재도 인정하지 않는다."

어떤 권위에 의해서도 짓밟히기 싫어하는 그의 기질은 이때부터 형성된 것이 아닌가 싶다. 부친을 잃은 사르트르는 10살이 될 때까지 엄격한 외할아버지 샤를 슈바이처의 슬하에서 소년 시절을 보냈다. 소르본대학교의 독문학 교수였던 외할아버지는 '밀림의 성자'로 유명한 노벨 평화상 수상자 알베르트 슈바이처 박사의 큰아버지가 되는 사람이다. 그러므로 사르트르의 어머니와 슈바이처 박사는 사촌 남매, 사르트르와 슈바이처 박사는 오촌 숙질 관계가 된다. 한편 외할아버지의 깊은 교양은 사르트르의 학문적 탐구심을 크게 자극하였다. 다만 사르트르는 후일 자서전에서 "선천적 근시와 사시, 그리고 외갓집의 낯섦 등으로 심리적 부담을 크게 느꼈다."고 밝히고 있다.

하지만 사르트르의 나이 열한 살 때, 모친이 어떤 공장장과 재혼을 함으로써 이 시기도 종말을 고한다. 그는 또다시 낯선 환경, 의붓아버지 밑에서 살아야 했던 것이다. 그의 작품 가운데 유난히 자유를 주제로 한 것이 많은 까닭은 이러한 개인적인 체험에서 비롯된 것으로 보인다. 말하자면 그의 어머니는 그가 조금이라도 떠들며 장난을 치면 "얘야, 조용히 해라. 여기는 우리 집이 아니야!" 한다거나 혹은 "그것은 만지지 마라. 우리 것이 아니니까." 하고 억압했던 것이다. 환경의 억압된 분위기 속에서 도리어 자유에 대한 갈망이 더욱 커지지 않았을까 추측되는 대목이다.

사르트르는 의붓아버지를 따라 라 로셸 학교로 전학하게 되는데, 이곳에서 잘 적응하지 못했다. 이때 어머니의 돈을 훔쳤다가 할아버지로부터 의절을 당하기도 하고, 아름다운 소녀에게 다가갔다가 실패하기도 한다. 이러한 일들로 사르트르는 자신의 추함을 자각하게 되었다고 한다.

파리 고등사범학교[24]에 입학한 사르트르는 학생들과 교수들을 멸시하였으며 강의를 잘 듣지도 않았다. 또 단벌옷에 슬리퍼를 질질 끌고 다니며 주정뱅이로 보일 만큼 술을 많이 마셨다. 스물두 살에는『어느 패배』라는 소설을 썼으나 출판을 거절당했다. 수석으로 학교를 졸업했음에도 불구하고, 교사 자격 시험에는 낙방하고 말았다. 그리하여 1년간 더 공부를 한 끝에 이듬해에는 수석으로 합격하였다. 고등학교의 철학 교사로 발령을 받은 그는 학생들을 열심히 가르쳤다. 그러나 교장이나 동료, 그리고 학부형들과 접촉하는 것을 매우 싫어했다.

제2차 세계 대전이 일어나고 히틀러가 파리를 점령하자 사르트르는 즉시 독일군을 겨냥한 레지스탕스 운동에 참여한다. '아우슈비츠'[25]가 집단 학살의 악마적인 비인간성을 상징한다면 '레지스탕스'는 목숨을 걸고서라도 주체적인 인간이고자 하는 결단과 투쟁을 상징한다. 그리고 사르트르는 이 레지스탕스의 중심에 서 있었다.

사르트르는 이 와중에서도 1943년『존재와 무』를 출간한다. 이 책은 나온 지 13년 만에 46판이라고 하는, 철학 서적으로서 유례가 없는 기록을 세우며 그를 단번에 위대한 철학자의 반열에 올려 놓았다. 전쟁이 끝난 후, 교직을 그만둔 그는 자유 문필가로 활동하였다. 실존주의 철학자

---

24 ____ 파리 고등사범학교: 입학생은 소수 정예로 선발하는데, 경쟁률이 매우 높다. 파리정치대학, 국립행정학교와 함께 고등사범학교 출신들은 프랑스의 재계, 정계, 학계의 고위직을 독식하다시피 한다. 철학 분야에서는 19세기 후반의 앙리 베르그송, 에밀 뒤르켐, 사르트르, 시몬 드 보부아르, 메를로 퐁티, 미셸 푸코, 자크 데리다 등의 인물들이 배출되었다.

25 ____ 아우슈비츠: 제2차 세계 대전 중 독일군에게 점령당하여 최대의 강제 수용소이자 집단 학살 수용소가 있었던 지역이다.

메를로퐁티, 사회학자 레이몽 아롱 등과 함께 ≪현대지≫를 창간하여 실존주의 사상을 전개하면서 소설이나 희곡, 평론 등을 발표하였다. 또한 '민주주의와 혁명'이라고 하는 단체를 만들어 공산주의 진영에 대해 협조적인 관계를 맺기 시작했다. 『공산주의와 평화』라는 책에서는, 공산주의를 '평화의 기수'라고까지 강조하였다. 그러나 이 무렵 오랫동안 교제해 왔던 소설가 까뮈, 메를로퐁티 등과 사이가 벌어진다.

1956년, 프랑스의 실존주의 철학자이자 여성 운동가인 시몬 드 보부아르와 함께 소련과 중공을 방문했던 사르트르는 그해 가을에 헝가리 반공 의거[26]가 일어나자 그것을 지지하며, 소련의 개입을 비판하였다. 이후 소련에서 스탈린 격하 운동[27]이 벌어지자 다시 공산당과의 관계를 회복한 그는 그러나 끝내 공산당에 입당하지는 않았다. 그 이유에 대해 다음과 같이 말하고 있다.

"나는 두 가지 이유에서 공산당에 들어가지 않았다. 첫째, 내가 부르주아 출신이기 때문이다. 둘째, 비판의 자유를 잃고 싶지 않아서인데, 왜냐하면 공산주의는 비판을 허용하지 않기 때문이다."

전쟁이 끝나고 조국 프랑스에 드골 정권이 들어서자 그 독재적 성격에 반대하며, 이번에도 사르트르는 반反정부 입장을 고수하였다. 그리하여 1958년 프랑스 보호령인 알제리에서 독립 전쟁이 일어났을 때, 그는 알제리를 지지하는 투쟁에 가담하였다. 그런데 여기에 가담한 모든 사람이 체포되었음에도 그만은 제외되었다. 어떤 장관이 드골 대통령에게 그 이

---

26   헝가리 반공 의거: 공산당 독재와 공포 정치에 반대하여 시민들이 일으킨 혁명이다.

27   스탈린 격하 운동: 스탈린의 흔적으로부터 벗어나려는 옛 소련의 정책 중 하나였다.

유를 묻자, 대통령은 "사르트르 자신이 프랑스이기 때문이지."라고 대답했다고 한다.

사르트르는 자기가 옳다는 확신을 가지고 싸울 때는 자신의 모든 것, 심지어 생명까지도 걸었다. 그는 전통적인 결혼 제도를 반대하여 보부아르 부인과 계약 결혼을 하였으며, 두 사람만의 자유를 위하여 자식을 갖지 않았다. 사유 재산 제도를 반대하여 호텔에서 잠을 자고, 카페에서 작업을 하였으며 식당에서 식사를 하였다.

그는 1946년에 집을 사서 1962년까지 사는 동안 커다란 심리적 고통을 느꼈다고 한다. 이유는 '아무것도 소유하지 않는다'는 그의 신조 때문이었다. 만약 우리가 철학자를 '자기의 분명한 소신에 따라 다른 사람들의 이목에 상관없이 자기의 길을 가는 사람'으로 규정한다면 사르트르야말로 진정한 철학자였다.

제3부

출세의 달인들

지금까지 출세나 부, 권력을 포기하면서까지 거절의 결단을 내린 위대한 정신들을 살펴보았다. 그 이유가 자기 자신의 안심입명이나 충절을 지키기 위한 것이건, 평소의 가치관에 따른 것이건 독자들을 감동시키기에 충분하지 않았을까 여겨진다. 하지만 이번 장에서는 그와는 전혀 다른 인격들이 등장한다. 부와 명예, 권력을 위해 학자로서의 소신을 꺾은 이도 있고, 심지어 불나방처럼 권력을 향해 돌진해 간 철학자도 있다. 이들은 막장 드라마에서나 볼 수 있는 주인공의 모습과 진배없지만 한편으로는 지극히 인간적인 면모를 가감 없이 드러내지 않았나 하는 생각도 든다.

01
본보기를 보인 인물들
-이사와 한명회

본보기라는 말이 좀 어색하게 들리긴 하나, 그 속뜻은 출세를 위해 수
단과 방법을 가리지 않은 철학자들에 앞서 권력을 향해 몸을 던졌던 역
사적 인물들이 있었다는 것이다. 중국의 승상 이사李斯, ?~기원전 208년와
조선의 한명회가 바로 그 주인공들이다.

이사는 원래 초나라 사람으로서 작은 마을의 말단 관리직을 맡고 있었
다. 그러다가 순자荀子에게서 학문을 배우고, 진나라로 가서 여불휘시황
제의 친아버지의 식객이 되었다. 결국 여불휘에 의해 그의 재능이 인정되었
고, 진나라 왕후일의 시황제을 만나 천하 통일의 논리를 폈으며, 이에 동조
한 왕은 그의 벼슬을 한껏 올려 주었다. 이후 이사는 왕을 도와 천하 통일
의 업적을 이룩하였다. 진시황제는 이사에게 승상이라는 막강한 벼슬을
내려주는 한편, 진나라의 제도 법령 개혁과 정비에 앞장서도록 적극 밀
어 주었다.

이에 이사는 진시황제로 하여금 전국을 군郡과 현縣으로 나누게 한 다음, 모든 군은 조정에서 임명한 관리가 다스리도록 조언했다. 이는 봉건 제후국을 대신하여 중앙 집권 체제를 갖추도록 하기 위함이었다. 또 시황제는 그의 제안에 따라 화폐 단위와 도량형을 통일하고, 흉노의 침입을 막기 위해 만리장성[1]을 쌓았다. 또한 이사는 천하의 모든 문자를 전서체고문의 글자체와 서풍을 정리한 것로 통일시키도록 했는데, 한자漢字는 그후 큰 변화 없이 지금까지 존속되어 왔다. 이에서 보는 것처럼 집권 초기에는 이사가 시황제의 신망을 바탕으로 훌륭한 정책을 많이 폈거니와, 또한 그것이 중국 천하 통일의 기반을 갖추게 한 것도 사실이다.

그러나 이사는 사치와 방탕의 상징인 아방궁阿房宮을 축조하도록 함으로써 백성들에게 엄청난 고통을 안겨 주었다. 아방촌이라는 한촌寒村에 있었던 아방궁의 규모에 대해서는 여러 설이 있다. 그러나 대략 동서 약 700m, 남북 약 120m에 이르는 2층 건물로 1만 명을 수용할 수 있었다고 하며, 이를 건설하는 데에 죄수 70만 명이 동원되었다고 한다. 그럼에도 시황제의 살아생전에는 완성되지 않아 2세 황제(호해)에 의해 나머지 공사가 진행되었다. 아방궁을 포함한 전체 궁전은 기원전 207년, 항우가 진나라를 멸망시켰을 때 불에 타고 말았는데, 불길이 3개월 동안 꺼지지 않았다고 하니 그 규모를 가히 짐작할 수 있겠다.

이사라는 인물이 아방궁 건설로 세금과 노역에 시달린 백성들로부터

---

1 만리장성(萬里長城): '인류 최대의 토목 공사'라 불리는 이 거대한 유적은 그 후, 명나라 때 몽골의 침입을 막기 위해 대대적으로 확장되었으며, 연장 길이는 2,700㎞, 중간에 갈라져 나온 지선들까지 합치면 약 5,000~6,000㎞에 이른다.

많은 원성을 받게 되었음은 그렇다 하려니와, 후대 유학자들로부터 증오의 대상이 된 까닭은 무엇일까? 그것은 진시황제로 하여금 무소불위無所不爲의 권력을 유지하고, 동시에 장기 집권으로 가도록 하기 위하여 분서갱유焚書坑儒를 건의하였다는 데 있다.

여기에서 분서갱유가 일어난 배경을 살펴보도록 하자. 법에 의한 획일적인 사회 통제를 주장하였던 이사는 무엇보다 선왕의 도를 내세워 현실 정치를 비판하는 유가儒家를 배척하였다. 그런데 어느 날, 전국의 유생들이 중앙 집권적 군현제를 반대하고 봉건제 부활을 주장하기 시작했다. 이에 대해 시황제는 일단 그 의견을 조정의 공론에 붙였다. 그러나 승상 이사는 이번 기회에 모든 책은 불태우되, 다만 의약과 점복占卜, 농업 관계 서적은 제외할 것을 건의하였다. 시황제는 이를 허락하였다.

그러던 중, 또 하나의 사건이 터진다. 이사는 허무맹랑하게도 불로장생 약초를 구하도록 건의하였는데, 그 약을 구하겠다고 떠난 진시황의 방사方士-술법을 하는 자 노생과 후생이라는 자들이 많은 재물을 받아 챙긴 뒤, 도리어 시황제의 부덕不德을 비난하며 도망을 치고 만 것이다. 이에 시황제는 함양에 있는 유생들을 체포하여 무려 460여 명을 구덩이에 매장하도록 하였다. 이것이 역사상 그 악명 높은 갱유坑儒 사건이다.

앞서 말한 노생이란 자와 진시황의 후계자와 관련된, 재미있는 일화가 있다. 노생은 불사약을 구하려 다니다 귀신의 계시가 담겨 있다는 일종의 예언서를 발견하여 가져왔다고 한다. 그런데 그 책 속에는 놀라운 내용이 들어 있었는데, 그것은 '진의 멸망은 호胡에 의해서다'라는 것이었다. 이를 본 시황제는 그 '호'를 북방 오랑캐로 해석하여 자신이 세운 제국을 지키기 위해 만리장성을 쌓게 하였다고 한다.

그러나 시황제가 죽은 후, 이사는 환관 조고趙高, ?~기원전 207년와 공모하여 시황제의 막내아들 호해를 2세 황제로 옹립하고, 시황제의 장남 부소와 장군 몽염을 자살하게 만들었다. 그리고는 우둔한 2세 황제(호해)를 마음대로 조종하며 국정을 농단했다. 결국 호해 때 진나라가 멸망하게 되었던 바, 그 예언서가 말한 '호'는 다름 아닌 시황제의 아들 호해胡亥를 가리켰던 것이다!

한편, 얼마 지나지 않아 이사와 조고와의 사이에 암투가 벌어졌다. 이사는 백성들의 분노와 반란을 가라앉히기 위해 황제 호해에게 아방궁 건설의 중단을 건의한다. 그러나 호해의 노여움을 사서 결국 옥에 갇히고 말았다. 이사는 옥중에서 호해에게 억울함을 호소하는 변명의 글을 올렸으나 모두 조고에게 차단되고 말았다. 조고는 이를 빌미로 호해에게 '이사가 그 아들과 함께 반란을 꾀하고 있다'고 모함했다. 그러고는 이사가 만든 혹독한 형벌 규정을 적용하여 이사를 고문한 끝에 반역 모의 사실을 자백받았다. 결국 이사는 기원전 208년 7월, 수도인 함양의 시장터에서 처형되고 말았다.

중국에 이사가 있다면, 조선에는 한명회가 있다. 한 시대를 풍미했던 사람, '칠삭둥이' 한명회1415~1487년는 과연 누구인가? 그는 조선의 개국공신 한상질의 손자이며, 사헌부감찰정6품 관직을 지낸 한기의 아들이다. 모친인 여주 이씨 부인이 수태한 지 7개월 만에 태어났다 하여 '칠삭둥이'라는 별명을 얻었다.

일찍이 부모를 여읜 한명회는 한학漢學을 배우기는 하였으나 불행한 가정 환경과 가난, 작은 체구로 말미암아 주변의 멸시와 놀림을 받으며 불우한 소년기를 보냈다. 다만 어려서부터 기억력이 좋고 민첩하여, 그의 종조할아버지 한상덕 같은 사람은 그를 가리켜 '집안의 천리마'가 될 것이라 예견하기도 하였다고 한다.

한명회는 어려서부터 사귄 친구 권람權擥 등과 어울려 풍류를 즐기다가 그의 소개로 신숙주[2]를 알게 되었고, 수양대군을 소개받았다. 수양대군이 비범한 인물임을 알아차린 한명회는 수양과 가깝게 지내는 동안 그의 사람 됨됨이를 세밀하게 살펴보았다. 과거 시험으로는 도저히 관직에 나아갈 수 없다고 판단한 한명회는 수양대군을 찾아가 거사를 논의하였고, 수양대군의 책사策士로서 자신의 능력을 유감없이 발휘했다. 경덕궁지기개성에 있는 태조 이성계의 사저를 관리하는 자로 있을 때, 그는 무사 30여 명을 수양대군에게 적극 추천하였고 이들의 인맥을 통해 거사를 일으킬 병력을 모으게 된다.

일찍이 세종의 뒤를 이은 병약한 왕 문종은 자신의 단명을 예견하고, 영의정 황보인, 우의정 김종서 등에게 자기가 죽은 뒤 어린 왕세자(후에 단종)가 등극하였을 때, 그를 잘 보필할 것을 부탁하였다. 그러나 수양대군은 1453년, 김종서 집을 습격하여 그와 그의 아들을 죽이고 만다. 이 계유정난[3]의 과정에서 주도적인 역할을 했던 사람이 바로 한명회이다.

---

2 ___ 신숙주(申叔舟): 조선 전기의 문신이자 학자이다. 훈민정음의 창제·보급과 국가 중요서적의 찬수에 참여하였다. 그러나 수양대군(세조)의 즉위 과정에 가담하고, 이후 요직을 두루 거치는 등 사육신(死六臣)과 뚜렷이 구별되는 삶을 살았다.

3 ___ 계유정난(癸酉靖難): 1453년(단종 1년), 수양대군이 왕위를 빼앗기 위하여 일으킨 사건을 일컫는다.

그는 신하들의 성향과 능력, 수양대군에 대한 지지, 설득의 가능성 여부 등을 파악하여 이른바 살생부殺生簿를 작성하였고, 결국 이것이 조정 대신들의 삶과 죽음을 갈라놓기도 했다. 이후 살생부는 숙청과 제거, 인사 배치의 대명사로 널리 통용되었다. 어떻든 한명회는 수양대군의 집권에 큰 공을 세워 정난공신 1등관이 되었다. 그 후, 수양대군이 영의정부사가 되면서 정3품 관직인 동부승지로 승진하였고, 수양대군이 단종의 양위를 받아 조선 국왕(세조)으로 즉위하자 몇몇 벼슬을 거쳐 우승지왕명의 출납과 6조의 업무를 나누어 맡는 정3품 당상관에 올랐다.

그러던 어느 날, 사육신의 한 사람인 성삼문成三問과 집현전 학사들이 세조 3부자父子를 연회장에서 암살할 계획이라는 정보를 입수한 한명회는 연회장에 별운검別雲劍-칼을 차고 임금을 호위하는 벼슬아치으로 임명된 성승, 유응부, 하위지의 출입을 차단함으로써 위기를 넘긴다. 곧이어 공모에 가담한 김질이 장인인 정창손의 설득으로 거사의 가담자들을 폭로하기에 이르렀다. 이로 인하여 성삼문, 하위지, 유응부 등은 체포되어 국문4을 받은 후 처형되었고, 800여 명의 관련자들 역시 처형되었으며 수천 명이 유배되었다. 이른바 '사육신의 난'을 진압한 공로로 한명회는 좌승지를 거쳐 도승지, 이조판서로 승진해 간다.

출세가도에 올라선 한명회는 자신의 셋째 딸을 세조의 차남 해양대군 예종, 조선의 8대 왕에게 출가시켰는데, 그녀는 아들 인성대군을 낳고 출산 후유증으로 인하여 요절하고 만다. 그 후 외손자 인성대군마저 일찍 죽

---

4 ___ 국문(鞫問): 반역죄 등 큰 범죄가 발생하였을 때 왕의 명령에 의하여 죄인을 신문하던 일을 뜻한다.

으면서 한명회는 사위인 해양대군과 다소 껄끄러운 사이가 된다. 그러나 이 해양대군이 곧 예종으로 즉위하게 되면서 한명회는 이조판서의 자리에 오르고, 곧이어 상당군5에 책봉된 이후 병조판서까지 되었다.

병조판서 재직 중 한명회는 병력을 이끌고 평안도와 함경도에 직접 출정하여 변방에 출몰하는 여진족과 야인 마을을 토벌하고, 북방에 성을 쌓았다. 그 후로 황해, 평안, 함길, 강원도 체찰사6 등을 역임하였으며, 1459년에는 황해, 평안, 함길, 강원 4도의 병권兵權과 관할권을 가진, 전쟁 시의 최고관직 4도 도체찰사로 임명되었다. 또한 당시 권력이 강화된 승정원과 6조이조, 호조, 예조, 병조, 형조, 공조 등의 중앙 관청의 인사권, 병권 및 감찰권 등을 한손에 거머쥐게 되었다.

북방의 야인野人들을 토벌한 뒤 국방 경계를 튼튼하게 하였다는 공으로 한명회는 1461년 상당부원군에 임명되었고, 병조판서를 겸했다가 우의정이 되었다. 앞서 살펴본 대로 한명회는 세조와 사돈을 맺어 딸을 예종의 왕비로 만들었고, 나중에는 다른 딸을 성종의 비로 만들어 딸들을 2대에 걸쳐 왕후로 삼게 했다. 또한 권람, 신숙주 등과 인척관계를 맺고, 세조 정권에 크게 기여하였다. 그러나 한편으로는 친인척 관계에 의

---

5 ___ 상당군(上黨君): 군(君)이란 공신이나 왕자에게 내려지는 특권적인 명칭인데, 한명회의 경우 청주 한씨이기 때문에 청주의 옛날 이름인 '상당'을 붙여 상당군이라 불렸다. 부원군이란 조선시대 왕의 장인이나 친공신(親功臣-조상으로부터 물려받지 않고 스스로 공을 세워 훈장을 받은 공신)에게 주던 작호인 바, 따라서 왕의 장인이기도 한 한명회에게는 '상당부원군'이란 칭호가 붙기도 하였다.

6 ___ 체찰사(體察使): 지방에서 군란(軍亂)이 일어났을 때, 임금을 대신하여 그곳의 일반 군무를 맡아보던 임시 벼슬을 말한다.

한 요직 장악이라는 인사 폐단을 낳기도 했다.

세조 13년에는 '성삼문과 반란을 모의하려 했다'는 모함을 받아 투옥되기도 하였다. 그러나 곧 풀려났고, 예종이 즉위하자 여러 방면의 정무를 맡아 보기도 하였다. 예종 1년에는 조선 전기의 무신 남이[7], 강순[8]의 모역 사건을 성공적으로 다룬 공으로 영의정이 되었다. 불편한 관계로 있던 사위 예종이 갑자기 죽자 한명회는 새로운 왕이 즉위할 때까지 정무를 맡아 보았으며, 이때에도 병조판서를 겸하며 인사권까지 장악하였다.

그 후, 자신의 넷째 사위인 성종이 즉위하자 또다시 공신功臣의 명칭을 받았다. 그러나 결국 자신의 딸인 왕후가 세상을 떠나면서 그의 권세도 내리막길을 걷기 시작하였으며, 성종의 두 번째 부인인 폐비 윤씨 폐출 사건[9]에 관여하였다가 나중에 부관참시의 원인을 제공하기도 했다. 자신의 정자인 압구정에서 명나라 사신을 사사로이 접대한 일로 탄핵되어 모든 관직에서 박탈당했다. 그는 1487년, 72세의 나이로 갑자기 세상을 떠났다. 스스로는 고향인 충청북도 청주에 묻히기를 희망하였으나 천안

7___ 남이(南怡, 1441~1468년): 조선 전기의 무신으로, '이시애 반란'의 진압과 여진족 토벌에 참여한 공 등으로 공조판서에 임명되었다. 이어 27세의 나이로 병조판서가 되었으나 신숙주, 한명회 등의 모함으로 해직되었다. 1468년 예종 즉위 후, 역모를 꾀한다는 유자광의 모함으로 국문 끝에 죽임을 당했다. 현재 남이섬에 그의 묘가 있다.

8___ 강순(康純, 1390~1468년): 조선 전기의 무신으로, 우의정을 거쳐 영의정으로 오위도총관(전후좌우중 등 5위를 지휘감독한 최고 군령책임자)에 임명되었으나, 반란을 꾀하였다는 유자광의 무고에 몰려 처형되었다.

9___ 폐비 윤씨 사건: 후궁이었던 윤씨가 왕후에까지 봉해졌지만 성종의 얼굴에 손톱자국을 낸 일로 사약을 받아 죽는다. 그후, 그녀의 아들(연산군)이 보위에 올라 이 사건과 관련된 사람들을 죽이고 귀양을 보내는데, 이것이 바로 폐비 윤씨 사건이다.

군 수신면 속창리에 안장되었다.

그 뒤 연산군 대에 와서 폐비 윤씨 폐출사건을 막지 않은 책임이 있다고 하여 12간신의 한 사람으로 지목되어 관직을 박탈당하였으며, 나아가 무덤을 파고 관을 꺼내는 부관참시剖棺斬屍까지 당하였다. 시체는 토막 내어지고, 목은 잘리어 한양 네거리에 걸린 것이다. 그러나 중종반정10 이후, 누명이 벗겨지고 벼슬도 회복되었다.

한명회의 큰딸은 세종의 서녀庶女 정현옹주의 아들 윤반과 혼인을 하였고, 그의 작은딸은 신숙주의 맏아들 신주와 혼인하였으며, 셋째 딸은 예종의 정식 왕비(장순왕후)가 되었다. 막내딸은 성종의 정식 왕비(공혜왕후)가 되어 영화를 누렸다. 그러나 이 딸들은 모두 젊은 나이에 요절하고 만다. 한명회는 살아생전에 활달하고 호쾌하며 솔직한 성격으로 사람들의 호감을 사기도 했다. 하지만 세조 말기부터 공신들을 견제할 목적으로 등용된 김종직과 그의 제자인 사림파들이 중종 이후 정치계에 본격 진출하면서 간신으로 격하되고 말았다.

그러나 역사의 수레바퀴는 돌고 또 도는 것이라 했던가? 1990년대에 와서 그에 대한 재평가, 재조명 여론이 나타나게 되었다. 물론 앞일은 또 알 수 없다. 자신의 딸들까지 왕가 및 권문세족과 혼인하게 하여 권력을 이어가고자 했던 한명회, 과연 미래의 역사는 그를 어떻게 평가할 것인가?

10___ 종종반정(中宗反正): 왕인 연산군을 몰아내고, 이복동생인 진성대군을 왕으로 추대한 사건이다.

02
이성계와 이방원의 사이에서
-정도전

역사상 군주의 책사로 너무나 유명한 이사와 한명회, 물론 그들을 철학자의 범주에 집어넣기는 힘들 것 같다. 그러나 그와 유사하면서도 철학자 쪽에 조금 더 가까운 인물이 있다. 이성계를 도와 조선 왕조를 여는데 절대적인 공헌을 한 사람, 바로 삼봉三峰 정도전이다.

정도전은 향리 집안 출신으로 어려서는 경상북도 영주에서 살았다. 그후, 개경에 올라와 이색11의 문하에서 정몽주, 이숭인 등과 함께 유학을 배웠다. 과거에 합격한 그는 성균관박사와 태상박사·나라의 제사를 관장하던 정6품 관직를 거쳐 예의정랑·정5품 관직이 되었다. 그러나 정도전은 이인

---

11 _____ 이색(1328~1396년): 고려 후기의 문신이자 학자이다. 창왕을 옹립하여 이성계 일파의 세력을 억제하려 하였으나 실패하였으며, 이성계가 정권을 잡은 뒤 출사를 종용 받았으나 끝내 고사하였다.

임12 등의 친원親元정책에 반대하여, 전라도 나주로 귀양살이를 떠나게 된다. 여러 해 동안 이어진 유랑 기간에 그는 초라한 집에 살면서 향민鄕民과 글 친구에게 걸식乞食도 하고, 스스로 밭갈이도 했다.

1383년, 드디어 그는 동북면도지휘사 이성계를 찾아가 세상사를 논하고 그와 인연을 맺었으며, 이성계의 천거로 성균관대사성이 되었다. 이듬해 이성계가 위화도 회군을 일으켜 정권을 장악하자, 고려 32대 왕인 우왕을 폐하고 그의 아들 창왕을 추대한 공로로 밀직부사종2품 벼슬가 되었다.

이후 그는 스승인 이색과 친구인 정몽주와 의견이 서로 달라 두 사람을 멀리하게 되었다. 대신 이성계, 조준 등과 협의하여 우왕과 창왕 부자를 폐위시키고, 공양왕을 즉위시켰다. 이 공으로 그는 또 높은 벼슬과 함께 공신전 100결30만 평 이상의 밭과 노비 10명을 하사받았다. 명나라에 가서는 '이성계가 명을 치려 한다'는 모함을 해명하고 돌아와, 동판도평의사사사同判都評議使司事 겸 성균관대사성이 되었다.

1391년, 최고의 군내 조직인 삼군도총제부가 설치되자 우군총제사右軍摠制使가 되어 우두머리 이성계, 좌군총제사 조준과 함께 병권을 장악했다. 이어 개혁 반대 세력을 제거하기 위한 일환으로 성균관 학생들과 함께 불교 배척의 기치를 높이 들었고, 이색과 우현보13 등에 대한 처형

---

12 _____ 이인임: 고려 말, 공민왕 사후 우왕을 추대하여 정권을 잡았으나 충복들을 요직에 앉히는가 하면, 매관매직 등 전횡을 일삼았다. 결국 그 횡포에 분노한 최영, 이성계 등에 의해 죽임을 당하였다.

13 _____ 우현보: 정몽주가 살해되었을 때, 그 시체를 거둬 장례를 치러 주었다. 이 일로 유배를 갔다가 석방되기도 했던 그는 이후 1398년(태조 7년) 정도전 일파가 제거된 뒤 복관되었으며, 1400년

을 상소했다. 입신출세를 위해 스승(이색)마저 배반한 것이다.

어떻든 그에 대한 인과응보였을까? 정도전은 그해 9월 평양윤 ^{평양시장}에 임명되었으나 반대 세력들의 탄핵으로 경상도 봉화로 유배당하였고, 이어 나주로 옮겨졌으며 두 아들은 서인庶人이 되었다.

이듬해 봄, 귀양에서 풀려난 정도전은 어린 시절의 고향 경북 영주로 돌아왔다. 그러나 이 무렵 이성계가 해주에서 사냥을 하다가 낙마하여 부상을 입자, 정도전은 이성계 세력을 제거하려는 정몽주 등에 의해 탄핵을 받아 고려와 금나라와의 국경 요새인 보주의 감옥에 투옥되었다. 그러나 곧 풀려나 개경으로 소환되어 충의군에 봉해졌다. 1392년 4월, 정몽주가 이방원에게 살해되고 반대 세력이 제거되자 같은 해 7월에는 조준, 남은 등과 더불어 이성계를 새로운 왕으로 추대하여 조선 왕조를 개창하였다.

개국 직후에는 태조의 교지敎旨를 지어 새 왕조의 국정 방향을 제시하였으며, 이어 개국 공신 1등으로 여러 벼슬을 겸직하며 정권과 병권을 장악하였다. 같은 해 10월에는 명나라에 가서 조선 건국의 당위성을 알렸다. 1394년 1월 군사 제도 개혁에 대한 상소를 올리고 3월 경상, 전라, 양광 삼도도총제사^{군의 최고직책}가 되었다.

한편 정도전은 태조 이성계가 세자로 책봉한 강비康妃 소생 방석14의

제2차 왕자의 난 때에는 반란의 소식을 이방원에게 미리 알려준 공으로 공신에 봉해지기도 했다. 시류에 영합한 측면에서는 정도전 못지않았다고 할 수도 있겠다.

14　　이방석: 조선 태조의 제8남으로, 1398년 세자로 책봉되었으나 이방원에 의해 폐위(廢位)되었고, 결국 방번과 함께 피살되었다.

교육을 담당하기도 했다. 1394년 8월부터는 고려의 옛 신하들과 세도가들이 도사리고 있는 개경을 피해 새로운 도읍의 건설을 추진하였으며(한양 천도), 현재 서울의 궁궐과 문의 이름을 짓고 수도의 행정 분할도 결정했다. 이념적으로는 불교 및 도교를 비판하고 유교의 실천 덕목을 중심으로 새로운 철학을 체계화하였다.

1398년 정도전은 요동 정벌을 추진하고 왕후 한씨의 다섯째 아들인 이방원을 전라도로, 계비 강씨의 첫째 아들인 이방번을 동북면으로 보내려 했다. 여기에서 그 유명한 제1차 왕자의 난이 일어나는데, 왕위 계승권을 둘러싸고 일어난 이 난을 일컬어 '방원의 난', '정도전의 난'이라고도 부른다. 이 난은 조선 개국에 가장 공이 컸던 정도전 일파와 그들 못지않은 공을 세운 다섯 번째 아들 방원 일파 사이의 권력 다툼에서 일어났다. 본래 태조에게는 여덟 명의 왕자가 있었다. 그런데 그의 즉위 후 세자 책봉 문제가 일어나자 이성계는 계비 강씨의 뜻에 따라 제8왕자인 방석芳碩을 세자로 삼았다. 이 조치에 대해 정도전, 남은, 심효생 등은 적극 지지하였으되, 이방원은 크게 분개하였다.

방원의 분노는 자신의 생모인 한씨의 소생이 세자 책봉에서 무시당하였다는 점에 있었다. 그러나 그보다는 창업 공신으로서의 자신의 공로를 인정해 주지 않은 데 대한 불만이 더 컸다고 볼 수 있다. 이에 방원은 지모智謀가 뛰어난 하륜을 영입하고 무장 이숙번을 받아들이는 등, 세력을 확장하기 시작했다. 이와 대척점에 서 있던 정도전 역시 세자 방석에게 좋은 길로 인도하기 위해 돕고 가르치는 책임까지를 지고 있어 세력이 당당하였으며, 남은, 심효생 등도 막강한 권력을 쥐고 있었다.

그러나 이때 방원은 정도전 등이 태조의 병세가 위독하다고 속이고,

한씨 소생의 왕자들을 궁중으로 불러들인 뒤 단칼에 그들을 죽이려 한다는 첩보를 입수했다. 이에 방원은 자신의 사병私兵들을 동원하여 정도전 일파를 기습하여 모두 죽이고 세자 방석을 내쫓아 귀양을 보내는 도중에 죽였다. 이어서 방석과 한 어머니를 둔 방번마저 살해하고 만다. 정도전에게는 '종친을 모함하여 해쳤다'는 죄명이 씌워졌으며 그의 두 아들 정영과 정유는 아버지를 구하러 달려가다가 살해되었다. 얼마 뒤 조카 정담은 큰아버지와 사촌들의 죽음 소식을 듣고 집에서 자살했다. 오직 맏아들 정진만이 당시 태조를 수행하여 삼성재三聖齋-불교의 제사 방문 길을 수행하던 중이라 기적적으로 목숨을 구하였다.

'제1차 왕자의 난'이 마무리되자 이방원은 짐짓 세자의 자리를 친형이자 제2 왕자인 방과芳果에게 양보한다. 이에 두 아들과 사위까지 잃어 크게 상심하고 있던 이성계는 왕위를 세자에게 물려주니, 유약柔弱한 세자가 왕위에 올라 정종이 된 것이다.

그 후 '제2차 왕자의 난'이 일어난다. 비록 이방원이 실권을 장악하긴 했으나, 아직 사병을 거느린 동복형제同腹兄弟들이 여럿 있었다. 그 가운데 한 사람인 넷째 아들 방간 역시 왕위를 이어받으려는 야심을 갖고 있었다. 바로 이때 지중추부사正2품 관직 박포朴苞가 방간으로 하여금 군사를 일으키도록 충동질을 했다. '제1차 왕자의 난' 때 공을 많이 세웠음에도 일등공신에 오르기는커녕 도리어 귀양을 갔던 박포는 '방원이 장차 방간을 죽이려 한다'고 거짓말을 꾸며 낸 것이다. 이 말을 믿고 방간은 사병을 동원하였다. 이를 눈치 챈 방원 역시 사병을 동원하여 개성 시내에서 치열한 시가지 전투가 벌어졌는데, 결국 이 싸움에서 방원이 승리하여 방간은 유배되고 박포는 사형을 당했다. 난이 평정된 뒤, 방원의 심복

하륜의 청을 받아들인 정종은 상왕上王 태조의 허락을 얻어 1400년 2월 방원을 세자로 책봉했다. 그리고 이어 11월 왕위를 방원에게 물려주니, 방원이 왕위에 올라 제3대 태종이 되었다.

한편, 자신의 큰 사랑을 받으며 자라난 이방원이 세자 책봉 문제를 둘러싸고 형제들을 잡아 죽이니, 아비인 이성계의 입장에서는 기가 찰 노릇이었다. 더욱이 두 차례에 걸친 왕자의 난은 자신의 실권이 무너지는 사건이기도 했다. 분노와 울분에 가득 찬 이성계는 결국 함경남도 함흥으로 떠나 버린다. 상왕이 함흥에 칩거하자 정통성에 흠집이 생긴 태종은 문안問安 사신을 자주 보낸다. 그러나 이성계는 번번이 화살을 쏘아 이 사신들을 모조리 죽이고 만다. 여기에서 '함흥차사'라는 말이 생겨난 것이다.

가겠다는 사람조차 없게 된 마당에 이성계의 옛 신하였던 박순朴淳이 사신을 자청하고 나섰다. 그는 새끼가 딸린 말 한 필을 데리고 길을 나섰다. 태상왕15 이성계가 연회를 즐기고 있는데, 말의 구슬프고 애절한 울음소리가 들려오는 것 아닌가? 박순이 의도한 것은 바로 모자간의 정을 상기시키는 것이었다. 부름을 받은 박순이 문안 인사를 하자 이성계는 두 손을 덥석 잡았다.

두 사람이 함께 먹고 자고 하던 어느 날, 처마 끝에서 쥐가 떨어졌는데 그 어미 쥐에게는 새끼 두 마리가 딸려 있었다. 군사들이 죽이려 하자 박순이 "죽이지 마라. 한갓 미물도 새끼를 버리지 못하여 안달하지 않느냐?

---

15   태상왕(太上王): 현재의 왕 이외에 전전왕(前前王)이 살아 있을 경우, 그를 부르던 호칭.

그런데 사람이야 더 말해서 무엇하리요?" 하니, 이에 이성계의 마음이 흔들리기 시작했다. 이때를 놓치지 않은 박순은 품에서 두루마리를 꺼내 보이는데, 바로 이성계의 의형제였던 이지란[16] 장군의 유서였다. 그 내용은 이성계 부자의 화해를 간절히 청하는 것이었다. 이에 이성계는 눈물을 터뜨리며 "며칠 있다가 나도 가겠소. 먼저 가서 상감에게 전하시오." 하였다.

하룻밤을 함흥에서 더 묵은 박순은 다음날 아침, 행장을 차려 길을 재촉했다. 그러나 하룻밤 사이에 측근 신하들이 이성계의 마음을 바꿔 놓고 말았다. 이성계는 추격하라는 명령을 내리되, "용흥강을 건너갔으면 내버려 두고, 아직 건너지 못하였으면 목을 쳐 가져오라!"고 하였다. 그러나 운명의 장난일까. 박순이 막 배 위에 오르려던 찰나, 군사들은 그의 목을 벤 다음 관에 넣어 이성계에게로 가져갔다. 강을 충분히 건넜으리라 믿고 있던 이성계는 관 앞에서 눈물을 뚝뚝 떨어뜨렸다.

그 후, 이성계는 무학대사[17]의 설득으로 겨우 돌아오게 되었는데, 이에 이방원은 교외에 나가서 친히 부왕을 맞이한다. 이때 하륜 등은 '차일遮日-볕을 가리기 위하여 치는 포장을 받치는 기둥으로 큰 나무를 쓸 것'을 건의한다. 아니나 다를까. 두 사람이 만나는데, 이성계가 이방원을 노려보

---

16 이지란(李之蘭): 여진족 출신이지만 부하를 이끌고 고려에 귀화하였다. 그 뒤에 이성계를 도와 조선의 개국 공신 1등에 책록되었으며, 제1차, 제2차 왕자의 난 때도 공을 세웠다.

17 무학대사(無學大師): 원(元)나라에 유학하여 귀국한 후 이성계를 만났으며, 그가 새로운 왕이 될 것이라 예견하였다. 이성계의 왕사(王師)가 되었고, 도읍을 한양으로 옮기는 데 찬성하였다. 유교를 바탕으로 하여 건국된 조선에서 불교인으로 독특한 역할을 맡았으며, 기득권에 안주하지 않았던 유일한 인물로 평가된다.

다가 붉은 색깔로 장식한 활에 백조의 깃털이 달린 화살을 끼워 힘껏 당겼다. 이방원이 급히 차일 기둥 뒤로 몸을 숨기니, 화살이 그 기둥에 명중하였다.

이성계가 웃으면서 말하기를, "하늘이 시키는 것이다." 하며 나라의 옥새를 건네주었다. 이에 이방원이 눈물을 흘리면서 세 번 사양하다가 받고 잔치를 열었다. 이때에도 주변에서는 직접 술을 올리지 말라고 건의한다. 이방원 대신 내시가 잔을 올리자 이성계가 다 마시고 나서 웃으면서 소매 속에서 쇠방망이를 꺼내 놓았다.

'고려의 충신' 정몽주는 기울어가는 종묘사직을 끝까지 붙들다가 선죽교에서 피를 흘리며 죽어 갔다. 반면에 그의 죽마고우였던 정도전은 이성계의 조선 창업을 도와 개국 공신으로서 화려한 시대를 열어 갔다. 하지만 그 또한 격렬한 정변의 소용돌이 속에서 비참한 최후를 맞이하였으니. 이 두 사람 가운데 과연 누구를 더 높게 평가할 것인가는 그 시대적 상황과 평가자의 가치관에 따라 얼마든지 달라질 수 있으리라.

그동안 정도전은 두 왕조를 섬긴 변절자로, 또는 처세에 능한 모사가로 인식되었다. 그러나 정도전을 위한 변호 역시 얼마든지 가능하리라 생각된다. 첫째, 이방원은 정도전에게 한씨 소생의 왕자들을 죽이려 했다는 누명을 씌워 살해하였다. 그러나 이방석의 세자 책봉은 정도전이 아니라 태조 이성계가 한 일이고, 정도전이 왕자들을 암살하려 한 계략의 실체는 사실무근이었다. 둘째, 『조선왕조실록』에는 정도전이 마지막에 이르러 목숨을 구걸하였다고 되어 있다. 그러나 이방원이 역사적인 승자의 입장에서 그를 비열한 인물로 폄하한 것이라고 볼 수도 있다. '1차 왕자의 난' 때 기적적으로 목숨을 건진 정도전의 장남 정진은 이후 복직되어 나주 목사로 기용되었고, 세종 때에는 벼슬이 형조판서에 이르렀다. 1865년 고종은 경복궁을 중건하고 그 설계자인 정도전의 공을 인정해 그의 벼슬을 회복시켜 주었으며 문헌文憲이라는 시호를 내렸다. 그 뒤 고종은 정도전의 후손들이 사는 경기 양성현安城郡 공도면, 평택시 진위면에 사당을 세웠으며 그 사당은 1986년 4월 경기도 유형 문화재 132호로 지정되었다. 2003년 '삼봉 정도전 기념 사업회'가 출범하였으며 같은 해 11월과 2007년 12월에 정도전의 학문 연구를 위한 삼봉학 학술회의가 열렸다.

03
런던 탑에 갇힌 권모술수
-베이컨

이번에는 서양 근세 철학사를 통틀어 최고위관직에 올랐던 인물, 자기의 은인을 법에 따라 가차 없이 처단한 다음 스스로 법의 올가미에 걸려 감옥에 간 철학자의 이야기이다. 그 주인공은 '아는 것이 힘이다!'라고 외쳤던 영국의 철학자, 베이컨1561~1626년이다. 베이컨은 궁정대신과 그의 둘째 부인 사이에서 둘째 아들로 태어났다. 그가 태어날 무렵, 아버지 니콜라스 베이컨은 옥새상서와 대법관을 겸직하고 있었다.

옥새상서玉璽尙書란 국왕의 인장을 보관, 관리하면서 국왕의 명령을 공식화하는 책임을 맡은 자리이다. 이 당시 국왕의 명령이 공식화되려면 옥새상서의 승인을 거쳐 옥새를 공문서에 찍어야 했던 것이다. 따라서 옥새상서는 국왕의 최측근 관직으로서, 국왕의 뜻과 명령을 하늘처럼 받들며 가장 가까운 거리에서 보좌하는 직책이다. 더욱이 베이컨의 이모부 윌리엄 세실 역시 엘리자베스 여왕의 최측근으로, 막강한 정치적 영향력을 행사하고 있었다.

베이컨은 어려서부터 매우 조숙하고 지식욕이 왕성하였다. 12세 때 형과 함께 케임브리지 트리니티 칼리지에 입학한 베이컨은 이 시절, 엘리자베스 1세 여왕을 만났다. 당시 여왕은 베이컨의 남다른 지적 능력에 감탄하며, 그를 '젊은 옥새상서'라 불렀다. 그러나 그는 이 대학을 자퇴하고 말았다. 기독교 신앙을 이성적으로 논증하려 했던 중세 스콜라 철학을 공부하도록 강요받은 데 대해 불만을 터뜨린 것이다.

그 후, 베이컨은 영국 대사관의 수행원 자격으로 프랑스 파리에 가서 3년 동안 머무르며 문학과 과학을 공부하였다. 그동안 그의 아버지가 갑자기 세상을 떠났다. 고국으로 돌아와 보니 유산은 이미 큰어머니에게서 난 세 자녀와 손위 형들에게 거의 상속되어 버렸고, 막내인 그에게 돌아오는 몫은 없었다. 그런 처지에 사치스런 생활에 길들여진 베이컨은 낭비벽이 심하여 많은 돈을 빌리기 시작했는데, 이 때문에 늘 빚에 시달려야 했다. 공무원으로 출세해 볼까 하고, 당시 수상首相인 큰아버지를 비롯하여 가까운 친척들에게 취직을 부탁하였다. 그러나 돌아오는 답변은 냉담하기만 하였다.

한편, 베이컨의 출세욕은 남다른 데가 있었다. 젊은 시절부터 그의 머릿속을 지배한 것은 '목적 달성을 위해서는 수단, 방법을 가리지 말라!'고 하는, 마키아벨리즘적인 사고방식이었다. 20세 때 콘월 주영국 잉글랜드 서남부의 콘월 반도에 있는 주의 하원의원에 당선된 이후 거의 모든 선거에서 승리한다. 비록 웅변술을 배우지는 않았지만 그의 연설은 간결하고도 발랄했으며, 정밀하고도 장엄하였다. 그리하여 청중들은 그의 연설이 일찍 끝나 버리지나 않을까 하고 마음을 졸였다고 한다. 의욕적으로 의회 활동을 펼치던 베이컨에게 기회가 찾아왔다. 이 무렵 검사장의 자리가 비어 있었던 것이다. 그는 이 자리를 차지하기 위해서 큰아버지와 사촌 형의 도움을 요청하였다. 그런데 이때 경쟁자로 떠오른 인물은 공교롭게도 이종사촌 동생이었다. 즉, 이모부 윌리엄 세실의 아들이 그의 경쟁자였던 것이다. 그리하여 이모부의 도움을 기대할 수 없게 된 베이컨은 엘리자베스 여왕18의 애인이라고까지 소문이 난 2대 에식스 남작19에게 구조 요청을 하였다. 하지만 결과는 모두 실패였다. 에식스 남작은 베이컨을 위로하기 위해 자신의 부동산을 베이컨에게 선물했고, 베이컨은 이를 팔아 상당히 많은 돈을 벌었다.

그런데 얼마 후 여왕의 청혼을 거절한 에식스는 여왕으로부터 미움을 받게 되었다. 에식스는 특히 아일랜드 반란에 대한 전략을 둘러싸고 여왕과 심한 이견을 보였는데, 이무렵 여왕은 자기에게서 등을 돌린 에식스의 뺨을 내려친 적도 있었다고 한다. 1599년 아일랜드 총독으로 파견된 에식스는 이곳에서 반란 진압에 실패하고, 갑자기 총독 직책을 버려둔 채 잉글랜드로 돌아왔다. 이에 대한 여왕의 대응은 관직 박탈이었다. 그는 정치적인 파멸과 경제적인 파산 상태에서 자택에 구금된 뒤, 200~300명의 추종자들과 함께 1601년 2월 8일, 런던에서 대중 봉기를 일으

---

18 ____ 엘리자베스 여왕(1533~1603년): 어머니가 간통과 반역죄로 참수된 뒤, 파란만장한 소녀 시절을 보내고 25세에 영국 여왕으로 즉위하였다. 스페인의 무적 함대를 격파하였으며, 동인도 회사를 설립하여 영국 절대주의의 전성기를 열었다. 죽을 때까지 한 번도 결혼하지 않았다.

19 ____ 에식스 남작(1567~1601년): 영국의 군인·궁정 신하로 반역 혐의로 런던 탑에서 처형을 당했다.

키려 했다. 이를 알아차린 베이컨이 여러 차례 간곡하게 만류했으나 에식스는 듣지 않고 끝내 반란을 추진하다가 발각되어 잡히고 말았다. 베이컨은 여왕 앞에서 그를 끈질기게 변호함으로써 가출옥^{나머지 형벌의 집행이 불필요하다고 인정하여 수감자를 석방하는 일}으로 풀려나게 하였다. 그러나 그 후 에식스는 또다시 군중을 선동하여 반란군을 모아 런던으로 진군하다가 체포되고 말았다.

일이 이렇게까지 되자 당시 검사국에 있던 베이컨은 자기의 은인에 대하여 추호의 여지도 없이 반역죄를 적용하여 사형을 구형하였고, 결국 에식스는 사형을 판결받아 처형되었다. 이 사건으로 말미암아, 베이컨은 많은 사람들로부터 배은망덕하다는 비난과 함께 중상모략을 받게 되었다.

그렇다면 여왕이 과연 베이컨을 신뢰하고 있었을까? 물론 아니다. 여왕은 에식스 남작의 후원을 받는 베이컨도 불신하고 있었다. 하지만 바로 그런 이유 때문에 베이컨은 자진하여 주도적인 역할을 맡았을 것이고, 피고인을 엄격하게 압박했을 수 있다. 여왕은 바로 그 점을 노린 것이다. 아니나 다를까. 베이컨은 일말의 동정심도 발휘하지 않고 남작에게 사형을 구형하였고, 결국 남작은 참수당하고 만다. 베이컨 입장에서는 그와의 두터운 친분이 자신의 출세에 불리해질 수 있음을 충분히 알고 있었고, 이 점을 불식시키기 위해서라도 더욱 발 벗고 나섰다고 볼 수 있는 것이다.

물론 베이컨은 사람들로부터 배은망덕하다는 비난을 받았다. 하지만 그는 이에 아랑곳하지 않고, 시 참사 의원의 딸과 결혼했다. 그러나 사치스런 결혼 생활 때문에 몇 년 가지 못해 부인이 가지고 온 지참금마저 다 써버리고, 빚에 쪼들려 채권자들을 피해 다녀야만 했다.

여왕이 죽고 제임스 1세[20]가 왕위에 오르자 베이컨은 또다시 출세가도를 달리기 시작했다. 끊임없는 명예욕과 거침없는 활동적 성격의 소유자였던 그는 검사차장과 검사장을 거쳐 검찰 총장이 되더니, 1616년에는 추밀원[21] 고문관, 이듬해에는 궁정대신, 그리고 그 다음해에는 왕 다음의 관직인 대법관으로까지 그야말로 초고속 승진을 하였다. 베이컨은 56세 때, 비로소 옥새상서로 임명된다. 지난날 자신의 아버지가 맡았던 자리, 항상 가슴에 품고 있으면서도 쉽게 오르지 못했던 자리에 오른 것이다. 이로써 베이컨은 자신이 태어났던 템즈강 가의 요크 하우스, 즉 옥새상서의 관저로 들어가게 되었다.

베이컨은 42세에 기사 작위, 57세에 남작, 60세에 자작의 칭호를 잇달아 받게 된다. 곧이어 베이컨은 국왕의 법률 고문 자리까지 꿰차게 된다. 이 무렵, 그의 주저서로 평가받는 『신기관론』까지 출간하였으니, 그야말로 권력의 정점에서 철학까지도 아름다운 꽃으로 피어나게 했다고 할 수 있겠다.

그러나 베이컨의 출세는 돈 뭉치를 뿌리는 그의 처세 때문이라는 평가가 있다. 이와 관련하여, 어떤 사람은 당시 궁정에서 요청되었던 네 가지 기본적인 덕을 다음과 같이 거칠게 표현하였다.

---

20 ____ 제임스 1세(1566~1625년): 스코틀랜드의 왕 자리에 있다가 영국의 엘리자베스 1세가 죽자 후계자로 지명되어 스코틀랜드와 잉글랜드, 아일랜드의 공동 왕이 되었다. 그의 재위 기간에 청교도들이 메이플라워호를 타고 북아메리카로 집단 이주하기도 했다.

21 ____ 추밀원(樞密院) : 국왕 측근의 소수 귀족 집단으로 구성된 자문 기구이다.

'사기, 위선, 아첨, 그리고 철면피

이것이 궁중의 은총을 얻는 네 가지 비결

만일 이것이 싫거든

귀족도, 평민도 모두 집으로 돌아가라!'

이와 관련하여, 당대의 권력자였던 이모부에게 베이컨이 보낸 편지가
있다.

"설령 각하께서 저를 기용하지 않으신다 해도 저는 제 재산을 모두 처
분하고 모든 공직을 포기하고, 깊은 곳에 놓인 진리의 광맥을 뒤지는 참
된 선구자가 될 것입니다."

과연 이 말이 진실일까? 그는 진심에서 이런 말을 했을까? 과연 그는
진리를 위해 부와 명예와 권력을 포기할 수 있는 인물이었을까? 그 속이
야 어떻든, 당시의 분위기에 휩싸여 돈을 뿌려 대던 베이컨은 결국 대법
관이 된 지 3년 만에 재판 결과에 불만을 품은 어떤 소송인에 의해 뇌물
수수죄로 고소를 당했다. 의회로부터 소환되어 심문을 당할 때 그는 소
송인으로부터 받은 선물이 자신이 내린 판결에는 아무런 영향을 주지 않
았다고 주장했을 뿐, 수수收受 사실 자체는 그대로 인정했다. 결국 그는
유죄 판결을 받아 공직을 박탈당한 채 런던 탑에 감금되었다. 런던의 템
스 강 북쪽 기슭에 있는 이 런던 탑은 1078년부터 윌리엄 1세의 명령으
로 지어지기 시작했으며 그 후 증축을 거듭하였다. 이후 오랫동안 국사
범22의 감옥으로 쓰이다가 지금은 박물관으로 쓰이고 있다.

22　　국사범(國事犯): 국가나 국가 권력을 침해함으로써 성립하는 범죄나 또는 그런 죄를 저지

물론 당시에는 재판관이 법정의 피고인들로부터 선물을 받는 것은 나쁜 관례 가운데 하나였다. 베이컨은 이 점에서 시대를 초월하지 못했다. 그러나 4일 후에 왕의 사면으로 석방되었고, 4만 파운드의 벌금도 면제받았다. 어쨌든 그는 이 사건과 관련하여 "나는 50년 이래, 영국에서 가장 공정한 재판관이었다. 그러나 나에 대한 이 판정이야말로 200년 이래 있었던 의회의 판결 가운데, 가장 공정한 것이었다."고 말한 바 있다.

그렇다면 당시 왕과 베이컨의 관계는 어떠했을까? 두 사람의 관계는 군신 관계에서 있을 수 있는 한, 가장 친한 사이였다. 베이컨은 왕에게 자신의 저서를 헌정하면서 '만인 가운데 이성의 가장 위대한 주인이시며, 시혜의 주관자이신 폐하께'라는 표현을 썼다. 이 아부성 편지에 대해 왕은 매우 흡족해하며 답장까지 보내 줬다. 그런데 이러한 밀월관계가 왜 깨진 걸까?

고위관직에 오르면서 공공연히 금품을 받아 챙겼던 베이컨은 그 무렵, 20여 건의 부패 혐의로 의회의 탄핵을 받고 기소당해 있었다. 그는 특히 법관으로서 소송 당사자들로부터 뇌물을 받았다는 점에서 죄질이 매우 나쁜 것으로 지목되었다. 더욱이 당시의 영국은 왕실과 의회의 대립이 격화되어 있었다. 그러므로 누구보다 왕실의 특권을 앞장서 옹호했던 베이컨은 의회의 공격 목표가 되었을 것이다. 아마 왕의 입장에서도 더 이상 그를 보호하기가 힘들었을 것이라는 말이다.

석방된 베이컨은 고향의 옛집으로 옮겨 갔고, 이후로는 악화된 건강을

른 사람을 뜻한다.

치료하기 위해 런던을 방문할 때를 제외하고는 두문불출하며 연구와 저술에 전념했다. 얼마 후에는 국왕으로부터 다시 정계에 복귀할 것을 권유받았으나 정중히 사양하였다. 그러던 중, 1626년 3월 런던에서 하이게이트로 가는 길에서 '과연 고기를 눈 속에 묻어 두면 얼마 동안이나 썩지 않을까?' 하는 의문이 생겼다. 그는 당장 이것을 시험해 보고 싶었다. 즉시 어떤 농가에 들어가 닭 한 마리를 사서는 배를 가른 다음, 털을 뽑아서 눈 속에 묻었다. 그러는 동안 온몸에 피로와 오한이 몰려들었다. 그 정도가 너무 심해서 집으로 돌아갈 수조차 없었다. 그는 결국 가까운 아런델 경의 저택으로 옮겨졌는데, 그곳에서 영영 일어나지 못하고 말았다. 그의 나이 65세 때였다. 그는 죽어 가면서도 '실험은 훌륭하게 성공하였다!'고 기록했는데, 결국 이것이 그의 마지막 글이 되었다.

사실 어떤 의미에서 베이컨의 삶은 불우했다. 빚에 시달려야 했고 아내가 불륜을 저질러 사실상 이혼 상태가 되었으며, 건강은 날로 악화되어갔다. 그가 남긴 재산은 7,000 파운드였고, 빚은 22,000 파운드였다.

어떤 사람들은 '권력욕에 사로잡힌 철학자'의 대명사로 그를 지목하기도 한다. 그러나 입신 출세를 향한 그의 행태가 실제로는 필생의 목표인 6부작 '학문의 대혁신'을 완성하고, 관찰과 실험에 바탕을 둔 학문을 진흥시키기 위한 일종의 수단이었다는 견해도 있다. 어떻든 정치에 대한 야망과 학자로서의 욕망 사이에서 늘 방황해야 했던 베이컨이 오래도록 세상 사람들의 추앙을 받은 것은 결국 학문에서 이룩한 업적 때문이었다.

베이컨은 36세 때에 『수상록隨想錄』-그때그때 떠오르는 느낌이나 생각을 적은 글을 출간하여 문필가로서의 명성을 굳혔는데, 이 수필집은 실로 세계

문학사의 한 페이지를 장식하고도 남았다. 여기서 한 가지, 셰익스피어가 실제로는 베이컨이었다는 설이 있다. 심지어 학계에서조차 '문학 천재 셰익스피어가 시골뜨기 출신 청년이었을 리 없다'며, 철학자 프랜시스 베이컨, 극작가 크리스토퍼 말로위, 옥스퍼드 백작 등이 진짜 셰익스피어였을 가능성이 있다고 주장한다.

알다시피 셰익스피어의 작품은 전 세계에서 영어로 쓰인 작품 가운데 최고라는 찬사를 받고 있다. 하지만 장갑 제조업자의 아들로 태어나 대학 교육조차 받지 않은 그가 과연 주옥같은 작품들을 혼자 집필했을까 하는 의문이 끊임없이 제기되어 왔다. 이에 대해 '셰익스피어라는 이름 자체가 가짜이고 엘리자베스 여왕의 숨겨진 아들로 추정되는 프랜시스 베이컨이 작품 활동을 했는데, 그 이름이 셰익스피어였다'는 설이 있다. 또 '대문호들의 비밀 창작클럽의 이름이 셰익스피어였고, 그 이름으로 계속 책을 냈다'는 이야기도 있다. 그 근거로는 우선 셰익스피어의 일대기 자체가 불확실한 데다, 작품에 등장하는 단어와 문장력, 글의 수준 등이 셰익스피어로 거론되는 사람의 교육 수준으로는 도달할 수 없는 수준이었다는 사실 등이 들먹여진다. 그래서 당시 왕자 수준으로 교육을 받았던 베이컨이 바로 그(셰익스피어)라고 하는 설이 유력하다는 것이다. 그러나 물론 이러한 추측에는 아무런 근거가 없다.

또 셰익스피어가 여왕의 사생아였다는 소문도 있다. 이 내용을 정리해보면 '평생 독신으로 지내 영국과 결혼했다는 평을 듣는 엘리자베스 1세는 사생아를 몇 명 낳았으며, 1548년 비밀리에 낳은 첫 사생아가 셰익스피어'라는 것이다. 여왕은 그를 낳은 뒤 귀족 부부에게 양육을 맡겼는데, 셰익스피어 역시 이러한 출생의 비밀을 잘 알고 있어서 『햄릿』과 『소네트

』Sonnet-서정시의 한 형식 등의 작품에 이런 내용을 반영했다고 한다. 어떤 이는 "여왕이 한 궁정신하와 로맨스를 가진 뒤, 임신과 출산 때문에 한동 안 역사의 기록에서 사라졌다."고까지 주장한다.

만약 위의 주장대로 셰익스피어가 여왕의 아들이고 셰익스피어가 베이컨과 동일인물이라면 베이컨이 여왕의 아들이라는 설이 가능하다. 그러나 이러한 설들은 현재까지 증명되지 않고 있으며 아마 앞으로도 그렇게 묻혀 있을 가능성이 더 많다.

04

나치 정권 아래에서 대학 총장을
-하이데거

"현대의 모든 철학이 직접, 간접적으로 이 책의 영향을 받았다."는 평가를 받는 『존재와 시간』, 그 저자가 출세의 달인이었다니. 사실 이 표현은 좀 지나친 감이 없지 않다. 그러나 순수하고 진지한 철학자였을 것으로 여겨지는 하이데거가 독일 나치의 협력자였다면 독자들은 어떤 반응을 보일까? 이제부터 그의 족적을 차근차근 따라가 보기로 하자.

독일의 실존주의 철학자 하이데거1889~1976년는 이미 젊은 시절부터 프라이부르크 대학의 강사로서 어느 정도 영향력을 발휘하고 있었다. 하지만 그가 일약 유명해진 것은 1929년에 발표한 『존재와 시간』 때문이었다. 이 작품은 너무나도 비범했다. 하이데거는 이 작품에서 지금까지 제기되어 왔던 모든 철학적 물음들을 자신의 사유 세계 안에서 새롭게 걸러 내었다. 그 때문에 당대의 철학적 문제들은 모두 껍데기로 전락하였고, 모든 형이상학은 마치 번갯불을 맞은 것처럼 새롭게 조명되어야 했다. 더욱이 구사하는 언어들마저 매우 독특하였기 때문에 동시대인들에게는 그 저자가 매우 생소하고 낯선 존재로 여겨졌다. 그 책이 워낙 난해하여 독일인들 사이에는 "『존재와 시간』은 과연 언제쯤 독일어로 번역이 이루어질까?" 하는 농담도 있었다고 한다.

이 작품을 헌정받은 스승 후설독일의 철학자이자 현상학의 창시자마저 놀라움을 넘어서 (너무 어려워) 실망감을 토로할 정도였다. 그만큼 하이데거는 이미 후설의 단순한 추종자를 넘어선 자신만의 독특한 철학 세계를 구축하고 있었던 것이다. 전통적으로 가장 많이 논의되어 왔으면서도 실제로는 거의 탐구되지 않았던 '존재'의 영역을 건드리다 보니, 철학자들조차도 그의 진면목을 몰라보는 실수를 범하곤 했다. 가령 그 책을 탐독한 사르트르는 그 영향을 받아 『존재와 무』를 펴냈는데, 이 책은 실존주의의 이론서로서 폭발적인 인기를 누렸다. 하지만 훗날 그 책을 읽어본 하이데거는 "이건 내 철학을 잘못 읽은 것이다."라고 잘라 말했다.

하이데거의 진가를 알지 못한 것은 당시 독일의 교육부도 마찬가지였다. 하이데거 대신 다른 후보자를 정교수에 임명하려 했던 것이다. 이때 철학자 막스 셸러가 직접 장관을 찾아가 "만약 다른 사람을 그 자리에 임명한다면 당신은 대대손손 망신거리가 될 것이다."라고 협박 겸 설득을 했다고 한다. 이러한 우여곡절을 겪긴 했으나 하이데거는 살아 있을 때 이미 '우리 시대의 가장 위대한 사상가'라는 찬사를 세계 철학계로부터 받게 된다. 철학 저서 한 권이 그 저자를 일거에 '20세기 철학의 거장' 반열에 올려놓은 것이다.

그렇다면 그 책이 담고자 했던 내용은 무엇이었을까? 우선 하이데거는 어두움에 파묻혀 있던 '존재'의 의미를 우리에게 드러내 보이고 있다.

그는 (일반) 존재를 밝혀내기 위해서는 인간 존재의 분석이 앞서 이루어져야 하는데, 그 현존재란 세계 내 존재이고, 염려Sorge이며, 죽음에로 향한 존재라고 주장한다. 따라서 하이데거는 죽음을 선취先取한 사람, 즉 현존재만이 타락한 일상인으로부터 본래적인 자기에게로 되돌아가 자신의 삶을 주체적이고 능동적으로 꾸려갈 수 있다고 주장한다. 일상적이고 평범한 생활 속에 매몰된 현대인으로 하여금 자신의 존재 의미를 깨닫고, 남은 생애를 보다 더 가치 있게 살아가도록 독려하는 이 작품의 메시지가 당시 세계의 수많은 젊은이들을 열광케 하였던 것이다.

『존재와 시간』은 기존의 철학에 대해 강력한 철퇴를 가했다. 이를 통하여 자신의 사유를 향해 돌파구를 연 그는 현상학의 거장인 후설의 영향을 받아 스스로의 사상을 완성하였고, 후설의 뒤를 이어 프라이부르크 대학 교수가 되었다. 그리고 1933년에는 43세의 나이로 동 대학의 총장에 추대되었다. 그러면 여기에서 이때의 상황을 재구성해 보도록 하자.

1933년 3월, 히틀러가 이끄는 국가 사회주의당, 일명 나치[23]가 총선거에서 무려 288석을 얻어 정권을 장악하게 되었다. 바로 이것이 나치 만행[24]의 씨앗이 될 줄이야 누가 알았겠는가. 결국 그 여파는 대학에까

---

[23]　　나치(Nazis): 1932년에 제1당이 되고, 1933년에 재계와 군부의 지지 아래 히틀러 정권을 출범시켰다.

[24]　　나치 만행: 이 가운데 가장 대표적인 것은 역시 홀로코스트이다. 제2차 세계 대전 중 나치당이 독일과 점령지 여러 곳에 약 4만여 개의 집단 시설을 세우고, 약 1,100만 명의 민간인과 전쟁 포로를 학살한 사건을 일컫는다. 사망자 가운데 유태인은 약 600만여 명으로, 그 당시 유럽에 거주하던 900만 명의 유태인 중 약 2/3에 해당한다. 나치 학살의 특징적 요소 가운데 하나는 인간을 대상으로 의학 실험을 자행했다는 점이다. 실험을 통과하여 살아남은 자들은 즉시 죽임을 당한 후 해

지 뻗쳐 왔으니. 4월 5일자로 취임한 폰 묄렌도르프 총장은 반反유대주의 내용의 현수막을 교내에 걸지 못하도록 하였다. 그러자 나치의 영향 아래 있던 교육부에서는 그 즉시 총장을 파면 조치 하고 만다. 통보를 받은 묄렌도르프는 곧바로 대학 동료이자 저명한 철학 교수인 하이데거를 찾아가 차기 총장이 되어 달라고 부탁했다. 그렇지 않으면 나치당의 간부가 총장에 임명될 수 있다는 것이었다.

부탁을 받아들이기로 한 하이데거는 4월 21일, 대학 평의회의 만장일치에 의해 신임 총장에 선출됐다. 하이데거는 '독일 대학의 자기주장'이라는 제목의 총장 취임 연설에서 학생들에게 '3대 봉사', 즉 지식 추구 외에 노동과 군사 훈련에도 동참할 것을 강력히 호소하였다. 곧이어 나치 간부인 프라이부르크 시장과 당원들이 찾아와 입당을 권유하자, '당직을 맡지 않고, 당을 위해 활동하지도 않는다'는 조건으로 입당을 결정했다. 이리하여 1933년 5월 1일, 20세기 최고의 철학자 가운데 한 명이 나치 당원이 된 것이다.

이러한 배경으로 보아 내용이야 어떻든 형식적으로나마 하이데거가 나치에 협력했던 것은 사실인 것 같다. 그렇다면 과연 그 까닭은 무엇이었을까? 그의 아내가 히틀러의 저서 『나의 투쟁』을 읽도록 권유한 것이 영향을 미쳤을까? 물론 그런 설이 있기는 하다. 그렇다고 하여 하이데거가 골수 나치인 것은 아니었다. 마찬가지로 나치에 저항한 영웅도 아니었다. 그 예로 이런 일이 있었다. 『존재와 시간』의 초판에는 스승 후설에

부되었다.

게 바치는 헌사가 들어 있었다. 그런데 이 헌사가 출판사에 의해 삭제되고 말았다. 그럼에도 하이데거는 출판사의 그런 행위를 묵인한 바, 이것은 그의 나약함을 보여 주는 하나의 증거로 지적되기도 했다.

그런가 하면, 나치에 저항한 흔적도 눈에 띈다. 가령 하이데거는 반反유대주의 현수막을 내걸거나 유대인 저자들의 책을 도서관에서 퇴출시키려는 행위는 금지시켰다. 나치의 압력에도 불구하고 이에 대한 그의 태도는 요지부동이었고, 이로써 양측의 갈등은 점차 표면화되기 시작한다. 결국 그는 불과 10개월 만인 1934년 2월, 자진하여 총장직에서 물러났다.

총장 퇴임 이후 15년여 동안의 기간은 그의 생애에 있어서 가장 암울한 시기였다. 정권으로부터는 불순분자로 취급되었고, 교내에서는 '쓸모없는 교수'로 분류되었다. 더욱이 50대의 나이에 라인 강변에서 참호를 쌓는 강제 노역에 동원되기도 하였다. 비슷한 시기에 라인 강 저편의 스위스 바젤에서는 신학자 칼 바르트[25]가 역시 50대의 나이에도 불구하고, 참호 속에 들어앉아 있었다. 바르트는 강의 때마다 "히틀러 만세!"를 외쳐야 한다는 지시를 거부하다가 독일에서 추방당했고, 모국인 스위스로 돌아가 육군에 입대했던 것이다. 20세기 철학계와 신학계를 대표하는 두 사상가는 라인 강을 사이에 두고 이처럼 파란만장한 삶의 한 지점을

25 　칼 바르트: 스위스의 프로테스탄트 신학자로, 스위스 바젤에서 태어났으며 독일 베를린, 튀빙겐, 마르부르크의 대학 신학부에서 공부했다. 교회에 대한 나치스 정권의 간섭 속에서 〈독일교회 투쟁〉에 참가하고 그 이론적 지도자가 되었다. 히틀러에 대한 충성선언 거부 문제가 직접적인 원인이 되어 본(Bonn) 대학 교수에서 파면당하고, 스위스의 바젤 대학으로 옮겨 갔다. 루터와 칼뱅 이후 최대의 프로테스탄트 신학자라고 불리며 그 영향력은 현재 전 세계의 교회에 미치고 있다.

통과하고 있었던 것이다. 나치 정권 하에서 정부에 비협조적이라는 이유로 비난을 받았던 하이데거는 전쟁이 끝난 후, 프랑스 군정 치하에서는 정반대로 '나치에 협조했다'는 이유로 강의가 금지되었다.

그가 다시 복권되어 강단에 돌아온 것은 1951년 9월이었고, 명예 교수로 물러난 것은 그 다음 해의 일이었다. 그 후로 하이데거는 현실적인 정치와 완전히 담을 쌓고, 강연과 저술에만 몰두하였다. 만년에 가서는 모든 공직 생활에서 물러나 아주 가까운 동료들의 모임에만 얼굴을 내밀었다.

하이데거의 사상사적 위업에 대해서는 어느 누구도 감히 이의를 제기하지 못할 것이다. 또한 그가 나치 덕분에 개인적 영달榮達-지위가 높고 귀하게 됨을 이룬 것도 아니었다. 그런 의미에서라도 1976년에 사망할 때까지 철학자로서의 그의 위상이 결코 흔들린 적이 없었던 것은 일견 당연하다. 나치와의 관계에 대해서도 하이데거를 변호하는 목소리들이 있다. 그의 전기를 쓴 루마니아 출신의 철학자 비멜 교수는 "이 과오가 인간적인 실수에서 나온 것이지, 그 자신의 사상(철학)의 결과는 아니다."라고 변호했다.

하지만 나치 정권 치하에서 있었던 총장 취임은 그의 학문적 권위와 명예에 지울 수 없는 티로 남게 된 것 또한 사실이다. 여성 철학자 한나 아렌트[26]는 이러한 그의 과오를 "시실리 섬의 독재자 디오니소스의 스승이

26　　한나 아렌트: 독일 태생의 유대인 철학 사상가로서, 마르부르크 대학에서 공부하던 중에 자신을 가르치던 하이데거와 사랑에 빠졌다. 물론 유부남이자 17살이나 연상이었던 하이데거와의 사랑은 지속되지 못하였다. 그러나 훗날 하이데거는 "아렌트가 없었다면 『존재와 시간』을 쓸 수 없었

되었던 플라톤의 과오와 그다지 다르지 않다."고 평했다. 알다시피, 플라톤은 자신이 꿈꾸는 '이상 국가' 실현을 위해 당시 시칠리아의 군주 디오니소스에게 다가가 그의 정치 고문의 역할을 담당하였다. 그러나 디오니소스의 과두 정치를 비난함으로써 분노를 사게 되었고, 결국 노예로 팔리고 말았다. 나중에 그의 저작을 본 키레네 사람에 의해 해방되었고 아테네로 돌아와 아카데미아 학원을 세웠다. 제자 양성에 온힘을 다하며 저서 집필에 몰두하던 플라톤은 기원전 357년, 다시 디오니소스의 간청을 받았고 한동안 망설이다가 다시 시칠리아로 향했다. 그러나 실현 가능성이 낮다는 사실을 깨달아 1년 만에 돌아오고 말았다.

이 예에서 보는 것처럼 철학자가 '의도한 것'과 '실제 결과'가 들어맞지 않은 바에야 그에 대한 후세인들의 평가는 인색해질 수밖에 없는 것 같다. 1980년대에 들어와 하이데거의 철학과 나치즘의 관계에 대한 논란들이 본격적으로 대두되고 나서는 더욱 그랬다.

그러나 하이데거는 일종의 '확신범'이었다는 주장도 있다. 즉, 독일 민족의 이상이 실현될 수 있는 가능성을 나치즘에서 발견하였고, 그렇기 때문에 나치즘에 동조할 수 있었다는 것이다. 이와 관련하여 나치의 만행 특히 유대인 대량 학살은 히틀러 한 사람만의 범죄가 아닌, 인종 차별주의에 동조하는 독일 사회의 구조적인 악에 따른 범죄였다고 보는 견해가 있다.

미국인이자 유대인 역사학자 미셸 베렌바움은 "국가(독일)의 정교한

을 것이다."라고 회고한 바 있다.

관료제의 모든 부서가 학살 과정에 관여하였다. 독일 교회와 내무부는 유대인들의 출생 기록을 제공하였고, 우체국은 추방과 시민권 박탈 명령을 배달했으며, 재무부는 유대인의 재산을 몰수하였고, 독일 기업들은 유대인 노동자를 해고하고 유대인 주주들의 권리를 박탈하였다."고 말한다. 이와 더불어 "대학은 유대인 지원자들을 거부하였고, 유대인 재학생들에게 학위를 수여하지 않았으며, 유대인 교수들을 해고하였다. 교통부는 강제 수용소로 이송할 기차편을 운영하였다. 독일 제약 회사들은 강제 수용소에 수용된 사람들에게 생체 실험을 자행하였고, 기업들은 화장터 건설 계약권을 따내기 위해 서로 경쟁했다. 또한 Dehomag독일 IBM 지사사의 천공카드[27]를 이용하여 사망 수치를 매우 정밀하게 측정하였다. 수용자들은 집단 학살 수용소에 들어가면서 모든 개인 소지품을 반납하였고, 이는 다시 재분류되어 독일로 보내져 재활용되었다. 또한 독일 중앙은행은 비공개 계정을 통해 유대인 학살 피해자들에게 빼앗은 재산을 세탁하는 데 일조하였다."고 주장한다.

물론 하이데거가 개인의 영달을 위해 나치즘에 가입한 것은 아닐 수도 있다. 하지만 적어도 나치즘을 너무 만만하게 생각했다는 점은 비판받아 마땅하다 해야 할 것이다. 하이데거 자신은 '나치즘의 광기를 나의 철학으로 교화시켜 선을 추구할 수 있다'고 자신했을지 몰라도 현실은 오히려 정반대였기 때문이다. 이와 관련하여 야스퍼스가 히틀러를 '교양이라곤 없는 인간'이라고 비판했을 때, 하이데거는 "그게 뭐 중요하냐? 우아

27　천공카드(穿孔카드): 정보의 검색·분류·집계 따위를 위하여 일정한 자리에 몇 개의 구멍을 내어, 그 짝을 맞춤으로 숫자·글자·기호를 나타내는 카드를 말한다.

하기 그지없는 그의 손을 보라!"고 반박했다고 한다. 하이데거가 히틀러의 그 우아한 손만 보고 그 손에 묻은 피를 보지 못했다고 하는, 또는 못 본 척했다는 것이야말로 그의 최대 실수가 아니었을까?

제프 콜린스의 말마따나, 나치즘과 하이데거는 '20세기의 역사와 문화에서 많은 문제를 안고 있는 골칫거리'이다. 이 둘의 만남이 이후 수십 년이 지난 지금까지도 현대 철학의 크나큰 스캔들로 남은 까닭은 하이데거의 명성과 나치즘의 악명 모두가 엄청났기 때문일 것이다. 역설적이게도 하이데거의 영향을 받은 독일의 생태주의 철학자 요나스, 아렌트, 현대 해석학의 대가 가다머, 프랑스의 철학자이자 유대계 작가인 레비나스 등이 정치적이고 윤리적인 문제에 각별히 관심을 쏟게 된 것 역시 하이데거의 과오 때문이었다고 말하는 사람도 있다.

하이데거를 옹호하는 사람들은 "그는 잠시 실수를 했을 뿐이고 그의 저서는 정치와 무관하다."고 주장한다. 또 G. 해프너는 "하이데거의 저서에 친親 나치적인 대목들이 분명히 있으며, 그것이 종종 길 위에 난 돌부리처럼 독자들을 걸려 넘어지게 하는 것도 사실이다. 하지만 어떤 길이 좋은지 나쁜지를 그 위에 돋아난 돌부리로만 판단할 수는 없지 않느냐?"고 반문한다.

고집불통
철학자들

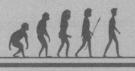

제4부

철학자와 자녀

———————— ◇◇ ————————

 사람은 이 세상을 혼자 살아갈 수 없다. 좋건 싫건 다른 사람과 더불어 살아간다. 위대한 철학자들 역시 주변의 많은 사람들과 부대끼며 사색하고 연구했다. 자녀, 제자, 친구, 동료 교수와 더불어 웃고 울며 한 세상을 살았다.

 그렇다면 과연 그들은 보통 사람들과 다른, 어떤 특별한 행동을 보였을까? 아니면 철학자들 역시 보통의 사람들과 다름없는, 한 인간으로서의 면모를 보여 줬을까?

———————— ◇◇ ————————

01

자식을 낳지 않은 철학자들

철학자 가운데에는 결혼하지 않은 채, 독신으로 살다 간 경우가 더러 있다. 하지만 생각처럼 그리 많지는 않다. 대개의 철학자들이 결혼하여 자녀를 낳고 또한 그들 때문에 기뻐하기도 하고, 가슴 아파하기도 했다. 다만 이 장에서는 자녀에 대해 특이한 입장을 취했던 철학자들을 소개하고자 한다.

'철학의 아버지'라 불리는 탈레스 밀레투스학파의 창시자는 고대 그리스 7 대 현인 가운데 한 사람으로 유명하다. 천문학을 이용하여 일식을 예언하였으며, 수학의 기하학적 방법을 빌려 이집트에서도 가장 큰 피라미드의 높이를 측정하였다고 알려져 있다. 그런데 어느 날, 어머니가 그를 설득하여 결혼시키려 하였다. 이때 그는 이렇게 대답하였다.

"아직 결혼할 시기가 아닙니다."

그 후, 나이가 들어 어머니가 결혼을 하라고 더욱더 재촉하자 그는 또 이렇게 대답하였다.

"이제는 결혼할 시기가 지났습니다."

그래서 "왜 (결혼하여) 자식을 낳으려고 하지 않느냐?"고 묻자, 이에 대한 대답은 더욱 의미가 깊다.

"자식들에 대한 사랑 때문에."[1]

대체 이게 무슨 말일까? 선문답 같기도 한 이 말속에는 깊은 뜻이 담겨 있다. 사실 세상에 갓 태어난 아기들을 바라보고 있노라면 기쁘고 감사하면서도 다른 한편으로 걱정이 앞선다. 과연 이 힘난한 세상을 잘 헤쳐 나갈 수 있을까? 혹시 질병에 걸리거나 사고를 당하지나 않을까? 성장하다가 나쁜 길로 빠지거나, 악한 사람들에게 잘못 걸려 해코지를 당하지는 않을까? 부패하고 타락한 세상 풍조로 인하여 절망하거나 불행해지지는 않을까?

'열 손가락 깨물어 아프지 않은 손가락 없다'며 자식에 대한 애정을 표현하는 경우도 있지만 '가지 많은 나무에 바람 잘 날 없다'고 자식들 때문에 고통당하는 부모도 부지기수이다. 오죽했으면 '무자식이 상팔자'라는 속담이 생겼을까? 차라리 자녀가 없다면 걱정할 일도 그만큼 줄어든다. 고생고생하며 애써 돈 벌 필요도 없다. 내 한 입 해결하면 끝난다. 한 세상 편하게 살다가 죽음이 다가오는 날, 훌쩍 떠나면 된다.

이와 관련하여 우리는 철학자 플로티노스의 예를 살펴볼 필요가 있다. 그는 자신이 육체로서 존재한다는 사실에 대해 몹시 부끄럽게 여겼다.

1____ 일설에 의하면, 탈레스는 결혼하여 큐비스토스라는 아들을 얻었다. 또 다른 주장에 따르면, 결혼하지 않은 채 삶을 마감했고, 누이(동생)의 아들을 양자로 삼았다고 한다.

그 때문에 자신의 출생, 부모, 고향에 대해 한 번도 말해 본 적이 없고 영혼이 육체에 들어온 날인 출생일조차도 비밀로 하였다. 그리하여 주변 사람들에게도 그에게는 생일을 축하하지 못하게 했다. 그는 또한 자신의 초상화를 절대 그리지 못하게 하였다. 그 까닭에 대해 플로티노스는 "인간에게 육체는 그림자에 불과하므로 초상화란 기껏 그림자의 그림자일 뿐이다. 그만큼 하찮은 것에 마음을 빼앗기지 않는 것이 지혜롭지 않겠느냐?"고 대답했다. 그래서 결국 그의 제자 아멜리오스는 친구인 화가를 그의 강의실에 몰래 들여보내 스승의 모습을 기억시킨 다음, 다른 장소에서 초상화를 그리게 하였다고 한다.

육체를 극도로 멸시한 플로티노스는 병에 걸려도 약 먹기를 거부하였고, 위경련이 일어났을 때도 그 처방인 위세척을 거절하였다. 음식의 양을 너무 많이 줄였고, 준비해 둔 빵 한 조각을 먹는 것조차 자주 잊어버리고는 했다. 결국 불면증까지 얻게 된 플로티노스는 앓아누운 채 야위어 갔다. 나이가 들어서는 목소리도 제대로 나오지 않았으며 손발이 곪아 터지기 시작했다.

그렇다면 플로티노스가 이처럼 육체를 학대한 까닭은 무엇일까? 그에 의하면, 물질이란 정신이나 영혼에 비해 형이하학적인 것으로서 모든 악의 근원이다. 따라서 일종의 물질에 지나지 않는 육체 역시 영혼에 비해 한없이 낮고 비천한 것, 극복해야 할 어떤 것이다. 때문에 아무런 가치도 없는 육체를 위해 먹고 마시는 일, 육체가 생긴 날을 기념하는 일, 육체를 그려 보관하는 일 등은 그에게 어리석기 짝이 없는 짓이었다. 플로티노스는 결혼을 하지 않았고, 따라서 당연히 자식도 없었다.

이 대목에서 소크라테스의 죽음관에 깔린 사상을 참고할 필요가 있겠다. 그 역시 '육체란 영혼의 무덤'이라고 하는 피타고라스의 사상에 동조하는 편이었다. 왜냐하면 지혜를 추구하는 참된 철학자들에게 육체가 방해물로 다가올 수 있다고 믿었기 때문이다. 가령 우리의 영혼이 육체적 욕망이나 감각에 사로잡혀 있을 때에는 진리를 제대로 포착할 수 없다. 뿐만 아니라 육체를 먹여 살리기 위해 인간은 비진리를 이야기해야 할 때도 있다. 육체적 질병으로 인한 괴로움도 크거니와, 더욱이 육체에서 파생된 자녀들로 말미암아 얼마나 많은 고통을 받는지 모른다. 때문에 소크라테스는 참다운 철학자라면 육체로부터 영혼이 분리되는 것, 즉 죽음을 두려워해서는 안 된다고 말한다.

여기에서 우리가 주목해야 할 대목은 비교적 늦은 나이에 젊은 아내 크산티페와 어린 아내 미토르와 결혼하여 세 아들까지 두었던 소크라테스로서 자식들을 건사하기가 만만치 않음을 뼈저리게 느꼈을 것이라는 점이다.

'세상에 좋은 아버지란 없다'고 단언한 사르트르가 보부아르 부인과 계약 결혼을 하여 끝내 자식을 낳지 않기로 한 것도 그 때문이 아니었을까? 논리를 좀 더 비약해 보자면 결혼하지 않고 독신으로 평생을 살다간 칸트, 스피노자, 쇼펜하우어를 포함하여 사도 바울도 혹시 그런 부담감을 떨쳐 버리지 못한 것은 아닐까?

성경에는 뒤따라오며 슬피 우는 여자들과 백성을 향해 예수가 충고하는 대목이 나온다.

"예수께서 돌이켜 그들을 향하여 이르시되 예수살렘의 딸들아, 나를 위하여 울지 말고 너희와 너희의 자녀를 위하여 울라/ 보라 날이 이르면 사람이 말하기를 잉태하지 못하는 이와 해산하지 못한 배와 먹이지 못한 젖이 복이 있다 하리라/ 그때에 사람이 산들을 대하여 우리 위에 무너지라 하며 작은 산들을 대하여 우리를 덮으라 하리라/ 푸른 나무에도 이같이 하거든 마른 나무에는 어떻게 되리요 하시니라."

– 「누가복음」 23장 28~31절

다시 탈레스로 돌아가서, 그에 대해 평가해 주어야 할 것은 그가 '자신'을 말하는 대신 '자식'의 입장을 고려했을 수 있다는 점이다. 자녀를 두지 않는 것이 나(부모)만 편하고자 하는 것은 아닐 터, 특히 어려운 때에 세상에 태어나지 않은 그 자식은 부모보다 더 나을 수 있다는 염세주의적인 가치관이 그 속에 들어 있을 수 있다는 것이다. 이 세상의 험한 꼴 보면서 고통을 당하는 것보다는 태어나지 않은 편이 더 나을 것이기에 말이다(이 견해는 각자의 생각에 따라 달라질 수 있다.).

물론 자녀가 부모의 입장에서 반드시 거추장스러운 짐에 불과한 것은 아닐 것이다. 세상의 많은 부모들은 자녀 때문에 삶의 가치를 발견하고, 그들로 인하여 힘과 위로를 받는다. 지쳐 쓰러지고 싶을 때, 그들로부터 새로운 에너지를 공급받기도 한다. 이와 관련하여 성경은 자식을 많이 둔 사람의 복에 대해서도 언급하고 있다.

"보라 자식들은 여호와의 기업이요 태의 열매는 그의 상급이로다/ 젊은 자의 자식은 장사(壯士)의 수중(手中)의 화살 같으니/ 이것이 그의 화살 통에 가득한 자는 복 되도다/ 그들이 성문(城門)에서 그들의 원수와 담판할 때에 수치를 당하지 아니하리로다."

– 「시편」 127편

젊을 때에나 늙을 때에나 자식은 최대의 기쁨이요, 자랑거리이다. 그러기에 부모는 자식을 위해 최선을 다한다. 아무리 악한 사람일지라도 자식에게만은 좋은 것으로 채워주려 한다.

"너희가 악할지라도 좋은 것을 자식에게 줄줄 알거든 … (중략)"

– 「누가복음」 11장 13절 전반부

하찮은 미물도 자기 새끼에게만큼은 지극정성을 다하는데, 하물며 사람인 바에야 두말할 나위 없다. 생을 포기하고 싶을 때에라도 부모는 자식 때문에 힘을 얻는다. 자식 때문에 고단한 삶을 이어 간다. 그러다 보면 어느 때엔가 삶의 의미와 보람을 찾는 경우가 생긴다. 애지중지하는 자식의 장래를 위해 땀 흘리고 일하며 어떠한 고통도 달게 받는다. 심지어 "자식에게 많은 것을 바라지 말라. 이미 그는 부모에게 다 주었다."는 말도 있다. 자식이 커 가면서 부리는 재롱이나 그들이 제공하는 기쁨 등을 통해 부모는 이미 받을 만큼 받았다는 뜻이리라. 자녀는 그 존재 자체만으로 부모에게 기쁨이 되고 위로가 된다. 그리고 무엇보다 이 땅에서의 삶이 허락된 생명은 생명 그 자체로서 고귀하며, 따라서 끝까지 보호받아야 할 권리가 있다.

02
독한 아버지들

아무리 악독한 인간일지라도 자녀에게는 선으로 대하고, 역사상 아무리 잔인한 독재자라도 자식들에게만큼은 관대하게 행동했음을 우리는 알고 있다. 그리고 그것은 인지상정人之常情이라 간주하여 대개는 너그럽게 봐 주는 것도 사실이다. 그러나 자녀들에 대해 독하게 처신했던 철학자들도 있었다.

프랑스의 교육 소설 『에밀』의 작가이자 교육 사상가로 이름이 높은 루소 1712~1778년가 이 부분의 첫 번째 주인공이라는 사실은 실로 아이러니컬하다. 우선 루소 자신의 성장 과정에 대해 잠깐 살펴보기로 하자.

일찍 어머니를 여의고 끊임없이 모성애를 동경하던 루소는 드 바렝 부인을 만나 마음의 위로를 얻는 것처럼 보였다. 그러나 결국 그녀는 바람기를 잠재우지 못한 채, 루소의 곁을 떠나가고 말았다. 그는 10여 년에 걸친 그녀와의 동거 생활을 청산하고, 베네치아의 매춘부와 난잡스런 관계를 맺는다. 그 후 프랑스 파리의 하숙집에서 하녀(세탁부)로 일하는 한 순박한 처녀를 만나는데, 두 사람은 23년 간의 동거 끝에 마침내 결혼한다. 두 사람 사이에는 다섯 명의 아이들이 차례로 태어나지만 루소는 이들을 모두 고아원에 보내 버린다. 그런데 그 이유가 더욱 가관이다. 자식들이 너무 소란스러운 데다 양육비가 많이 들기 때문이었단다.

위대한 교육 사상가로서 도저히 해서는 안 될 행동이라고 비난받아 마땅해 보인다. 하지만 과연 그러할까? 이제부터 루소 자신의 입장에서 그 사건을 들여다 보도록 하자. 어머니의 이른 죽음으로 인해 루소는 아버지와 고모의 손에 의해 길러졌다. 따라서 루소는 자신의 정체성에 혼란을 겪을 수밖에 없었다. 그의 아버지는 『플루타르코스 영웅전』 등을 읽게 하여 그를 가르치려고 하였다. 그러나 아버지와의 생활은 그리 오래가지 못했다. 아버지가 퇴역한 프랑스 대위와 싸움을 한 후, 처벌을 피해 제네바를 떠나게 되었기 때문이다. 어린 루소는 외삼촌에게 맡겨졌다가 다시 어떤 목사의 집으로 보내진다. 하지만 이곳에서의 생활도 길지는 않았다. 어느 날, 목사의 여동생이 아끼던 빗이 부러진 채 발견되자 그 가족들은 루소를 범인으로 몰아갔던 것이다.

자신의 결백을 믿어 주지 않는 상황 속에서 다시 스위스의 제네바로 돌아온 루소는 재판소 서기 밑에서 필사 견습공을 하기도 하고, 한 조각가의 집에 들어가 도제徒弟-스승의 밑에서 일하는 직공 일을 맡기도 한다. 그런데 이 조각가는 사정없이 그를 때려 댔고, 루소는 그 집에서 아스파라거스라든가 사과 같은 것을 훔쳐먹는 것으로 앙갚음을 한다. 또 이 무렵, 루소는 돈을 몽땅 털어 책을 빌려 보곤 했는데, 주인은 책만 보면 빼앗아 불태워 버리곤 하였다. 그 사이 니옹으로 도망간 아버지는 53세의 나이로 재혼을 한다. 14살의 루소는 아버지로부터 버림받았다는 생각에 커다란 정신적 충격을 받는다. 이후, 아버지와 아들은 서로 만나지 않았다.

루소가 『에밀』[2]이라는 교육론을 쓴 것 역시 이 무렵, 자신이 겪었던 방황이 그 토대가 된 것으로 보인다. 아버지로부터 제대로 된 교육을 받지 못한 것에 대한 아쉬움과 자기 자신 또한 그러한 삶을 살 수 밖에 없었던 기이한 유전은 루소가 평생 죄책감에 시달리게 된 원천이기도 했다.

그렇다면 자신의 아이들에 대한 루소의 처신은 어떻게 해서 나온 것일까? 파리에서 만난 순박한 세탁부 테레즈 라바쇠르와의 사이에서 루소는 (앞에서 말한 것처럼) 다섯 명의 아이를 낳았다. 하지만 모두 고아원에 맡겨 버렸다. 물론 이 일이 충격적인 사건임에는 틀림없으나 당시 파리에서 공립 고아원에 아이를 맡기는 것은 일종의 관행이었다. 신생아의 3분의 1이 이에 해당하였는데, 예컨대 프랑스 계몽기를 대표하는 백과전서파 철학자인 달랑베르와 같은 인물도 사생아로 버려진 아이였다.

아무리 그렇다 하더라도 당시 유명 인사에 속했던 루소가 그런 행동을 했다는 것은 사람들의 입에 오르내릴 만한 일이었음에 틀림없다. 루소가 『에밀』을 펴내자 프랑스의 어머니들은 이 책을 아이들 교육의 바이블로 삼았고, 상류 계급의 부인들마저 유모 대신 자신들이 직접 아이에게 젖을 먹이기 시작했다. 따라서 앞뒤 사정이야 어떠하든 이처럼 영향력 있는 저자가 자녀를 고아원에 맡긴 일은 큰 모순이 아닐 수 없었다. 그래서 그런

2 　　『에밀』: '에밀'이란 이름의 고아가 태어나서부터 결혼에 이르기까지 25년 동안 현명한 교사의 이상적인 지도를 받는 과정이 그려져 있다. 이 책에는 아동 본위의 교육, 자연주의 교육, 체육의 중요성, 감각 훈련의 중요성, 실물 교육, 자발성의 원리 등 근대 교육의 원리가 집약되어 있다.

지, 훗날 루소는 이에 대한 죄책감과 변명을 곳곳에 남기고 있다. 『에밀』에 묘사된 그의 심정을 들어 보도록 하자.

"가난한 일도, 체면도 자식을 키우고 직접 교육시키는 일로부터 그를 면제시켜 줄 수는 없다. 독자들이여, 그 점에 대해서는 나를 믿어도 좋다. 누구든 인간으로서의 정을 가지고 있으면서 그토록 신성한 의무를 저버리는 자에게 예언하건대, 그는 오랫동안 자신의 잘못에 대해 통한의 눈물을 쏟게 될 것이며, 결코 그 무엇으로도 위로받지 못하리라."

저주에 가까운 이 글은 실제로 자기 자신에 대한 것이었을 수 있다. 분명 루소의 행위는 잘못되었다. 하지만 참으로 '독한 아버지'는 동양 쪽에서 나온다.

중국 춘추 시대의 유학자이자 공자의 제자인 증자曾子는 효성이 지극했던 것으로 전해지며 『효경』孝經의 저자로 알려져 있다. 그런데 그의 아버지는 아들에게 매우 독하고 모질었던 모양이다. 어느 날 증자가 참외밭을 매고 있는 아버지 곁을 지나가다가 참외 줄기를 상하게 만들고 말았다. 이에 화가 난 그 아버지는 작대기로 그를 때려 정신을 잃은 채 쓰러지게 만들었다. 그것을 본 온 집안 식구들이 놀라 물을 끼얹고 야단법석을 떨었다. 하지만 정작 그 아버지는 하나뿐인 자기 아들이 죽는다는 사실 자체보다도 스승의 가르침에 따르지 못했다는 사실을 더 부끄러워하였다.

"선생님께서 아시면 제자 중의 한 사람이 자기 자식을 죽였다고 얼마나 슬퍼하실까? 설령 그것이 실수였다고 할지라도 말이다. 과실이 없게 하려는 것이 선생님의 평생에 걸친 가르침이 아니었던가? 아! 나는 죄인이로다."

얼마 후, 의원의 치료로 증자가 깨어났다. 모든 사람들이 한결같이 "삼參-증자의 본 이름이 효자이기 때문에 하늘이 살려 준 것이다."고 칭송하였다. 그런데 증자는 깨어나자마자 고통을 무릅쓰고 일어나 아버지에게로 갔다. 그리고는 "저의 주의가 게을러서 저지른 실수이기 때문에 아버지께서 힘들여 교훈을 주셨습니다. 손이 몹시 아프시겠습니다. 근심을 끼쳐 드려 죄송합니다."라고 빌었다. 그리고 나서 자기 방으로 들어가 거문고를 뜯으며 명랑하게 노래를 불렀다는 것이다.

증자 자신에 대해서만 보자면 참으로 감탄할 만한 효자가 아닐 수 없다. 하지만 우리 가슴 속에서 그 아버지에 대한 분노가 치밀어 오름은 당연하다 해야 할 것이다. 그까짓 참외 줄기 좀 상하게 했다고 귀한 아들을 작대기로 두들겨 팰 일인가? 또 아들의 생사보다 스승의 가르침을 더 신경 써야 할 일인가? 어찌해서 그런 아버지 아래에서 증자 같은 아들이 나올 수 있단 말인가?

흔히들 "콩 심은 데 콩 나고, 팥 심은 데 팥 난다.", "다 도둑질해도 씨 도둑은 못한다.", "왕대밭에서 왕대 나고, 시누대갈대와 비슷한 가는 대나무 밭에서 시누대 난다."는 말들을 한다. 과연 그러한가? 미국의 오바마 대통령 예를 들어 보도록 하자.

그는 2011년 '미국 아버지의 날'을 맞이하여 "나는 아버지 없이 자랐어요. 그래서 언제나 아버지의 빈자리를 느꼈습니다."라고 말한 바 있다. 그의 아버지 버락 후세인 오바마 시니어는 케냐 출신 경제학자였다. 그런데 오바마 대통령이 태어난 지 3년만인 1964년, 오바마 대통령의 친어머니와 헤어졌다. 오바마 대통령은 자서전에서 자신의 부친을 '재능이 있으나, 가족에 대한 책임 의식이 없는 사람'으로 묘사하였다. 그러면서도 자신을 처음으로 재즈 콘서트장에 데려가 주고, 크리스마스 선물로 농구공을 사 주었던 아버지로 기억한다. 아버지의 부재不在가 몰아온 공허함과 아버지의 선물이 채워 준 그 충만함이 그로 하여금 '자녀들과 더 함께 있고자 노력하도록' 부추긴 원동력이 아니었을까?

아들에 대한 아버지의 태도가 어떠하건 그것을 받아들이는 마음가짐에 따라 아들의 인격이 얼마든지 달라질 수 있음을 우리는 그에게서 보고 있다. 그래도 증자의 부친까지는 어느 정도 이해할 만하다. 그런데 급기야 자기 아들을 죽게 해 달라고 간청한 아버지가 있었으니.

우리는 앞에서 사도세자의 부친 영조대왕과 묵가의 거자鉅子 가운데 한 사람인 복돈에 대해 살펴본 바 있다. 두 사람은 모두 대의명분과 명예를 위해 아들을 희생시킨 경우에 해당한다. 왜 그들은 지극히 본능적인 자녀 사랑보다도 자신의 신념에 더 집착하여 살아갔던 것일까? 과연 그들은 피도 눈물도 없는 냉혈한이었단 말인가?

흔히 이 세상 부모 가운데 자신의 목숨을 버릴 망정, 아들의 목숨을 내놓을 만한 사람은 없다고 말한다. 그럼에도 잔인하기 짝이 없는 아버지들의 행동을 우리는 어떻게 해석해야 하는가? 성경 가운데 이스라엘의 역사서에 해당하는 열왕기 하편에 보면 그야말로 비참한 장면이 나온다.

"이후에 아람 왕 벤하닷이 그 온 군대를 모아 올라와서 사마리아를 에워싸니/ 아람 사람이 사마리아를 에워싸므로 성중이 크게 주려서 나귀 머리 하나에 은 팔십 세겔이요 비둘기 똥 사분의 일 갑에 은 다섯 세겔이라

하니/ 이스라엘 왕이 성 위로 지나갈 때에 한 여인이 외쳐 이르되 나의 주
왕이여 도우소서/ 왕이 이르되 여호와께서 너를 돕지 아니하시면 내가 무
엇으로 너를 도우랴 타작마당으로 말미암아 하겠느냐 포도주 틀로 말미
암아 하겠느냐 하니라/ 또 이르되 무슨 일이냐 하니 여인이 대답하되 이
여인이 내게 이르기를 네 아들을 내 놓아라 우리가 오늘 먹고 내일은 내
아들을 먹자 하매/ 우리가 드디어 내 아들을 삶아 먹었더니 이튿날에 내
가 그 여인에게 이르되 네 아들을 내놓아라 우리가 먹으리라 하나 그가 그
의 아들을 숨겼나이다 하는지라/ 왕이 그 여인의 말을 듣고 자기 옷을 찢
으니라 그가 성 위로 지나갈 때에 백성이 본즉 그 속살에 굵은 베를 입었
더라.”

- 「왕하」 6장 24~30절

이 장면은 그나마 배가 고파 죽어 가는 절체절명의 상황이기 때문에 불가
피한 측면이 있다고 치자. 그렇다면 멀쩡한 자식을 잡아 신에게 바치는 못
된 풍습은 어떻게 해석해야 하나? 이스라엘의 구약 시대에 나오는 이방민
족 암몬 사람들에게는 몰렉을 민족 신으로 섬기던, 가증스러운 우상 숭배
의 제사 의식이 있었다. 이 몰렉신은 이스라엘이 가나안 땅에 들어가기 전
부터 가나안에서 이미 섬겨지고 있었다(신명기 12장 31절; 18장 9절). 이
우상은 인간의 몸을 근간으로 황소의 머리를 하고, 두 팔을 벌리고 있는 형
상이었다.

그런데 이 신을 섬길 때, 암몬 사람들은 어린 자녀를 희생제물 삼아 불태
우는 인신人身 제사를 드렸다.

"또 힌놈의 아들 골짜기에서 분향하고 여호와께서 이스라엘 자손 앞에서 쫓아내신 이방 사람들의 가증한 일을 본받아 그의 자녀들을 불사르고……."

- 「역대하」 28장 3절

이 혐오스럽고 부패한 제사 의식(「에레미야」 32장 35절)은 솔로몬 때에 결혼 동맹으로 인해 들어온 이방 여인들을 통해 이스라엘에 흘러들어와 나라를 오염시켰고, 예루살렘 근처 '힌놈의 골짜기3에 그 제단이 설치되기도 했다(「열왕기상」 11장 5~7절). 이 같은 범죄는 결국 솔로몬 이후, 왕국이 분열되는 결과를 낳게 된다(「열왕기상」 11장 9~13절).

한편 율법에는 이런 가증스러운 우상이 하나님을 욕되게 하는 일이라 규정하면서(「레위기」 18장 21절), 그것을 숭배하는 자는 반드시 처형하되 돌로 쳐 죽이도록 명령하고 있다(「레위기」 20장 2절).

그럼에도 불구하고 북北이스라엘뿐만 아니라 남南유다의 아하스, 므낫세 시대에도 몰렉 숭배의 풍조가 극성을 떨었다. 훗날 남南유다의 성군聖君 요시야 왕은 종교 개혁을 단행하면서 몰렉 제단을 철폐했지만 완전히 근절되지는 않았다. 이후에도 가나안 땅 안에서 인신 제사가 사라지지 않았고, 이로 인해 선지자들은 가증스러운 우상 숭배에 대해 끊임없이 경고하였다. 그리고 거룩하신 하나님의 준엄한 심판이 도래하여 이스

3____ 힌놈의 골짜기: 예루살렘 남서쪽에 있는 골짜기로, 쓰레기 소각장이라 불린다. 항시 쓰레기를 태우거나 인신 제사를 위해 불이 솟구치는 장면이 지속되었기 때문에 신약에서 '지옥'은 이 골짜기의 모습과 겹쳐져 '평생 꺼지지 않는 뜨거운 불 못'이란 이미지를 갖게 되었다.

라엘 왕국은 결국 패망하게 된다.

그렇다면 믿음의 조상이라 일컬어지는 아브라함이 자기의 아들 이삭을 붙잡아 칼로 내리치려는 광경에 대해 우리는 어떤 해석을 가해야 할까?「창세기」22장에 나타난 하나님의 아브라함에 대한 시험은 잔인한 형벌과도 같다. 여호와 하나님은 아브라함에게 이렇게 말씀하신다.

"여호와께서 이르시되 네 아들, 네 사랑하는 독자 이삭을 데리고 모리아4 땅으로 가서 내가 네게 일러준 한 산, 거기서 그를 번제로 드리라."

번제燔祭란 짐승을 죽인 후 이를 태워서 드리는 제사이다. 그러므로 이삭을 번제로 드리라는 것은 아브라함이 이삭을 죽인 후, 그를 제단 위에 올려놓고 불사르라는 말과 다름이 없다. 사실 하나님께서는 아브라함이 아들 이삭을 얼마나 사랑하는지 누구보다 더 잘 아셨다. 그럼에도 불구하고 이삭을 번제의 제물로 바치라고 명령하셨던 것이다. 더 놀라운 것은 이 명령을 들은 후 나타난 아브라함의 행동이다.

"아브라함이 아침에 일찍이 일어나 나귀에 안장을 지우고, 두 종과 그의 아들 이삭을 데리고 번제에 쓸 나무를 쪼개어 가지고 떠나 하나님이 자기에게 일러주신 곳으로 가더니."(「창세기」22장 3절)

아브라함은 소돔과 고모라의 멸망 사건에서 "의인 50명이 있으면 그 성을 멸하시겠습니까?"라고 물으며, 하나님과 1:1 담판을 통하여 백성들을 구하고자 하였던 인물이다. 이런 아브라함이 한 마디 대꾸도 하지 않은 채, 그 다음날 아침 일찍 일어나 사흘 여정의 여행 준비를 하고 있다

4　모리아: 아브라함이 하나님으로부터 외아들 이삭을 번제로 드리라고 명령받은 곳이며, 예루살렘의 시온산 동쪽 끝에 위치해 있다.

니. 기독교에서는 그것을 하나님의 말씀에 대한 순전한 '복종'으로 해석한다. 그 다음날 누구보다 일찍 일어난 아브라함은 번제에 쓸 나무를 쪼개었다. 아마 두 종과 아들은 사흘 길을 가는 동안 아무런 말도 하지 않는 아브라함의 무거운 안색을 살펴야 했을지도 모른다. 드디어 3일째 되는 날이 밝았다. 아브라함은 종들에게 말한다.

"너희는 나귀와 함께 여기서 기다리라. 내가 아이와 함께 저기 가서 예배하고, 우리가 너희에게 돌아오리라."(「창세기」 22장 5절)

아브라함은 종들이 자기와 아들의 뒤를 따라오지 못하게 한다. 대신 나귀 등 뒤에 실었던 쪼갠 번제 나무를 아들인 이삭의 등에 지웠다. 그리고 자신은 불과 칼을 들고 같이 걸어가기 시작하였다. 그런데 종들을 떠나 제사 장소로 가는 도중에 아브라함을 당황하게 하는 이삭의 질문이 나온다.

"아버지, 불과 나무는 있거니와, 번제할 어린 양은 어디 있나이까?"

이에 대해 아브라함은 "내 아들아, 번제할 어린 양은 하나님이 자기를 위하여 친히 준비하실 것이다."(「창세기」 22장 8절)라고 대답한다. 아버지 입장에서 차마 "아들아, 네가 바로 그 어린양이다."라고 말할 수는 없었을 것이다. 하나님이 지시한 그 장소에서 아브라함은 먼저 제단을 쌓았다. 그리고 번제할 나무를 그 위에 벌려 놓은 다음 자신의 아들을 묶어 제단 나무 위에 얹어 놓았다. 그런 다음 결정적으로 '손을 내밀어 칼을 잡고 그 아들을 잡으려' 하나, 그럼에도 불구하고 그 아들은 도망치지 않았다. 이때 이삭의 나이는 약 13, 14세 정도로 추정되는데, 그 또래의 아이가 목숨 걸고 도망을 갔다면 아브라함은 절대로 이삭을 잡을 수 없었을 것이다.

그런데 이삭은 움직이지도 않은 채, 번제할 나무 위에 그냥 묶인 채로 아버지의 처신을 기다린다. 아버지가 칼을 들어 자신을 죽이려는 순간에도 그대로 머물러 있었던 것이다. 바로 이 위기의 순간에 하늘로부터 하나님의 음성이 들렸다.

"여호와의 사자가 하늘에서부터 그를 불러 이르시되 아브라함아, 아브라함아 하시는지라 … 그 아이에게 네 손을 대지 말라. 그에게 아무 일도 하지 말라. 네가 네 아들, 네 독자까지도 내게 아끼지 아니하였으니 내가 이제야 네가 하나님을 경외하는 줄을 아노라."(「창세기」 22장 11~12절)

만약에 하나님의 음성이 들리지 않았더라면 과연 아브라함은 이삭을 칼로 내리쳤을까? 혹시 하나님이 연출할 드라마틱한 반전을 미리 예상하지는 않았을까? 그건 알 수 없지만 어떻든, 아브라함과 이삭 부자의 사건은 해피엔딩으로 끝을 맺었다. 하지만 일의 결말을 떠나 아브라함의 행동이야말로 범인凡人으로서는 흉내 내기조차 어려운 일임에 틀림없다.

03

자녀를 잃은 슬픔

어버이가 돌아가시면 하늘이 무너지는 아픔이라 하고, 자식이 먼저 가면 땅이 꺼지는 고통이라 한다. 부모는 땅에 묻지만 자식은 가슴에 묻는다. 생때 같은 자식을 잃은 부모의 슬픈 울음소리는 창자를 끊는 듯 아프기만 하다. 눈에 넣어도 아프지 않을 아이를 다 키워 놓고 잃는다는 것은 평생 가슴에 묻어야 하는 아픔이다.

다산 정약용의 큰딸은 태어난 지 4일 만에 죽었고 둘째 딸과 3남, 4남, 5남, 6남은 모두 천연두로 서너 살 안에 사망했다. 특히 다산은 갓 세 돌 지난 막내아들 농아가 죽었다는 소식을 귀양지에서 듣고 구구절절 애끓는 아비의 마음을 묘지명[5]으로 남겼다.

---

5   묘지명(墓誌銘): 죽은 이의 훌륭한 덕과 공로를 후세에 영원히 전하는 글이며 보통 시로 되어 있다. 일반적으로 무덤에 비석으로 세우는 것을 비(碑) 또는 표(表)라 하고, 무덤 속에 묻는 것을

"네가 세상에 태어나서 죽을 때가 겨우 세 살인데, 그중에서 나와 헤어져 산 것이 2년이나 된다. 사람이 60년을 산다고 할 때, 40년 동안이나 부모와 헤어져 산 것이니 이야말로 어찌 슬픈 일이 아니겠는가. 네가 태어났을 때, 나의 근심이 깊어 너의 이름을 농農이라고 지었다. 걱정하던 대로 얼마 지나지 않아 집안에 화禍가 닥쳤기에 너에게는 농사를 지으며 살게 하려 한 것뿐이다. 이것이 죽는 것보다 낫기 때문이었다. 나는 죽으면 흔쾌히 황령黃嶺을 넘어 열수洌水-한강, 한강은 다산에게 학문의 본원이자 마음의 휴식처였음를 건너갈 수 있을 것이다. 이것이 내가 죽는 것이 사는 것보다 나은 것이다. 나는 죽는 것이 사는 것보다 나은데 살아 있고, 너는 사는 것이 죽는 것보다 나은데 죽었으니, 이것은 내가 어찌할 수 없는 일이다. 만약 내가 네 곁에 있었다고 하더라도 반드시 네가 살 수는 없었겠지만, 네 어미의 편지에 '애가 아버지가 돌아오시면 나의 홍역이 곧 낫고, 아버지가 돌아오시면 천연두가 곧 나을 것이다'라고 했습니다' 하였다. 이것은 네가 사정을 헤아리지 못해서 이런 말을 한 것이다. 그렇지만 너는 내가 돌아오는 것으로 마음의 의지를 삼으려 한 것인데 너의 소원을 이루지 못했으니 정말 슬픈 일이다. 신유년1801년 겨울에 과천果川의 점사店舍-규모가 작은 가게에서 너의 어미가 너를 안고 나를 전송할 때, 나를 가리키며 '너의 아버지이시다'라고 하였다. 네가 따라서 나를 가리키며 '나의 아버지다'라고 했으나, 너는 아버지가 아버지인 줄을 실제로는 알지 못했을 것이다. 참으로 슬픈 일이다. 이웃 사람이 집으로 떠나갈 때, 소라 껍질 2매(枚)를 보내며 너에게 주라고 하였다. 네 어미의 편지에 '애가 강진에서 사람이 올 때마다 소라 껍질을 찾다가 받지

지(誌) 또는 '명(銘)'이라 한다.

못하면 풀이 꺾이곤 하였는데, 그 애가 죽어 갈 무렵에 소라 껍질이 도착했습니다' 하였다. 참 슬픈 일이다. 너의 외모는 빼어난데, 코 왼쪽에 조그마한 검은 사마귀가 있으며 웃을 때에는 양쪽 송곳니가 드러난다. 아아, 나는 오로지 네 모습만이 생각나서 거짓 없이 너에게 고하노라."

이 글은 다산이 강진에 유배 중일 때, 아들이 죽었다는 소식을 듣고 슬퍼하며 썼다고 한다. 아버지로서 아들의 죽음을 슬퍼하고 자신의 순탄치 않은 인생사에 대한 회한이 묻어나는 묘비명이 아닐 수 없다.

조선 후기의 문인이자 화가인 이하곤은 좌의정 이경억의 손자로서 정7품직에 제수되었으나 벼슬에 나가지 않았다. 대신 고향인 충북 진천에 내려가 학문과 서화에 힘썼다. 특히 책을 매우 사랑하여 어떤 사람이 책을 파는 것을 보면 옷을 벗어 주고라도 책을 사들여 수집한 장서藏書가 1만 권에 이르렀다. 성격이 곧아 아첨하기 싫어하고, 여행을 좋아하여 전국 방방곡곡을 두루 다녔으며, 불교에도 관심을 두어 각 사찰과 암자를 찾아다녔다. 그런데 이하곤은 여섯 살 난 딸을 마마천연두로 잃고 이렇게 울부짖었다.

"물가에 가도 네가 떠오르고, 솔바람소나무 사이를 스쳐 부는 바람 소리를 들어도 네가 떠오르고, 달밤에 작은 배를 보아도 네가 떠오르니 … 이 아픔 어디에 끝이 있을까?"

작가 박완서1931~2011년는 남편을 잃은 지 석 달 만에 외아들을 떠나보냈다. 명문대 졸업반으로 남들이 부러워하던 아이였다. 그녀는 '청동

기처럼 단단하고, 앞날이 촉망되던 젊은 의사 아들'을 잃고 신에게 한 말씀만 해 보라며 따지고 있다.

> "내 아들아, 이 세상에 네가 없다니 그게 정말이냐 … 창창한 나이에 죽임을 당하는 건 가장 잔인한 최악의 벌이거늘, 그 애가 무슨 죄가 있다고 그런 벌을 받는단 말인가 … 하느님, 사랑 깊은 아이로 점지한 내 아들이 왜 죽어야 했는지, 더도 덜도 말고 딱 한 말씀만 하소서."

특히 대를 이을 외둥이의 죽음은 '상명喪明'이라 일컬었다. 눈앞 광명이 캄캄하게 꺼져 버린, 빛을 잃고 희망을 앗긴 그런 상태를 말한다. 공자의 제자로 공문 10철孔門十哲-공자의 뛰어난 10명의 제자들 가운데 한 사람인 자하子夏는 아들이 죽자 밤낮을 울다 상심해 실제로 눈이 멀었다고 한다.

사실은 공자 역시 살아생전 아들을 잃는 아픔을 당했다. 공자의 아들 백어伯魚는 나이 50이 되어서야 아들 자사[6]를 낳았는데, 하필이면 자사가 태어나던 해에 백어가 죽고 말았다. 결과적으로 그는 아버지인 공자보다 먼저 죽었는데, 이때 공자가 어떤 반응을 보였는지 즉각 알려지지 않았다. 다만 다음의 일화에서 부자간의 관계를 조금은 유추해 볼 수 있겠다. 하루는 공자의 문하생인 진항陳亢-귀족 출신으로 산둥성의 재상을 지냄이 공자의 아들 백어에게 물었다.

"선생님께선 그대에게만은 우리들한테 하신 말씀과는 다른, 무슨 특

6___ 자사(子思): 공자의 손자이자 『중용』의 저자이다. 맹자는 그의 제자의 제자이며, 공자-증자-자사-맹자로 이어지는 이 학통이 유학의 정통학파이다.

별한 것을 들려주시지요?"

이에 백어가 답한 것은 아래와 같다.

"여태까지 특별한 가르침을 받은 적은 없습니다. 다만 언젠가 내가 황급히 뜰을 가로지르려 하자, 아버지가 나를 불러 세우고는 물었습니다. '너 『시경』7을 읽었느냐?' 그래서 내가 '아직 안 배웠습니다'라고 대답하자, '『시경』을 배우지 않은 인간은 말 상대가 안 된다'고 나무라셨습니다. 그 다음 날부터 나는 『시경』 공부를 하기로 했습니다. 또 어느 날 내가 황급히 뜰을 건너가려 하자, 아버지께서 나를 불러 세우고는 '예禮를 배웠느냐?' 하시기에, '아직 안 배웠습니다'라고 말씀드렸더니, '예를 배우지 않은 인간은 사회인이 될 자격이 없다'고 꾸짖었습니다. 그 다음 날부터 나도 예를 배우기로 했습니다."

진항은 이 대화를 통해 『시경』과 예의 중요성을 알게 되었다고 한다. 그리고 또 하나, 특히 스승과 아들의 관계가 그리 친근하지는 않다는 사실을 알았다고 한다. 특별히 아끼지도 챙기지도 않았을 것으로 추측되는 아들, 그를 잃었을 때 과연 공자의 심정이 어떠했을까? 그것은 공자 본인만이 알고 있을 것이다.

이와 관련하여 구약성경(「사무엘하」 17~18장)에는 아들 압살롬의 죽음 앞에서 울부짖는 다윗의 모습이 등장한다. 압살롬은 위장 전향한 후 새 다윗이 왕위를 되찾도록 도와준 인물의 계략에 따라 부왕 父王 다윗을 치러 간

7 　『시경(詩經)』: 유학의 오경(五經) 가운데 하나로, 민요를 중심으로 하여 모은 일종의 시집이다. 중국에서 가장 오래된 시집이며, 공자가 편찬하였다고 전하여지나 정확하지는 않다. 주나라 초부터 춘추시대까지의 시 311편을 세 부문으로 나누어 수록하였다.

다. 그러나 오히려 요압의 손에 죽음을 맞이하고 만다. 자신의 아들이 죽었다는 소식을 들은 다윗의 반응은 어떠했을까? 반역의 괴수가 죽었다고 기뻐했을까? 마침내 강력한 정적政敵이 제거되었다고 축배를 들었을까?

다윗의 입장에서 보면 압살롬은 반역자이기 이전에 아들이었다. 때문에 자신의 부하들이 반역 군대를 토벌하러 떠날 때에도 "나를 위하여 젊은 압살롬은 죽이지 말라."는 부탁을 해 놓는다. "왕이 요압과 아비새와 잇대에게 명령하여 이르되 나를 위하여 젊은 압살롬을 너그러이 대우하라."(「사무엘하」 18장 5절)

그러나 에브라임 수풀에서의 전투에서 압살롬의 군대는 2만 명이 전사하고, 압살롬은 다윗의 부하들과 마주쳤다. 이때 압살롬은 노새를 타고 가다가 상수리나무에 머리가 걸려 매달리고 말았다. 한 사람이 이 사실을 요압에게 알리자 다윗의 명령을 무시하고 요압 자신과 청년 10명이 가서 창으로 찔러 죽인다.

"요압이 이르되 나는 너와 같이 지체할 수 없다 하고 손에 작은 창 셋을 가지고 가서 상수리나무 가운데서 아직 살아 있는 압살롬의 심장을 찌르니/ 요압의 무기를 든 청년 열 명이 압살롬을 에워싸고 쳐 죽이니라."(「사무엘하」 18장 14~15절)

큰일을 이룬 요압은 아히마아스가 압살롬의 죽음을 다윗에게 알리러 가겠다고 하자 아직은 때가 아니니 기다리라 일렀다. 그리고는 그를 대신하여 구스 사람을 먼저 보낸다. 하지만 아히마아스는 고집을 꺾지 않은 채 지름길을 이용하여 다윗에게 먼저 도착한다. 뒤이어 구스 사람이 도착하여 압살롬의 죽음을 전했고, 이에 다윗은 자신이 대신해서 죽었더라면 좋았을 것이라며 통곡한다.

"왕의 마음이 심히 아파 문 위층으로 올라가서 우니라 그가 올라갈 때에 말하기를 내 아들 내 아들 압살롬아 차라리 내가 너를 대신하여 죽었더라면, 압살롬 내 아들아 내 아들아 하였더라."(「사무엘하」18장 33절)

아들은 아버지를 대적하여 죽이려 달려들었지만 아버지는 그 아들 대신 자신이 죽기를 바란 것이다.

이번에는 세계적인 한 예술가의 예를 들어 보도록 하자. 영국이 자랑하는 세계적인 기타리스트인 에릭 클랩튼은 1963년 그룹 크림의 멤버로 데뷔하여, 1992년 자신이 직접 만든 〈Tears in Heaven〉을 통해 세계적인 인기를 얻었다. 하지만 2004년, 그는 돌연 이 노래를 부르지 않겠다고 선언했다. 그 까닭은 이 곡을 만들 때, 그때의 감정을 온전히 담아 부를 수 없다는 것이었던 바. 그 사연 속에는 아들을 향한 애끓는 부정父情이 숨어 있었다.

그는 1981년 'Another Ticket' 앨범으로 큰 성공을 거둔 이후, 히트곡을 내지 못한 채 긴 슬럼프에 빠져들었다. 그러던 중, 1986년 첫 아들 코너가 태어났다. 하지만 그 이후에도 술과 마약에 빠진 그의 삶은 변하지 않았다. 그러던 어느 날, 그는 아들이 노래하는 모습이 담긴 영상을 보게 됐다. 코너가 아빠에게 보내는 노래를 접한 클랩튼은 술과 마약을 끊겠다고 결심했다. 하지만 작업이 맘먹은 대로 되어 가지 않자 또 다시 술과 마약에 손을 댔고, 견디지 못한 아내는 아들 코너를 데리고 떠나 버렸다.

이에 충격을 받은 클랩튼은 아들과 다시 만나기 위해 스스로 알코올 중독 치료소를 찾아갔다. 끈질긴 노력 끝에 마침내 중독을 벗어나게 된 그는 1991년 3월, 아들이 살고 있는 뉴욕 맨해튼을 찾아갔다. 아들과 다시 만난 클랩튼에겐 가족의 소중함을 다시 깨달을 수 있는 행복한 시간이었다.

하지만 엄청난 비극이 찾아왔다. 동물원에 함께 가기로 약속을 하고 코너를 만나러 갈 준비를 하던 클랩튼에게 '아빠가 오길 기다리던 아들이 아파트 베란다에서 추락해 사망했다'는 비보가 전해졌던 것이다. 아들의 죽음은 아버지에게 어마어마한 죄책감으로 다가왔다. 클랩튼은 사고 직전 아들이 보낸, 처음이자 마지막 편지를 읽었다. 그 편지에는 '사랑해요'라는 단 한 문장이 적혀 있었다. 클랩튼은 하늘에 있는 아들에게 답장을 보내기로 맘먹고, 노래를 만들었다. 바로 이 노래의 제목이 〈Tears in Heaven천국의 눈물〉이었다. 클랩튼은 아들을 그리워하는 마음과 부끄럽지 않은 아빠가 되겠다는 다짐을 이 노래 안에 담았다. 이 곡이 실린 앨범은 1992년 빌보드 차트8 1위에 오르는 것은 물론, 2천만 장 이상의 음반 판매고를 기록하며 그를 최고의 가수 반열에 올려놓았다.

하지만 클랩튼으로서는 전 세계인의 사랑을 한몸에 받아도, 세계 최고의 가수라 추앙을 받아도 아들 하나의 존재보다는 못했던 것이 아닐까 하는 생각이 든다.

데카르트9는 프랑스 투렌의 작은 도시 라에에서 부유한 귀족 집안의

---

8 ____ 빌보드 차트(Billboard chart): 미국의 음악 잡지 《빌보드》에서 발표하는 포퓰러 뮤직의 인기 순위를 나타낸다. 이 순위는 앨범의 판매량과 방송 횟수 등을 종합한 것으로서 그 공신력을 인정받아 미국뿐 아니라 세계 각국 대중음악의 흐름을 알려 주는 지표가 되었다.

9 ____ 데카르트: 프랑스의 수학자이자 철학자이다. 해석 기하학의 창시자, 근세 철학의 아버지라

아들로 태어났다. 그의 고향 라에는 1996년 데카르트 탄생 400주년을 기념하여 도시 이름을 데카르트로 바꾸기도 하였다. 그런데 데카르트는 32세 때인 1628년, 이 고향을 떠나 네덜란드로 건너간다. 그리고 20여 년 이상을 그곳에서 살았다. 종교적, 사상적 자유가 폭넓게 보장되는 이유 때문으로 보이는데 자유의 땅 네덜란드에서 그는 여러 곳을 옮겨 다니며 살았다.

그러던 중, 암스테르담에서 헬레네 얀스라는 한 소녀를 만나 사랑에 빠졌고, 급기야 프란시느라는 딸까지 낳았다. 아이가 태어나고 3년 후에는 네덜란드 서북부 쪽의 은둔처에 모녀를 데려다가 함께 살았다.

그러나 그의 딸은 다섯 살 때 성홍열급성 감염병에 걸려 죽고 말았다. 이에 그는 크게 상심하여 슬픔에 빠졌다고 한다. 그는 친구에게 '딸의 죽음이 인생에서 가장 큰 슬픔'이라고 말했다. 이 슬픔을 견디지 못했기 때문인지, 그는 숨진 딸을 '살려 내기' 위해 인형을 만들기도 했다. 그는 실제 사람과 구별하기 힘들 정도로 매우 정교하게 만들어진 그 인형을 늘 몸에 지니고 다녔다. 한 번은 덴마크로 떠나는 배 위에서 선원들이 그의 인형을 발견하고는 불길하다 여겨 바다에 던져 버린 적도 있었다.

평소 데카르트는 동물을 '자동 기계', 즉 스스로 작동하는 기계에 지나지 않는다고 말했다. 영혼은 오직 인간에게만 있으며 다른 동물들은 그저 기계일 뿐이라고 보았던 것이다. 그런 그가 "나는 생각한다. 고로 존재한다."고 말함으로써 철학사에 있어서 '합리주의의 교조'로 떠받들어지

고도 불린다.

는 철학자가 시계태엽과 금속 조각으로 죽은 딸의 대용품을 만들다니. 이 대목에서 우리는 한 철학자의 철학과 그 자신의 삶이 반드시 일치하지만은 않는다는 사실을 다시 한 번 확인하게 된다.

독일의 위대한 관념론 철학자 헤겔1770~1831년은 35세 되던 해, 예나 대학의 원외 교수 철학자로 채용된다. 그리고 2년 후에는 헤겔 철학의 핵심을 이루는 저서 『정신현상학』이 출판된다. 이 무렵 살고 있던 셋방의 주인이 사망한 후, 헤겔은 그의 아내 샬로테와 정분을 맺어 그녀로부터 아들(사생아) 루트비히를 얻는다. 그리고는 헤겔의 나이 41세 때 거의 20년 연하인 명문 집안의 처녀 마리 폰 투허와 정식 결혼을 한다. 이듬해 큰딸이 태어나지만, 수 주 만에 죽고 말았다. 하지만 한 살 차이로 태어난 장남과 차남은 정상적으로 성장하여 장남은 역사학자가 되었고, 차남은 기독교의 종교국장을 지냈다.

한편, 사생아 루트비히는 고아원에 맡겨졌다가 헤겔의 집에 들어와 함께 살게 되었다. 그러나 그는 가족들과 잘 어울리지 못하고, 이복異腹 동생들과도 자주 싸웠다. 그러다가 얼마 후 집을 나가 버렸다. 그는 1826년에 네덜란드의 외인부대外人部隊-외국인으로 편성되어 있는 부대에 입대하여 결국 1831년 8월 인도네시아의 자카르타에서 전사하고 말았다. 과연 헤겔이 그에 대해 얼마만큼 슬퍼했는지는 알려져 있지 않지만 분명 말할 수 없는 슬픔에 휩싸였을 것이라 추측된다. 마치 그것을 증명이라도 하듯 헤겔은 아들이 사망한 지 3개월 후 급성 콜레라로 급사急死하고 말았다.

노년의 프로이트10는 손자를 잃는 아픔을 겪는다. 더욱이 그는 그 무렵, 턱에 암이 생겨 서른세 번의 수술을 받아야 했을 만큼 극심한 육체적 고통을 겪고 있었다. 이 와중에 사랑하는 손자가 먼저 세상을 떠났으니 그 슬픔이 오죽했을까? 이때 그는 목을 놓아 울었는데, 그가 눈물을 흘린 사실이 알려진 것은 생애를 통하여 이때뿐이라고 한다.

일찍이 프로이트는 자신의 아버지에 대한 일종의 적개심을 갖고 있었다. 그리하여 '아들이 아버지를 적대시하고, 어머니를 좋아하는 본능의 표현'으로 오이디푸스 콤플렉스를 해석하기도 하였다. 두 살이 좀 지났을 무렵, 어머니의 나체를 보고 강하게 마음이 끌렸다고 고백한 이 정신분석학자는 어머니를 사이에 둔 채, 아버지와 사랑싸움을 벌였을지도 모른다. 그런데 자신의 손자에 대해서는 아낌없는 애정을 보여 주었다.

어떻든 턱 수술을 받은 뒤에도 그의 병세는 좀처럼 나아지지 않았다. 음식을 먹기가 어려웠고 귀가 잘 들리지 않았다. 건강에 이상이 생긴 것 역시 손자로부터 온 충격 때문이었다고 한다면 과장일까?

하지만 그의 또 다른 손자 루시안 프로이트는 현대 미술 시장에서 최상위의 화가로 손꼽혀 왔다. 평생 할아버지의 혈통을 자랑스럽게 여기며 살았던 그는 자화상을 비롯해 벌거벗은 알몸을 즐겨 그렸으며, 그림 속의 살코기 같은 몸을 통해 인간의 동물적인 면을 표현하였다. 그 결과, 2008년 그의 누드화 '베너피츠 슈퍼바이저 슬리핑'은 뉴욕 크리스티 경매에서 생존 작가로서 최고가(약 350억 원)로 낙찰이 되었고, 2013년 〈루시언 프로이트에 대한 세 가지 습작〉이 경매 사상 최고가(약 1,528억

10　프로이트(1856~1939년): 오스트리아의 신경학자·정신의학자이며 정신분석학의 창시자로, 히스테리 환자를 관찰하면서 연구하였다. 이후 최면술, 카타르시스 및 자유연상법 등에 관한 연구 과정을 거치면서 정신분석이론을 체계화한다. 저서로는 『꿈의 해석』, 『정신분석 입문』 이외에 다수의 저술이 있다.

원)를 경신했다. 만약 프로이트가 살아 있다면 미술계의 거장이 된 그의 존재가 자기 앞에 떠난 또 다른 손자의 빈자리를 충분히 채워 주었다고 여길까?

고집불통
철학자들

제5부

4대 성인과
제자들

동양에서는 '임금과 스승과 아버지의 은혜는 모두 동일하다'는 뜻의 군사부일체君師父一體란 말과 '스승의 그림자도 밟지 않는다'는 말이 전해져 오고 있다. 하지만 오늘날 우리의 현실은 어떠한가?

1982년에 부활된 '스승의 날'에는 정부 주최로 기념식이 열리고, 교육 공로자들에게는 포상과 국내외 산업 시찰의 기회가 주어졌다. 전국의 학교에서는 학생들이 교사들에게 카네이션을 달아 드리고 〈스승의 은혜〉란 노래를 목청껏 부른 때도 있었다. 하지만 언제부터인가 촌지 근절 대책의 하나로 아예 이 날을 휴일로 선포해 버리는 학교가 늘어나고 있다. 학부모와 제자가 스승을 믿지 못하는 풍토가 조성되고, 대학 입시를 위해 과외공부와 학원으로 우리 아이들이 내몰리고 있다. 교사들은 제자를 사랑하기보다 무서워하는 시대가 되었다.

이 비극은 과연 어디에서 유래되었는가? '공부는 학원에서 하고, 학교는 잠자는 곳'으로 인식하는 학생들이 늘어나는 이 참담한 현실을 어떻게 설명해야 하는가? 교사들은 의욕을 잃고 학부모는 과외비를 대기 위해 맞벌이를 하고, 학생들은 입시 지옥에 시달리는 이 상황을 어떻게 극복해야 하는가? 이 대목에서 과연 철학자들의 사제 관계는 어떠했는지 알아보고, 거기에서 교훈을 얻는 것도 좋지 않을까 싶다.

서두에서 잠깐 말한 것처럼 동양의 경우 스승은 제자에 엄격하고 제자는 스승에 대해 충성을 다하는 모양새였다. 반면 서양 철학자들의 경우에는 스승에 대해 무엄한 경우가 종종 있었다.

01
공자와 제자들

앞에서 살펴본 것처럼 아들을 잃었을 때 공자가 어떤 반응을 보였는지에 대해서는 알려진 바가 없다. 그러나 2년 후 제자 안연安淵-안회이 죽었을 때, 그 반응은 매우 격렬했던 것으로 전해져 온다.

안연으로 말할 것 같으면 학문과 덕이 매우 높아 아성亞聖으로도 불린, 공자가 누구보다 신임하던 제자였다. 가난을 괴롭게 여기지 않았고 무슨 일에도 성내지 않았으며, 잘못은 두 번 다시 저지르지 않았다고 한다. 때문에 공자는 그를 가리켜 '학문을 좋아하는 사람'이라고 칭송하였고, 무엇보다 가난한 생활을 이겨내고 도道를 즐기는 것을 칭찬하였다. 안연은 스승의 극기복례克己復禮-자신의 욕망을 누르고 예로 돌아가는 것와 '예가 아니면 보지도 말고, 듣지도 말고, 말하지도 말고, 행동하지도 말아야 한다'비례물시 비례물청 비례물언 비례물동-非禮勿視 非禮勿聽 非禮勿言 非禮勿動는 가르침을 철저히 지켰던 인물이다.

하지만 스승보다 30년이나 손아래였음에도 불구하고 그보다 먼저 죽었다. 물론 너무 일찍 죽었기 때문에 저서나 업적을 남기지는 못했다. 하지만 『논어論語』에 「안연편顔淵篇」이 따로 있고 그 밖에 다른 책에도 그를 현자賢者로 부르는 구절이 나타나는 걸 보면 매우 비중 있는 제자였음은 분명하다. 이렇듯 사랑하고 아끼던 수제자가 먼저 세상을 떠나자 공자의 가슴은 찢어지는 듯하였다. 수제자의 죽음으로 인해 살고 싶은 의욕마저 잃어버렸다.

"하늘이 나를 죽이는구나! 하늘이 나를 죽이는구나!"

이때 공자는 자기 아들의 죽음보다 더 슬퍼하면서 땅을 치며 통곡했다고 한다. 제자들은 자신의 몸을 돌보지 않을 정도로 심하게 애통해하는 스승을 보고 걱정했다. 그러나 공자는 제자들을 향해 "내가 안회안연를 위해 상심하지 않으면, 누구를 위해 그렇게 하겠느냐?"라고 되물었다고 한다.

다음 해에는 공문십철의 한 사람으로 특히 언어에 탁월했던 재아宰我가 제나라에서 죽임을 당했고, 그 다음 해에는 제자인 자로子路의 사망 소식이 전해졌다. 자로는 공자보다 아홉 살 아래였고, 제자 중에서는 최연장자로 중심적인 인물이었다. 본디 무뢰한이었는데 공자의 훈계로 입문하여 곧고 순진한 자세로 헌신적으로 공자를 섬겼다. 성미는 거칠었으나 꾸밈없고 소박한 인품으로 용기가 있어 가르침을 받으면 반드시 실천에 옮기는 인물이었다. 그런 제자자로가 위나라에서 벼슬을 할 때, 대부 '괴외蒯聵-장공의 난'이 일어났다. 나중에 위나라의 제31대 임금이 된 괴외는 아버지 영공과 어머니 남자南子의 장남으로 태어나 세자가 되었던 인물이다. 이때 공자는 노나라에서 소식을 듣고 이렇게 말했다.

"자고[1]는 돌아오겠지만, 자로는 죽을 것이다."

이 말은 용감하지만 급하고, 우직하지만 타협할 줄 모르는 제자의 성격을 잘 아는 스승의 통찰력에서 나온 일종의 예언이었다. 아니나 다를까. 설마 했던 스승의 예측은 정확히 들어맞았다. 자고는 난을 피해 살아 돌아왔다. 하지만 다른 제자 자로는 상대방을 겁박하다 도리어 붙잡혀 전사하고 만 것이다. 위나라 사신이 와서 자로의 사망 소식을 알린 다음, 이어지는 말이 공자의 심장을 더욱 얼어붙게 했다.

"자로를 죽여 젓갈을 담갔습니다."

자신을 가장 믿고 따르던 제자가 전쟁의 희생양이 된 것도 비통한데, 무참히 살해되어 그 시체가 항아리에 젓 담겨져 보내졌으니. 이 처참한 장면 앞에서 공자는 마치 양팔을 잘린 듯, 몸부림쳤다.

"하늘은 내가 빨리 죽기를 재촉하는구나! 하늘은 내가 빨리 죽기를 재촉하는구나!"

아홉 살 어린 동생 같은 제자를 잃은 늙은 스승의 입에서 신음 같은 소리가 흘러나왔다.

"다른 모든 젓갈도 엎어 버리라! 내 차마 어찌 이런 것을 먹을 수 있겠느냐?"

젓갈만 봐도 자로가 생각났기 때문이다.

얼마 후, 때는 화창한 봄이 오기 직전이었다. 이 날도 자공[2]은 아침 일

---

1   자고(子羔): 본래 이름은 고시(高柴)로, 공자보다 30년 아래이다.

2   자공(子貢): 공문십철(孔門十哲)의 한 사람으로, 재아와 더불어 언어에 뛰어났다고 한다. 돈 관리에 탁월한 재능을 보여, 공자 문하를 물질적으로 풍족하게 하는데 공이 컸다.

찍이 공자에게 문안드리러 갔다. 공자는 지팡이를 들고 문 앞에서 산책하고 있었다. 이때 그는 탄식하면서 노래를 불렀다.

"태산이 무너지는구나. 대들보도 부러지는구나. 철인哲人마저 시들어 버리는구나!"

하면서 눈물을 줄줄 흘렸다. 자공이 급히 부축하여 안으로 들어가 침대에 눕혔으나, 공자는 그날부터 의식을 잃고 말았다. 결국 7일 만에 여러 제자들의 비통 속에 세상을 떠났으니, 이때 그의 나이는 일흔두 살이었다.

그렇다면 공자의 남다른 제자 사랑은 어디에서 온 것일까? 공자는 자기의 집을 서당 삼아 사방에서 몰려드는 제자들을 가르쳤다. 젊었을 때부터 시작한 이 교육 활동은 결국 수십 년 동안 무려 3천 명이 넘는 젊은 이들이 그의 서당을 거쳐 가게 하였고, 그의 명성을 멀리 퍼져 나가게 했다. 그에게는 안연, 안회, 자로, 자장과 같은 뛰어난 제자들이 있었다. 그리고 실제로 공자는 현실 정치에서와는 달리 교육과 학문에서는 놀라운 성과를 거두었다.

그렇다면 위대한 성인, 공자는 누구에게서 배웠을까? 이와 관련하여, 위나라 대부 공손자公孫玆, 노나라 환공의 손자가 공자의 제자 자공에게 물었다.

"당신네 선생 공자께서는 어디서, 누구에게 배우셨는가?"

이에 대해 자공은 아래와 같이 대답했다.

"문왕文王-중국 고대 주나라의 기초를 닦은 임금과 무왕武王-아버지 문왕의 뒤를 이어, 주나라를 건국함의 도가 아직 땅에 떨어지지 않고 사람들 사이에 남아 있을진대, 어찌 현자賢者가 그것을 기억하지 못하겠습니까? 우리 선생님께서는 어디든 가서 배우지 않는 곳이 없습니다. 따라서 어디서 누구에게 배웠다고 할 만한 식의 일정한 스승은 없습니다."

이와 관련하여 공자는 15세에 학문에 뜻을 두었다고 하면서, "나는 나면서부터 알았던 사람이 아니며, 옛것을 좋아하여 부지런히 그것을 배운 사람이다."라고 고백한 바 있다.

공자는 춘추 시대 담나라의 임금 담자가 노나라에 왔을 때, 고대 제왕의 이름과 국가 조직의 관리 및 운영에 대하여 물은 일이 있다고 한다. 또 거문고에 능통한 노나라의 악관樂官 사양자師襄子에게 거문고를 배웠는데, 이때 공자가 얼마나 성실하고 진지했는지를 알려주는 고사가 있다. 공자가 사양자에게서 거문고 타는 것을 배우는데, 열흘이 지나도 변한 것이 없었다. 그러자 사양자가 말하였다.

"좀 더 공부해야 하겠습니다."

"예. 저는 이미 그 곡조는 익혔으나, 그 이치를 알지 못하고 있습니다."

얼마 있다가 사양자가 다시 말하였다.

"이제 그 이치를 터득하였을 터이니, 다른 것을 공부해 보시지요."

"하지만 아직 그 뜻을 깨닫지 못하고 있습니다."

얼마 지나 또 사양자가 말했다.

"이제 그 뜻을 깨달았을 터이니, 다른 것을 공부해 보시지요."

"하지만 아직 그 인물을 깨닫지 못하고 있습니다."

시간이 흐르고 또 다시 사양자가 말했다.

"조용히 깊이 생각하시고 기쁜 듯이 높이 바라보며, 원대한 뜻을 지니신 것 같군요."

이에 드디어 공자가 입을 열었다.

"이제야 나는 그 인물을 깨달았습니다. 거무튀튀한 살갗에, 훤칠한 큰 키에다 눈은 먼 곳을 바라보는 듯하고, 마음은 천하를 지배하는 형상이니, 주나라의 문왕이 아니면 또 누가 이런 곡조를 지었겠습니까?"

공자의 말에 사양자는 자리를 옮겨 앉으며 두 번 절한 뒤, 말하였다.

"과연 그렇습니다. 저희 스승님께서도 이 노래는 문왕의 곡이라 말씀하셨습니다."

공자가 거문고를 통해 배우려는 것은 단순히 곡조와 같은 테크닉이 아니라, 그 곡을 지은 이의 마음을 꿰뚫어 보는 것이었다. 또 공자는 노자에게 예禮에 대해 물은 적이 있는데, 이에 대한 노자의 대답은 매우 신랄했다.

"군자가 때를 만나면 나아가서 벼슬을 하고, 때를 만나지 못하면 뒤로 물러나 숨어야 하는 것이오. 내 일찍이 듣기를 '훌륭한 장사꾼은 귀중품을 감춰 놓은 채 아무것도 없는 듯이 행동하고, 완전한 덕성을 갖춘 사람은 겉으로는 다만 평범한 사람으로 보인다'고 하였소. 그러니 그대는 몸에 지니고 있는 그 교만과 욕심과 위선 따위를 다 버리시오!"

이처럼 따끔한 충고를 받았음에도 공자는 낙양洛陽-주나라의 수도을 떠날 무렵, 다시 노자를 찾아 작별 인사를 드렸다. 이에 노자는 또 다음과 같은 충고의 말을 했다고 한다.

"부자는 재물을 가지고 사람을 배웅하고, 선비는 말로써 사람을 배웅한다고 하오. 그런데 나는 돈이 없으므로 선비의 흉내를 내어 말로써 선물을 대신할까 하오. 총명한 사람이 자칫 죽을 고비에 이르게 되는 것은 남의 행동을 잘 비평하기 때문이오. 또 학식이 많은 사람이 자주 위험한 고비에 부딪치는 것은 남의 허물을 잘 지적하기 때문이오. 그러므로 말과 행동을 조심하고, 자기의 주장을 함부로 내세워서는 안 되오!"

또다시 따끔한 충고를 들은 공자 입장에서는 얼마든지 불쾌했을 수 있다. 하지만 제자들 앞에서 공자는 다음과 같이 말했다고 한다.

"나는 새가 공중을 날아다니고, 물고기가 헤엄을 잘 치며, 짐승이 잘 달린다는 것을 알고 있다. 그러므로 하늘을 날아다니는 새는 활을 쏘아 잡을 수가 있고, 물속을 헤엄치는 고기는 그물을 쳐서 잡을 수가 있고, 달리는 짐승은 덫을 놓아 잡을 수가 있다. 하지만 용에 대해서는 내가 어떻게 해야 할지 모르겠다. 왜냐하면 용은 바람과 구름을 타고 구만 리 하늘로 오를 수 있기 때문이니, 내가 만나본 노자는 바로 용龍이었다."

공자는 어떤 분야든 앞서가는 스승이 있다고 여겼으며, 그 스승에 대해서는 매우 정중했다. 이와 관련하여 음악은 30대에 주나라 낙읍에서 유학할 때 대부로서 음악에 정통하였던 장홍萇弘에게서 배웠다고 한다. 결국 공자는 일정한 스승 없이, 당시의 학교와 인물로부터 두루 배웠다고 보는 것이 타당할 것 같다.

그러나 공자의 진정한 스승은 자기 자신, 즉 끊임없이 탐구하고자 하는 바로 그 정신에 있는 것이 아닌가 여겨진다. 그 스스로 『논어』의 「술이述而」편에서 말하기를 "세 사람이 함께 길을 걸어가면, 그 가운데 반드시 나의 스승으로 본받을 만한 사람이 있다. 그 가운데 선행善行이 있는 사람에게서는 선을 본받을 것이요, 불선不善이 있는 사람에게서는 스스로를 돌아보아 자신의 잘못을 고쳐 나감을 배울 수 있을 것이다."고 했기 때문이다. 여기에서 마지막 한 사람은 바로 공자 자신을 가리키는 것으로 보인다.

그러나 공자는 "사람이 어찌 같은 사람에게서만 배운다고 할 수 있겠는가?"고 묻는다. 대자연 속의 조화와 천지 운행의 이치, 동물과 식물, 즉 금수초목禽獸草木의 활발한 움직임 속에서도 우리는 무언의 교훈을 얼마든지 배울 수 있다는 것이다. 이와 관련하여, 제자인 자공이 공자에게 물었다.

"선생님께서 말씀하시지 않는다면 저희들이 어떻게 도를 배우고 전하겠습니까?"

이에 대해 공자는 이렇게 대답하였다.

"하늘이 무엇을 말씀하시더냐? 사시四時가 운행되면서 만물이 생겨난다. 하늘이 우리에게 무엇을 말씀하시더냐?"

이 세상의 모든 인간, 삼라만상이 모두 스승이요, 가르침이라는 것이 공자의 생각이었던 것이다.

02
석가모니와 제자들

앞에서 우리는 공자의 제자들 외에 그 스승에 대해서도 살펴보았다. 그렇다면 과연 석가모니[3]에게도 스승이 있었을까? 우선 그의 성장 과정과 출가에 대한 부분부터 알아보도록 하자.

태어난 지 7일 만에 어머니를 여의고 이모인 마하파자파티의 손에 자라난 싯다르타는 뛰어난 지혜로 사람들을 놀라게 하였다. 하지만 그 지혜에는 한계가 있어, 궁전 안의 안락함이 인간 삶의 전부인 줄 알았다. 그런데 어느 날, 궁을 나와 사람들의 살아가는 모습을 보고 생로병사의 운명에 슬픔을 금치 못하였다. 이 무렵, 아들의 심경을 눈치챈 부왕은 아들이 (당시의 많은 젊은이들처럼) 출가할 것을 미리 대비하여, 16세의 나이

---

[3] 석가모니: 석가는 그가 속한 종족인 사키야(sakya)의 이름이고 모니는 성자(聖者)라는 뜻이다. 싯다르타는 어렸을 때의 이름이며 부처는 '깨달은 자'라는 뜻이다.

에 골리 왕국의 공주 야쇼다라와 혼인을 하도록 하였다. 이후 두 사람 사이에서 아들이 태어났는데, 석가는 아들이 수행에 방해가 된다 하여 이름을 '장애가 된다'는 뜻의 '라후라'라 지었다. 부왕은 많은 미녀들을 시켜 밤낮으로 향연을 베풀도록 하기도 하였으나 이것이 오히려 출가를 재촉하는 계기가 되고 말았다.

29세 되던 해의 어느 날 밤, 태자는 가족에게 무언의 이별을 고한 채 궁을 나섰다. 싯다르타는 시종 차닉車匿을 데리고 백마를 몰아 성문을 빠져나갔다. 그리고 시종과 헤어진 후에는 삭발을 하고 옷을 갈아입은 다음, 구걸을 하면서 남쪽의 마가다 왕국을 향하여 나아갔다. 당시 마가다 왕국의 수도 왕사성은 정치, 경제의 중심지였고, 많은 수도자들이 모이는 곳이었다. 여기에서 태자는 브라만교의 수행자로부터 요가를 배웠다. 그러나 역시 정신적인 만족을 얻지 못하였다. 이번에는 네란자나 강 부근에서 단식과 불면의 고행을 하였다.

그러는 사이 부왕으로부터 사람이 와서 귀국을 권하기도 하였으나, 태자의 마음은 변하지 않았다. 부왕은 태자의 환국을 단념하고, 5명의 현자를 뽑아 태자를 수행하게 하였다. 태자는 6년 동안 육체적 고행을 이어가다가 아무런 효험이 없음을 깨닫고 고행을 멈추었다. 그러자 지금까지 고행을 함께 하던 5명의 수도자들은 그의 곁을 떠나갔다. 태자는 목욕을 하고 심신을 맑게 한 다음, 마을 처녀가 갖다 준 젖과 죽을 마시고 몸을 회복하였다. 이후 부다가야 근처에 있는 우루베라 촌의 보리수 아래에서 동쪽을 향하여 자리를 잡았다. 그리고 길상초[4]로 만든 방석 위에 앉아, '내 이제 번뇌가 그치지 않으면 영원히 일어나지 아니하리라'고 굳은 결심을 하였다.

정진을 거듭하던 어느 날, 이른 새벽녘에 동쪽 하늘의 샛별을 바라보는 순간 그는 인생의 어리석음을 모두 없애고 홀연히 모든 이치를 깨달았다. 이른바 금강좌[5]에 앉은 지 77일 만에 대각성도大覺成道, 즉 크게 깨달아 도를 이룬 것이다.

석가모니는 지난날 함께 고행하던 5명의 수행자들을 교화하기 위하여 녹야원鹿野苑-'사슴공원'이란 뜻. 지금의 사르나트을 방문하였다. 그들 5명은 고행을 그만둔 석가를 경멸했다. 하지만 이내 쾌락과 고행의 양극단을 배제한 중도中道의 설법에 감동을 받고 제자가 되기로 마음 먹었다. 석가모니가 최초로 선교를 한 곳이 녹야원이며 이 사실을 초전법륜初轉法輪이라고 부른다. 이로 인해 다섯 명의 비구, 즉 출가한 남자 승려들이 생겨나면서 불교 교단이 성립되었다.

이후 45년 동안 라자그리하와 슈라바스티사위성를 중심으로 설법을 해 나갔다. 불타[6]의 가르침은 깊고 원대하였다. 그리고 듣는 상대방에 따라서 문답 형식이나 비유, 또는 설화를 활용하는 재치를 발휘하였다. 또한 알아듣기 쉬운 말로 친절을 다하여 설법했기 때문에 시간이 갈수록 제자의 수가 불어났다. 경제적으로 돕는 귀의자도 나타나기 시작했다. 라자그리하 마가다 왕국의 수도 왕사성의 비파사라 왕이 큰 부자였던 가란타의 대나무 동산에 건물을 지어 헌납하니, 이것이 승가람마승려들이 모여 살

---

4 ___ 길상초(吉祥草): '집안에 경사가 있으면 꽃이 핀다' 하여 붙여진 이름이다.

5 ___ 금강좌(金剛座): 금강(金剛)이란 '굳고 단단하여, 어떠한 번뇌라도 능히 깨트릴 수 있음'을 표현한 말이다.

6 ___ 불타: '깨달은 자'를 산스크리트어로 '붓다'라고 하는데, 이걸 '부다', '부처'라고도 부른다.

면서 불도를 닦는 곳의 시초가 되었다. 이를 죽림정사竹林精舍라고 부른다.

부다는 이때부터 50년 동안 일관하여 설교로 보낸다. 우선 마가다 나라의 왕사성에서 교화 활동을 한 뒤, 고향인 카필라 성으로 돌아가는 도중에 가섭 3형제와 그 제자 1,000여 명을 귀의토록 하였다. 나라타 촌에서는 사리불과 목건연을 교화하여 그 제자 1,250명을 제도하였다. 고국에 도착하여 아버지인 정반왕과 가족, 아들을 신자로 삼고, 그 후 서북방 구사라 나라의 사위성에 가서 급고독과 기타를 제자로 삼았다. 이 두 사람은 공통으로 기수급고독원7을 석존에게 기증하였다. 교화 활동 5년째에는 베사리 성에 가서 이모이자 계모이기도 한 마하파사파티와 자기의 아내였던 야쇼다라를 제자로 만드니, 여성 수행자 비구니도 나타나게 되었다. 이리하여 비구와 비구니, 우바새와 우바니라고 부르는 남녀 불교도 네 종류의 완비를 보게 된 것이다.8

석가모니는 80세의 고령이 될 때까지 설법을 그치지 않았다. 그런데 어느 날 섭취한 공양이 잘못되어 심한 식중독을 앓게 되었다. 고령인 데다 자주 금식했었기에 장이 매우 약해진 탓이었다. 병이 위독함을 깨달은 불타는 마지막으로 목욕을 하고, 사라沙羅나무의 숲속으로 들어갔다. 그리고 북쪽을 향하여 오른쪽으로 누워 발을 포갠 다음, 밤중에 제자들

7____ 기수급고독원: 태자 기타가 소유한 원림을 급고독 장자가 사서 세존께 바치고, 태자는 또 그 수풀을 바쳤으므로 두 사람의 이름을 합하여 이런 이름을 지었다.

8____ 출가승 가운데, 비구란 남자 스님을 가리킨다. 비구니 승이란 다른 부분은 비구승과 같으나, 348계를 받는다는 점과 여자라는 점만 다르다. 또 재가승(在家僧)에는 우바새와 우바니 두 가지가 있는데, 우바새란 남자 신도를 말하며, 우바니란 여자 신도를 가리킨다.

에게 최후의 가르침을 전했다. 이후 '쉬지 말고 수행에 임할 것'을 유언으로 남기고, 조용히 쿠시나가라에서 숨을 거두었다. 기원전 544년 2월 15일의 일이었다.

이제부터 석가모니의 제자들에 대해 알아보기로 하자. 석가모니에게는 열 제자로 불리는 사리불, 목건련, 대가섭, 아나율, 수부티, 부루나, 가전연, 우바리, 라후라, 아난다 등이 있었다.

첫 번째 사리불은 석가모니의 10대 제자 가운데 지혜가 가장 뛰어나 '지혜제일智慧第一'로 칭송되었다고 전해진다. 인도 중부의 마가다 왕국의 수도인 왕사성 근처 나라다 마을에서 태어난 브라만 출신으로, 젊었을 때부터 학문에 뛰어났다. 그리하여 당시 유명한 논사論師라 일컬어지던 산자야 밑에서 배우는 중에 250명의 제자 중에서 제1인자가 되었다. 그러나 불제자 아설시[9]의 가르침을 듣고 깨달아 친구인 목건련과 함께 250명의 제자들을 데리고 석가모니에게 돌아와 그 가르침을 따랐다. 일찍 깨달음을 얻어 대중의 신뢰와 존경을 받아 주로 교화 활동에 종사했는데, 석가를 대신하여 설법한 경우도 적지 않았다고 한다. 석가모니의 후계자로 지목되었으나 스승보다 먼저 입적했다.

두 번째 목건련目犍連은 석가의 제자 가운데서 '신통 제일'이라 불린다. 그는 인도 마가다국 왕사성 근처의 구리가콜리타라는 마을에서 부유한

9 　아설시(阿說示): 맨 처음 싯다르타와 함께 고행했으나, 싯다르타가 네란자라 강에서 목욕하고 또 우유죽을 얻어 마시는 것을 보고 타락했다고 하여 그곳을 떠났다. 녹야원에서 고행하고 있던 중, 깨달음을 성취한 붓다의 가르침을 듣고 최초의 제자가 되었다.

브라만 사제의 외동아들로 태어났다. 용모가 단정한 데다 모든 학문에 정통하고 있었다. 이웃 마을 나라다의 사리불과 사이가 좋아 서로 출가를 결의했다고 한다. 그들은 500명의 청년 동료들을 거느려 산자야우리는 결코 객관적인 진리를 알 수 없다고 주장한 사상가에게 입문했으나 이에 만족할 수 없었다. 그 후, 사리불은 아설시의 강의를 듣고 석가모니의 법을 알자마자 목건련에게 이 사실을 알렸다. 그런 다음, 전체 500명 가운데 절반을 데리고 죽림사원에 도착하여 불제자가 되었다.

맹렬히 도에 정진한 목건련은 후에 여러 곳으로 가서 석가의 가르침을 전했다. 이때 설법을 방해하는 도깨비나 용龍을 신통력으로 제압하거나 이단자들까지 내쫓았다고 한다. 그는 신통력으로 다른 사람에게 보이지 않는 날아다니는 물체를 보고, 멀리 떨어져 있는 부처님과도 대화를 나누었다고 한다. 하지만 오직 중생을 교화하는 데만 신통력을 쓸 뿐, 삿된 목적으로 악용한 적이 없었다고 한다.

또한 목건련은 사리불과 더불어 부처님을 배반한 데바닷타[10]의 무리 500명을 부처님 품안으로 귀의시키는 등, 부처님 법을 널리 펴는데도 매진했다. 그러나 불행하게도 포교의 길에 나섰다가 난폭한 이교도(바라문교도들)가 던진 돌과 기왓장에 맞아 입적(순교)하고 말았다.

세 번째 마하가섭摩訶迦葉은 가섭 또는 대가섭이라고도 부른다. 왕사성

10 　데바닷타: 석가모니가 왕사성에서 설법하고 있을 때, 그는 석가에게 다섯 가지 계율(숲속에만 머물지 않고 촌읍에 들어가는 자, 걸식을 할 때 집에까지 들어가는 자 등에게 죄를 물어야 한다는 등)을 제안했다. 그리고 이것이 받아들여지지 않자, 스승의 곁을 떠났다. 그 후로도 여러 차례 스승을 죽이려 했으나 실패하자, 이제 갓 들어온 수행자 500여 명을 회유하여 새로운 교단을 만들었다.

에서 큰 부자였던 브라만의 아들로 태어났으며, 어린 나이로 가비리라는 바라문의 딸과 결혼했다. 그러나 12세에 부모를 잃고 세속적인 욕망의 허무함을 깨달아 아내와 함께 출가했는데, 그 후 석가모니불을 만나 가르침을 받고 제자가 되었다. 8일 만에 바른 지혜의 경지를 깨쳐 자기 옷을 벗어 석가에게 바친 후, 부처가 주는 헌 옷의 천으로 분소의11를 만들어 입고 아라한과12를 얻었다고 한다.

욕심이 적고 족한 줄을 알아 항상 엄격한 계율로 두타13를 행하고 교단의 우두머리로서 존경을 받았으며, 석가모니의 아낌을 받았다. 석가모니가 법화경과 무량수경을 설법하였다는 영취산靈鷲山에서 스승이 꽃을 꺾어 보였을 때, 오직 마하가섭만이 그 뜻을 이심전심으로 이해하고 미소 지었다는 '염화시중의 미소'가 고사로 전해진다. 석가모니는 모든 불교의 정통 교리를 가섭에게 부촉附囑-부처가 설법한 뒤 어떤 이를 가리켜 전해 줄 것을 부탁하는 일하며 자신이 죽은 뒤 모든 수행자의 의지처가 될 것이라고 예언했다.

그러나 석가모니가 열반할 무렵, 가섭은 바사성에 머물며 대중들을 교화하고 있었다. 그가 돌아오는 도중에 스승의 열반 소식을 듣고 즉시 쿠시나가라의 천관사로 달려가 스승의 발에 예배한 후 다비 의식을 집행했

11 　분소의(糞掃衣): 세속 사람이 버린 헌 천을 주워 빨아서 지은 옷으로, 이 천은 똥을 닦는 헝겊과 같으므로 분소의라 불린다.

12 　아라한과(阿羅漢果): 모든 번뇌를 끊고 다시는 생사의 세계에 윤회하지 않는 아라한(소승의 수행자들)의 자리이다.

13 　두타(頭陀): 번뇌의 티끌을 없애고 의식주를 탐하거나 집착하지 않으며, 맑고 깨끗하게 불교의 도를 수행하는 것을 말한다.

다.14 이어 그는 500명의 수행자들을 모아 스스로 그 우두머리가 되어 비탄에 빠지거나 동요하는 제자들을 통솔함으로써 교단의 분열을 막았다. 또한 아란과 우바리로 하여금 경經과 율律을 낭독하도록 하여 제1회 불교 결집結集-석가모니의 유훈을 모아 편집하는 일을 이끌어 냈다. 특히 불교의 선종에서는 그를 제1조로 높이 받들고 있다.

네 번째 제자 아나율阿那律은 석가모니의 사촌 동생으로, 석가모니가 깨달음을 얻은 후 고향에 왔을 때 석가의 사촌 동생인 아난다, 석가의 이복동생인 난타와 함께 출가하였다. 석가 앞에 앉아서 졸다가 책망을 듣고, 서원誓願-소원을 이루고자 맹세하는 일을 세운 후로는 조금도 자지 않았다고 한다. 그 결과, 눈병을 얻어 마침내는 두 눈을 못 보게 되었다. 육안을 못 쓰는 대신 심안, 즉 천안天眼이 열려 '천안 제1'이라고 불렸다. 심원深邃한 통찰력에서는 그를 따를 사람이 없었기 때문이다. 석가가 열반하던 해 경전을 만들 때 그 자리에 참석하여 큰 역할을 담당하기도 하였다.

다섯 번째 제자 수보리須菩提는 사위국舍衛國 브라만 가문의 아들로 태어났는데 어려서는 성질이 매우 험악하여 부모, 친척들 사이에서 큰 걱정거리가 되었다. 그러나 마침내 집을 버리고 산속으로 뛰어나갔을 때

---

14 ___ 다비 의식: 석가모니가 열반에 들자 몸을 관에서 꺼내 향수를 바르고 비단과 면으로 감싼 다음 다시 관에 모신 후, 기름을 부었다. 그리고 그 아래의 장작더미에 불을 붙였다. 하지만 불은 계속 꺼지기만 했다. 그때 제석천왕(32천왕을 통솔하는 존재)이 "제자 가섭을 기다리기 때문이시다." 라고 말했다. 한편 바사성에서 설법하던 가섭은 한 고행주의자가 하늘 꽃을 줍는 것을 보고, 급히 달려왔다. 가섭이 여래를 뵙고자 세 번 청하자, 여래는 잠시 두 발을 보였다. 그리고 여래의 가슴에서 삼매의 불이 소리를 내며 일어나, 관 밖으로 퍼져 나왔다. 7일간의 다비가 끝나고, 여래의 사리(舍利-참된 불도 수행의 결과로 생긴다는, 구슬 모양의 유골)는 헤아릴 수 없이 많이 나왔다. 여덟 나라의 국왕은 이를 똑같이 나누어, 본국에 돌아가 탑을 세워 공양하였다.

산신이 그를 인도하여 기원정사에 이르게 하였다고 한다. 석가모니는 그를 보자마자 진노하는 마음, 질투하는 마음이 잘못되었음을 지적하고 그를 잘 가르쳐 주었다. 이에 수보리는 잘못을 뉘우치고 크게 깨달은 바 있어 수행에 정진하고 착한 일을 행한 결과, 드디어 아라한과의 경지에 도달했다고 한다. 석가의 명을 받아 반야15에서 말하는 공空의 이치를 잘 깨닫고 설교하여, 해공제일解空第一이라 인정받고 있다.

여섯 번째 제자 부루나富樓那가 태어난 곳은 카필라 성의 이웃이며, 브라만족 출신이다. 아버지는 카필라성주 정반왕의 스승이자 큰 부자였고, 어머니는 석가모니의 최초의 제자인 오비구16가운데 한 사람이었던 콘단냐의 여동생으로 전해진다. 부루나는 부처가 탄생하던 날에 태어나 일찍부터 그 총명한 능력으로 브라만교의 경전『베다』와 그밖에 브라만교의 모든 책들을 공부하였다고 한다. 그 후, 세상을 떠나 산 속에서 도를 닦아 마침내 사선오통四禪五通을 얻었다.

그렇다면 과연 사선오통이란 무엇인가? 선禪에는 마음이 기쁨과 안온함을 얻는 제1단계부터 몸과 말이 온전히 마음을 따르는 4단계까지 있다. 제4단계에 이르면 마음과 몸이 자재自在하므로 그것은 마치 통通과 같다. 그리고 통通의 단계에 이르면 무서운 정진력으로 못할 바가 없어 삶이 항상 기쁨 속에서 꾸려진다고 한다.

---

15 ____ 반야(般若): 인간이 진실한 생명을 깨달았을 때 나타나는 근원적인 지혜를 뜻한다.

16 ____ 오비구(五比丘): 최초로 석가에게 귀의한 콘단냐, 아사지, 마하나마, 밧디야, 바파 등 다섯 비구(출가한 남자 승)를 가리키는 말이다. 석가는 이들에게 최초로 설법을 하였는데, 이것이 이른바 초전법륜이다. 다섯 비구는 석가에게 귀의하여 처음으로 불교 교단을 형성하였다.

부루나는 설법 때마다 먼저 말재주로 많은 사람을 기쁘게 만들고, 폐부를 찌르는 고언苦言-귀에는 거슬리나 참된 말으로 마음에 가책이 일게 하였으며 마지막으로 밝은 지혜로써 모든 것이 공허함을 가르쳐 청중들로 하여금 해탈하게 만들었다. 그리하여 열반에 이르기까지 99,000명을 구제하는 일을 했다고 하여 '설법 제1'이라 부른다.

일곱 번째 제자 가전연迦旃延은 서인도 아반티 국[17] 사람으로서, 카스트 제도 중 두 번째 계급인 왕과 무사 계급, 즉 크샤트리아 출생이라고 전해진다. 그는 국왕의 명령으로 석가모니를 그 나라로 초청하기 위해 찾아갔다가 설법을 듣고 출가를 결심했다. 스승의 가르침을 넓고 깊게 이해하고, 이 도리를 잘 설명하여 스승으로부터 칭찬을 받았다. 도를 깨우친 후 귀국하여 왕을 교화하였고, 왕을 위해 여러 가지 꿈을 해설해 주기도 하였다.

그는 여러 가지 법과 제도를 구별하여 설명하는 일에 탁월한 실력을 발휘하였고, 특히 토론을 펴는데 뛰어난 능력을 가졌다. 그래서 석가의 제자 가운데 '논의제일論議第一'이라 불린다. 몇몇 왕들에게 인도의 계급 체제인 사성제도[18]의 평등을 주장했다고도 전해진다.

여덟 번째 제자 우바리優波離는 미천한 신분인 '수드라' 출신이었고, 카

---

17 ____ 아반티 국: 갠지스 강 유역으로 진출한 아리안들이 형성한 도시 가운데 하나이다.

18 ____ 사성제도(四姓制度): 고대 인도의 세습적 계급 제도로, 곧 바라문(브라만), 크샤트리아(찰제리), 바이샤(비사), 수드라의 네 계급을 말한다. 바라문은 최고 승려 계급이며, 크샤트리아는 왕족이나 군인 계급을 가리킨다. 바이샤는 상공업에 종사하는 계급이며, 수드라는 피정복민이나 노예로 구성되어 있다. 이 네 계급 아래에 불가촉민(不可觸民)이라고 하는 '아웃 카스트'가 존재한다.

필라 성에서 왕족인 '석가'족의 머리와 수염을 깎는 노예였다. 여기에서 당시의 상황을 살펴보도록 하자. 도를 얻은 후 6년 만에 카필라 성으로 돌아온 석가모니는 석가족의 왕과 왕비, 왕자와 공주들이 출가하여 불교의 도를 닦는 사문을 공양할 줄도 모르는 것을 보고, 몸소 거리를 돌아다니며 음식을 구걸하였다. 동냥하는 아들을 보고 놀란 정반왕은 석가모니와 제자들을 초대하여 공양을 올렸다. 이때 석가모니는 자신을 대신하여 장차 왕위에 오를 이복동생 난다와 친아들 라후라를 출가시킨다. 난다는 막 결혼식을 올린 직후였고, 라후라는 아직 스무 살도 채 되지 않은 때였다.

이듬해 석가족의 여섯 왕자들이 출가를 위해 교단을 찾아왔다. 이때 석가족의 이발사였던 우바리도 왕자들의 머리와 수염을 깎아 주기 위해 함께 왔다. 왕자들은 입었던 옷가지와 지니고 있던 돈과 보석을 모두 우바리에게 맡겼다. 이발사로서는 평생 한 번 만져 보기조차 힘든 것들이었지만 우바리는 기뻐하지 않았다. 신분이 미천하여 말하지 못하고 있을 뿐, 그 자신도 출가하고 싶었기 때문이다. 사실 그가 왕자들의 이발을 자청하고 나선 것 역시 석가모니를 만나고 싶어서였다. 마침내 석가모니를 만난 우바리는 벅찬 감정을 이기지 못한 채, 출가를 요청한다. 석가모니의 허락이 떨어지자 우바리의 머리카락은 즉시 깎였고 몸에는 승려의 옷인 가사가 입혀졌다.

한편, 여섯 왕자는 곧바로 출가하는 것이 아쉽게만 여겨져 그동안 누려 보지 못한 자유를 단 일주일만 누려 보기 위해 출가를 미루고 있었다. 진탕 향락을 즐긴 뒤에야 그들은 석가모니를 찾아와 제자가 되길 간청했다. 그리고 '선배' 수행승들에게 한 명, 한 명 예를 갖추어 인사를 올리다가 깜짝 놀라고 말았다. 천민인 우바리가 거룩한 수행자로 변해 있었던 것이다. 일주일 전만 해도 머리를 깎아 주던 이발사이자 하인인 그에게 예를 갖춘다는 것이 쉽지 않았다. 이때 석가모니는 준엄하게 나무란다.

"무엇을 생각하고 있는가? 부처님의 법 앞에서는 교만함을 버려야 한다."

간발의 차이로 석가족 왕자들보다 먼저 출가하게 된 우바리는 교단의 규칙에 따라 그들의 사형師兄-같은 스승의 제자이나 자기보다 먼저 입도한 승려이 되었다. 그날 불법을 가르침을 받는 자리에서도 우바리는 석가족 왕자들보다 더 앞자리에 앉았다. 스승의 만민 평등 정신이 빛을 발하는 순간이었다.

이와 관련하여 교조의 평등 정신이 또 한 번 드러난 사건이 있다. 석가모니가 열반에 든 후, 마하가섭은 500명의 장로들을 왕사성 근처의 바위 동굴인 칠엽굴로 모은다. 이를 제1차 결집이라 부른다. 이곳에서 우바리는 만장일치로 교단의 계율을 담당하는 인물로 선정되었다. 25년 동안 극진히 스승을 모셨던 아난다조차도 결집에 참석하지 못한 상황에서 우바리가 계율 담당자로 선정된 것은 실로 파격이 아닐 수 없었다.

아홉 번째 제자는 석가모니의 친아들 라후라羅睺羅이다. 석가모니의 아내였던 야슈다라 왕비가 석가의 출가 전에 임신한 아이로, 석가가 출가한 지 5년 후에 태어났던 것으로 전해지기도 한다.[19] 석가모니가 도를

19　태자였던 싯다르타가 출가한 후, 야수다라 비는 정상적으로 라후라를 낳았을 것이다. 하지만 싯다르타가 도를 깨닫기까지의 6년 고행 기간에는 가족도 역시 (인도의 풍속대로) 고행에 가까운 생활을 하였을 것이고, 이에 라후라의 출생을 공식적으로 알리지 않았을 것이다. 그 후 마침내 석가모니의 득도(得道) 소식과 함께 그의 출생이 공표되었던 것 같다.

얻은 후 고향 카필라 성으로 돌아왔을 때, 야수다라 비는 아들 라후라에게 이렇게 말했다.

"저 분이 너의 아버지이시다. 가서 '나는 왕이 되려 하니, 물려줄 재산을 달라'고 하여라."

아들의 말을 듣고 석가모니는 '물질보다는 진리라고 하는 거룩한 보물을 물려주어 세상에서 가장 뛰어난 법의 상속자가 되게 하리라' 생각하였다. 그리고는 사리불에게 명령하여 라후라의 출가 의식을 치르게 했다. 이렇게 하여 라후라는 사미승 수행 중인 어린 남자 승려가 되었다(6세, 9세, 12세, 15세 등 여러 설이 있다).

그러나 어린 라후라는 계율에 아랑곳하지 않고 장난을 많이 쳤던 모양이다. 누가 부처님 계신 곳을 물으면 엉뚱한 곳을 일러주고 깔깔거리며 재미있어 했다. 골탕을 먹은 사람들도 라후라를 꾸짖지 못하는 처지였으니, 그에 대한 사람들의 걱정은 나날이 커져만 갔다. 이에 석가모니는 그를 불러 깨끗한 물을 받아 오게 하였다. 그 물에 발을 씻은 다음, 이렇게 물었다.

"너는 이 물을 마실 수 있겠느냐?"

"마실 수 없습니다."

"왜 그러느냐?"

"이 물은 발을 씻은, 더러운 물이기 때문입니다."

"그래. 너도 이 물과 같아졌느니라. 수행하는 데에 힘쓰기보다 욕심이나 부리고, 화를 내고, 어리석은 마음이 가득하지 않느냐?"

그런 다음, 물을 버리게 하였다. 그리고는 다시 물었다.

"라후라야, 너는 이 대야에 음식을 담을 수 있겠느냐?"

"담을 수 없습니다."

"왜 그러느냐?"

"음식은 깨끗한 그릇에 담아야 하는데, 이 그릇은 더러워졌기 때문입니다."

"그래. 너도 이 그릇과 같다. 사람들에게 거짓말하고, 마음속에 도 닦을 생각이 없으니 물을 담을 수 없는, 더러운 그릇이 된 것이다."

그런 다음, 대야를 발로 차서 깨트렸다. 그리고는 또 물었다.

"라후라야, 저 그릇이 아깝지 않으냐?"

"이미 더렵혀진 그릇이라서 아깝지 않습니다."

"그래. 너 역시 이 그릇처럼 깨어져도 아깝지 않게 되었다. 그처럼 보잘것없는 사람으로 살아가겠느냐?"

이 대목에 이르러, 라후라는 눈물을 뚝뚝 떨어뜨렸다. 이 모습을 본 석가모니는 웃으며 이렇게 말했다.

"라후라야, 뜻을 가다듬고 열심히 공부하여라. 너는 땅과 같아라. 땅은 향수를 뿌려 주어도 좋아하는 일 없고, 똥을 퍼부어도 싫어하는 일이 없다. 좋고 나쁘고 판단하는 분별을 버리거라. 또 너는 물과 같이 살아라. 물은 깨끗한 꽃잎을 적신다고 좋아하는 일이 없고, 더러운 빨래를 넣는다고 하여 싫어하지도 않는다. 또 불이나 바람처럼 무엇을 태우건, 무엇을 실어 나르건, 좋고 나쁨을 분별하지 말고 살아라."

이후부터 라후라는 수도에 정진하여 20세에 비구가 지켜야 할 260개의 계율을 받아 승려가 되었으며 남이 보든 말든 묵묵히 실천하고 수행하여 '밀행제일'密行第一이 되었다. 그는 또 학문을 좋아하여 '학습제일'學習第一로도 불리었다.

마지막 열 번째 제자는 아난다이다. 아난다의 부친은 석가모니의 부친인 정반왕과 형제이고, 따라서 석가모니의 사촌 동생이 된다. 아난다는 석가모니가 고향에 돌아왔을 때, 난타, 아나율 등과 함께 출가하였으며 석가모니의 나이 50여 세 때 대중들의 천거에 의하여 설법자를 친히 모시는 시자侍者로 추천되었다. 그때부터 붓다가 입멸할 때까지 그를 가까이 모시면서 스승의 설법을 가장 많이 들었으므로 '다문제일'多聞第一로 불린다. 그런 그가 왜 마지막 제자가 되었을까?

여기에는 수제자 마하가섭과의 갈등이 자리하고 있다. 석가모니가 열반한 직후, 사리불과 목건련 그리고 라후라마저 열반해 버린 상태에서 부처님의 마지막을 지킨 이는 아난다였다. 당시 마하가섭은 안거20를 위해 다른 지역에 머물러 있었다. 그런데 부처님이 열반하신 사실을 알아차린 즉시 제자들을 이끌고 3일 밤낮을 쉬지 않고 걸었다. 다비식이 거행되기 직전 도착하게 된 마하가섭은 아난다에게 "스승을 마지막으로 뵙게 해 달라."고 청하였다. 그러나 아난다는 "이미 식이 진행되고 있기 때문에 관을 열 수 없다."며 거절했다. 두 번째, 세 번째 청까지 모두 거절당한 가섭은 관 주위를 돌면서, '스승이 남긴 뜻을 잘 이어가겠노라!'고 맹세하였다. 그 순간, 닫혀 있던 관 밖으로 스승의 두 발이 나타났다. 자신의 의발21 제자를 향한 스승의 간절한 마음이 신비로운 사건을 일으킨 것이

20____ 안거(安居): 승려들이 한 곳에 모여 외출을 금하고 수행에만 전념하는 일이다. 3개월 동안은 여름 안거, 또 3개월 동안은 겨울 안거가 시행되었다.

21____ 의발(衣鉢): 승려의 가사옷과 바릿대를 뜻한다. 나중에는 스승이 제자에게 법을 전해주는 상징물이 되었다.

다. 가섭은 관 밖으로 나온 스승의 두 발을 향해 예배하였다. 그러자 다비식 내내 불이 붙지 않았던 관이 저절로 타오르기 시작했다. 둘러선 사람들은 '가섭이야말로 진정한 석가모니의 후계자'임을 인정하며 존경의 마음을 바쳤다.

그 후 교단의 총책임자가 된 가섭은 500명의 장로들이 참석한 자리에서, "아라한과를 깨닫지 못한 자는 자격이 없다."며 아난다를 쫓아내고 말았다. 아난다는 그때부터 이를 악물고 수행에 들어간다. 그가 선택한 장소는 한 사람이 서있을까 말까 한 벼랑 끝, 천 길 낭떠러지였다. 까치발로 그곳에 선 채, 7일 밤낮 잠을 자지 않고 도를 닦는 것을 게을리하지 않았다. 그리고 마침내 깨달음에 도달했다. 가섭은 이러한 아난다에게 결집에 참석해도 좋다는 허락을 내린다. 이리하여 아난다는 500 아라한 가운데 한 사람이 되었고, 그곳에서 한때 자신의 이발사였던, 그러나 이제는 자신의 사형師兄이 된 우바리를 만난다. 그 후 아난다는 경經의 편찬, 즉 결집結集에 참가하여 커다란 업적을 남겼다. 왕사성 밖의 칠엽굴에서 행한 제1차 결집 때, 아난다가 기억을 더듬어가며 "이렇게 나는 들었다. 어느 때 부처께서는……."이라는 말을 시작으로 암송하면 여러 비구들은 그것이 맞는지를 확인하였다. 그리하여 맞으면 통과시키고 잘못이 있으면 고친 후 모두 함께 암송함으로써 불경이 만들어진 것이다.

특별히 아난다는 석가의 이모 마하파사파티가 출가를 청했을 때, 스승에게 세 번씩이나 간청하여 허락을 받아 낸 것으로 알려져 있다. 이 일로 마하파사파티는 최초의 비구니가 되었다. 특히 아난다는 용모가 매우 출중하였는데, 이것이 출가 후 많은 부녀자들로부터 유혹을 당하는 원인이 되기도 했다. 그가 성곽으로 걸식을 나갔을 때 일이다. 승단의 걸식 법도에 맞춰 일곱 집을 도는 칠과식七過食을 하던 도중 몸 파는 여자들이 모여 사는 굴인 매음굴 앞을 지나게 됐다. 그곳에는 마등가라는 음란한 여인이 있었다. 출중한 외모에 반한 마등가는 아난다에게 자신의 주술을 걸었고, 방으로 유인하여 희롱하려 했다. 이를 눈치챈 석가모니는 신주神呪를 외우고, 대승 불교에서 최고의 지혜를 상징하는 문수보살에게 아난다를 구해 올 것을 명했다. 문수보살은 마등가의 주술을 부수고 아난다와 마등가를 부처님 앞에 데리고 왔다. 스승을 뵌 아난다는 절을 올리고 슬피 울었다. 법문을 많이 듣기만 했을 뿐, 내공을 갖추지 못한 게 한스러웠기 때문이다. 이러한 아난다를 위해 석가모니는 힘주어 설법을 하였고, 이에 아난다는 자신의 허물을 깨닫고 굳건한 믿음으로 정진해 나갔던 것이다.

지금까지 석가모니의 제자들에 대해 살펴보았다. 불교 초기교단은 이열 제자들에 의해 크게 발전하였다. 그 가운데 교단의 신임을 받던 사리불과 목건연은 스승인 부처보다 일찍 세상을 떠났기 때문에, 제3 제자였던 대가섭에게로 교단의 지도 통솔 책임이 넘어가고 말았다.

한편, 불교경전을 편찬하는 일에는 우바리와 아난다의 공적이 많았다. 불교 재단은 부처 당시 이미 공동 재산을 가지고 있었으며 안거하는 장소를 기부한 신자들의 덕택으로 인하여 장원莊園-사찰이 갖고 있던 넓은 토지과 불교 교리를 닦는 장소인 정사를 갖게 되었다. 반세기에 가깝도록 여러 계층의 사람들에게 불법을 전한 부처의 가르침은 신자들의 암송에 의해 입에서 입으로 전해져 내려오고 있었다. 그러나 정확히 입으로 전해지기 위해서는 일정한 형식으로 틀을 갖출 필요가 있었다. 그리하여 결집結集이 열리게 되었다. 제1 결집은 가섭을 중심으로 하여 500 장로들이 왕사성의 칠엽굴에 모여 이루어졌는데, 여기에서 바로 모든 불교 경전을 집대성한 대장경大藏經이 만들어졌던 것이다.

03

소크라테스의 제자들

인류 역사상 가장 아름답고도 유명한 사제 관계가 있다면 소크라테스와 플라톤, 이 두 사람이 아닐까 싶다. 소크라테스는 앞서 말한 공자와 곧잘 비교되기도 한다. 두 사람 모두 세계 4대 성인 가운데 속해 있으며 정치적으로는 매우 혼란한 시기에 살았다. 그럼에도 불구하고 당시의 사회적 위기를 극복할 수 있는 해법을 제시하고자 애썼으며, 또한 그것을 제자들을 비롯한 많은 사람들에게 가르쳤다. 두 사람은 모두 정치에 대해 매우 실망하였음에도 널리 학생들을 구하였으며, 또한 이론으로만이 아니라 자신의 몸으로 직접 보여 주며 제자들을 진리의 길로 이끌고자 하였다.

공자와 마찬가지로 소크라테스에게도 따르는 제자들이 많았다. 왜냐하면 그 역시 일찍부터 부친이 종사하던 직업이나 가족을 등한시하고 후진 양성에만 전념했기 때문이다. 가난했던 그는 누추한 옷차림으로 아테네 거리에서 아무하고나 대화를 갖고자 하였는데, 그의 뒤에는 항상 많은 제자들이 따르고 있었다. 그리고 그 가운데는 상류 사회 출신도 많이 끼어 있었다. 그러나 그는 무보수로 이들을 가르쳤고, 대개 저녁 한 끼로 만족하였다. 이것은 논변술, 웅변술 등 현실에서 활용할 수 있는 얄팍한 지식을 가르친 소피스트들이 그 대가로 적지 않은 보수를 받아온 것과 극명하게 대비된다.

소크라테스의 제자들 가운데 가장 뛰어난 사람 일곱을 들어 보면 안티스테네스와 아리스티포스, 에우클레이데스, 파이돈, 플라톤, 아이스키네스, 크세노폰 등이다. 먼저 안티스테네스는 소크라테스의 열렬한 문하생이 되기 전, 대표적인 소피스트 고르기아스로부터 수사학修辭學-문장과 언어의 사용법을 연구하는 학문을 배웠다. 그러다가 스승인 소크라테스의 실질적이고 강건한 면에 주목하여 견유학파로 불리는 키니코스학파금욕주의를 창설하였다.

안티스테네스는 덕만이 절대적이며 덕이 있는 사람은 그 자체로서 행복하다고 주장하였다. 그리고 그 덕이란 모든 욕심을 버리는 무욕無慾한 생활로만 얻을 수 있다고 하였으며, 이러한 사상을 실천에 옮긴 사람이 그의 제자인 디오게네스이다. 안티스테네스는 자신의 교육 방법을 보다 드라마틱하게 만들기 위해, 사회의 어리석은 모습과 불의를 향해 '개처럼' 짖어대곤 했다. 제자 디오게네스가 개 한 마리와 동거했다는 이야기는 앞에서 말한 바 있지만, 이러저러한 인연으로 견유학파犬儒學派라는 이름이 생기지 않았을까 추측된다.

소크라테스의 또 다른 제자 아리스티포스는 북아프리카의 키레네 출신이다. 그는 '덕은 행복이다'라고 하는 스승의 명제로부터 '쾌락이야말로 최고의 선으로서, 우리가 추구해야 할 것'이라는 결론을 이끌어 냈다. 아리스티포스에 의하면 행복이란 과거, 현재, 미래에 맛볼 수 있는 모든 쾌락의 총합이다. 그리고 육체적 쾌락은 정신적 쾌락보다 우위에 있다. 그러므로 우리들 인생 최고의 목적은 개개인이 가장 강하고 가장 영속적인 쾌락을 누리는 데 있다. 이러한 관점에서 그는 금욕주의의 대척점인 쾌락주의, 즉 키레네학파를 창설한 인물이 되었다.

그와 학생들은 공동체와 같은 학교에서 공동생활을 하였고, 그곳에서 자유연애를 비롯하여 그들이 가르치고 배운 것을 실천하였다. 여자와 남자는 완전히 평등하였다. 그 덕분인지 이 학파에는 철학의 역사상 처음으로 여성이 등장한다. 그는 다름 아닌 그의 딸 아레테였다. 아레테는 아버지의 뒤를 이어 학교와 공동체의 지도권을 이어받았다. 그녀는 40여 권의 책을 썼고, 키레네 시市는 그녀를 '헬라스그리스의 광명光明'이란 칭호로 경배하였다. 그녀는 자신의 아들인 (손자) 아리스티포스에게 이 학설을 물려줌으로써 쾌락주의의 생명을 연장시켰다.

소크라테스의 세 번째 제자는 메가라학파의 창시자인 에우클레이데스유클리드이다. 그의 경우, 아테네 법에 따르면 사형을 받아야 할 처지의 적국 메가라 출신이었다. 하지만 아테네에 몰래 들어와 소크라테스의 충실한 제자가 되었고, 스승의 임종에도 참여했다고 한다. 그는 '덕은 지知이다'라고 한 스승의 명제로부터 지식을 중시하고 그것을 선과 동일시하는, 주지주의主知主義를 고집하였다. 하지만 스승이 죽자 다시 고향으로 돌아갔다.

여기서 주의해야 할 점은 사람들이 간혹 그를 알렉산드리아의 수학자 유클리드와 혼동한다는 것이다. 소크라테스의 제자 유클리드보다 100

여 년 후에 태어난 수학자 유클리드와 관련된, 유명한 에피소드들이 있다. 첫째, 이집트의 통치자 프톨레마이오스 1세 소테르가 유클리드에게 "기하학을 보다 쉽게 배우는 지름길은 없는가?"라고 물었다. 이에 대해 유클리드는 "폐하, 기하학에는 폐하만을 위한 왕도王道는 없사옵니다."라고 답하였다고 한다. 이 일화로부터 "학문에는 지름길이 없다."라는 말도 생겼거니와 이 뜻은 '누구든지 공부할 때는 요령 피우지 말고 성실하고 부지런하게 해야 한다'가 아닐까 싶다.

두 번째 에피소드는 다음과 같다. 어느 날, 유클리드의 강연 도중에 한 제자가 "교수님, 수학은 너무 지루합니다. 도대체 그걸 배워서 어디다가 써먹을 수 있죠?"라고 물었다. 이에 유클리드는 하인을 불러 "여봐라, 배운 것으로 반드시 이득을 얻으려고만 하는 저 친구에게 동전 세 닢만 주고 강의실 밖으로 쫓아내라."라고 말했다는 것이다. 오늘날 우리에게도 시사示唆하는 바가 적지 않다고 생각된다.

네 번째 제자 파이돈은 고대 그리스의 도시 국가인 엘리스에서 태어났는데, 엘리스와 스파르타의 전쟁으로 포로가 되었다. 그 후 아테네로 팔려간 그는 그곳에서 성인 남성에게 성을 파는 노예 남창男娼이 되었다. 이로 미루어 보건대, 어떻든 그 미모에 대해서는 나름 평판이 있었던가 보다. 다행히 소크라테스의 주선으로, 케베스[22]가 몸값을 지불함으로써 그는 자유인이 된다. 그런 그를 소크라테스는 기꺼이 총애하는 제자로 받아들인다. 파이돈은 스승인 소크라테스의 지도 아래에서 엘리스 학

22　케베스: 심미아스와 함께 소크라테스의 탈옥을 위한 돈을 들고 아테네로 온 것으로 묘사된다.

파[23]의 창시자가 되었다.

스승이 죽은 후, 파이돈은 고향인 엘리스로 돌아가는데 그 길에 플리오스에 들렀다가 에케크라테스[24]를 만난다. 그는 피타고라스학파의 마지막 인물로서 소크라테스에 대한 관심이 많았다. 이런 그에게 파이돈이 스승에 대한 이야기를 꺼낸 것이다. 이 내용을 묶은 책이 바로 플라톤의 『대화편』 속에 등장하는 『「파이돈」('영혼에 대하여'라는 부제를 달고 있다)이다. 이 책의 끝 부분에는 소크라테스가 독을 삼킨 후 숨을 거두기까지의 광경이 잘 묘사되어 있어 읽는 사람들을 감동케 한다.

아이스키네스는 소크라테스의 열성적인 제자로서 청년기에 스승의 재판과 임종 자리에도 참석하였다. 소크라테스를 상대로 하는 『대화편對話篇』을 만들어 스승의 참모습을 가장 잘 전하였다고 평가된다. 그러나 그 뒤, 한때 시칠리아 섬에 있는 시라쿠사의 참주 디오니시우스 왕[25]을 섬기기도 했다고 전해진다.

크세노폰은 아테네의 훌륭한 가문에서 태어나 스파르타와의 전쟁 때에는 기병대의 정예 부대에 복무하기도 했다. 그를 비롯하여 유복한 동시대인들은 당시의 극단적인 민주주의 체제에 비판적이었다. 이에 따라 그 역시 대부분의 소크라테스 제자들처럼 잠시 권력을 잡은 우익에 동조

23　엘리스 학파: 스승 소크라테스가 죽은 후, 파이돈이 고향 엘리스로 돌아가 창설한 학파이다.

24　에케크라테스: 피타고라스학파의 한 사람으로, 죽음 앞에서도 영혼의 자유를 설파한 소크라테스의 태도가 피타고라스학파의 영혼불멸설과 관련이 있는 것으로 생각했던 것 같다.

25　디오니시우스: 비천한 출신으로 장군이 된 이후 전권을 통솔하는 참주에 올랐다. 플라톤을 초청하기도 하였으며, 비극을 써 상을 받은 일도 있었다.

했기 때문에 아테네에 민주주의가 다시 확립되었을 때에는 난처한 입장에 빠지고 말았다. 드디어 기원전 399년, 스승 소크라테스가 처형되자 제자들은 뿔뿔이 흩어지기 시작했다. 이때 극단적 민주주의에 대한 크세노폰의 혐오감은 더욱 깊어만 갔다. 그리고 아니나 다를까, 몇 년 뒤에는 그 자신도 반역자로 추방되었다.

그의 생애에서 가장 큰 사건은 페르시아 왕자 고레스가 이끄는 그리스 용병대에 들어간 일이었다. 고레스는 바빌로니아로 쳐들어가려고 대군을 모집하고 있었는데, 이때 크세노폰은 스승 소크라테스의 충고를 뿌리치고 이 군대에 참가하였다. 이 전쟁에서 고레스가 전사함으로써 1만 명에 이르던 그리스 용병 부대는 오도 가도 못하는 신세가 되었다. 이때 크세노폰은 부대원들의 투표를 통해 지휘관으로 선출되었고, 고국에서 1,500㎞ 떨어진 곳에 있던 이 부대를 이끌어 2년 만에 귀환하였다. 그동안의 여정은 이민족과 밤낮없이 싸우면서 낯선 땅 쿠르디스탄과 눈이 쌓인 아르메니아현재 소아시아 서북부 카프카스 산지 지역에 있는 내륙국로부터 흑해 연안을 지나 소아시아까지 이르는 고난의 길이었다.

그러나 이 모든 위대한 업적은 젊은 크세노폰에게 부와 명성을 가져다주었다. 그 후 외국을 떠돌며 우여곡절을 겪던 그가 기원전 365년경 아테네로 다시 돌아왔다. 하지만 민주주의에 대해서는 여전히 비판적이었다. 대신 그가 남긴 3권의 저서 『변명』, 『향연』, 『기억할 만한 일들』에서 소크라테스에 대해서는 나름대로 정당성을 부여한다. 그의 저작들은 플라톤이 남긴 『대화편』보다 실제 소크라테스 모습에 더 가깝게 묘사했다는 평가를 받고 있다. 플라톤과는 달리, 그가 주목한 부분은 개인적 일화와 만찬회의 대화 및 교육의 실제적인 측면이었기 때문이다.

그러나 소크라테스의 제자라고 하면 수제자에 해당하는 플라톤을 빼놓을 수 없다. 넓은 이마의 소유자인 그는 체격이 훌륭한 데다 그림 공부를 하기도 했으며, 또 서정시와 비극을 썼다고도 한다. 원래 그는 철학자보다는 정치가의 길을 갈 뻔하였다. 그런 그가 철학을 일생의 과업으로 택하게 된 것은 무엇보다도 소크라테스를 만나게 된 것 때문이라고 보아야 할 것이다. 그는 스무 살 때, 디오니소스 극장의 비극 경연 대회에 나갔다가 극장 앞에서 소크라테스의 강연을 듣게 되었다. 강연에 커다란 감명을 받은 그는 "저는 이제 당신이 필요합니다."라고 하며 즉시 가지고 있던 비극 대본을 불태워 버렸다. 그는 소크라테스의 고상하면서도 겸허한 인품에 매료되어 소크라테스가 죽을 때까지 그를 스승으로 섬겼다. 플라톤은 항상 이렇게 말했다고 한다.

"나는 야만인으로 태어나지 않고 그리스인으로 태어난 것과 노예로 태어나지 않고 자유인으로 태어난 것, 그리고 여자로 태어나지 않고 남자로 태어난 것, 특히 소크라테스 시대에 태어난 것을 신에게 감사한다."

스승과 같은 시대에 태어나 만날 수 있었음에 대해 이런 정도로 감사할 정도이니, 그가 얼마나 스승을 사랑하고 존경하였는지 알 수 있을 것이다. 따라서 그 위대한 스승에 대한 (아테네인들의) 부당한 판결과 그에 따른 죽음은 플라톤에게 임청난 충격과 환멸을 가져다주었을 것으로 미뤄 짐작할 수 있겠다. 이로써 그는 민주주의를 경멸하게 되었고, 정치가가 되려는 그의 꿈마저 깨끗이 단념하였다. 대신 스승의 가르침을 정리하고 체계화하여 후세에 전하기로 결심하였던 것이다.

그런즉 스승 소크라테스가 감옥에서 사형 날짜를 기다릴 때, 플라톤이 가만있었을 리 만무하다. 그 역시 다른 사람들과 함께 스승을 구출하기 위해 갖은 노력을 다했다. 그 때문에 민주주의 당파 지도자들의 의심을 사게 되었고, 결국 소크라테스의 처형 직후에 위험을 느낀 그는 몇몇 사람들과 함께 메가라로 도망가서 숨어 지내야 했던 것이다.

플라톤은 아카데미아라고 하는 유럽 최초의 대학을 세워 많은 제자들을 가르쳤다. 아리스토텔레스 역시 이곳에서 20여 년 동안이나 공부했다. 플라톤의 저서는 소크라테스와의 대화를 엮어 나간 것이 대부분이다. 그의 저작들은 약 50여 년에 걸쳐 방대한 규모로 이루어졌는데, 중요한 것만을 골라 보면 『변명』, 『향연』, 『파이돈』, 『국가』, 『우주론』, 『법률』 등을 들 수 있다. 80세에 죽자마자 당장 그를 신성시하는 전설이 생겼으며 '아폴론의 아들'로까지 불리게 되었다.

플라톤은 자기 이전의 모든 사상(오르페우스 교리와 피타고라스 이론을 통하여 나타난 윤회 및 해탈에 대한 믿음)을 고대 그리스 특유의 이성 철학과 융합하였다. 또한 최초의 관념주의자로서 어떤 높은 이상을 제시하고, 그것을 달성하도록 인간들을 독려하고 있다. 에머슨[26]은 "철학은 플라톤이요, 플라톤은 철학이다."라고 단언하였으며 화이트헤드[27]는 "서양 철학은 플라톤 철학에 대한 주석에 불과하다."고까지 말한 바 있다.

---

26 에머슨(1803~1882년): 미국의 시인이자 사상가로, 목사의 직책을 버리고 콩코드에 은퇴하여 사색과 독서, 집필 활동에 전념했다. '콩코드의 성자'로도 불린다.

27 화이트헤드(1861~1947년): 영국의 철학자로, 미국 하버드 대학의 철학 교수를 역임했다.

04
예수의 제자들

12, 열둘은 전통적으로 이스라엘을 나타내는 숫자이며, 12 사도는 메시아적^的 이스라엘의 종말론적인 대표자들이다. 그들은 이스라엘의 12 지파를 상징한다. 알다시피 예수에게는 12 사도로 일컬어지는 베드로, 야고보, 요한, 안드레, 빌립, 바돌로메, 도마, 마태, 알패오의 아들 야고보, 시몬, 야고보의 아들 유다, 가룟 유다 대신 제비를 뽑아 제자가 된 맛디아 등의 제자가 있었다. 물론 이 가운데 대부분의 제자들은 예수의 부활 사건을 목격한 후, 복음을 전하다가 십자가에 매달려 죽거나 참수를 당함으로써 순교의 길을 선택했다.

그러나 그 제자들은 예수가 십자가를 지고 골고다 언덕을 오를 때, 멀찌감치 도망치고 말았던 '배반'의 기록을 가지고 있다. 또한 예수의 애초 제자 가운데 하나였던 가룟 유다는 스승을 은^銀 30에 팔아먹고 비참하게 최후를 마쳤다. 이제부터 이들 한 사람, 한 사람에 대해 살펴보기로 하자.

첫 번째 수제자 베드로반석을 뜻하는 라틴어 페트라에서 비롯됨의 본래 이름은 시몬으로서 요단강 북동쪽의 어촌 밧세다의 어부였다. 그의 성격은 매우 직선적이며 다혈질적이었다. 예수를 메시아로 고백(「마태복음」 16장 16절)하여 예수로부터 칭찬을 들었으나, 예수가 지려고 하는 십자가를 가로막아 '사단'이라 꾸짖음을 받기도 했고, 닭 울기 전에 예수를 세 번씩이나 부인하여 죄책감에 사로잡히기도 했었다.

하지만 그는 그 치욕스러운 사건 후, 곧 참회함으로써 세 명의 주요 제자 가운데에서도 수제자가 되었다. 예수는 그로 하여금 사람의 영혼을 낚는 어부가 되게 하였고(「마태」 4장 19절), 목양牧羊-양을 치는 일, 교인들에게 길을 인도하는 일을 명령하였다(「요한복음」 21장 17절). 또한 사도 가운데 가장 먼저 예수의 부활을 목격(「고전」 15장 5절)하기도 했다. 베드로는 주로 유대인을 상대로 복음을 전파하였고, 끝내 로마에서 십자가에 거꾸로 매달려 순교한 것으로 추정된다(AD 60년).

베드로는 사도 안드레와 형제 사이이다. 예수가 베드로의 집으로 갔을 때 그의 장모가 열병으로 앓아누워 있는 것을 보고 고쳐 주었다고 기록(「마태」 8장 14~15절)되어 있는 것으로 미루어, 베드로는 예수를 만나기 전에 이미 결혼한 것으로 추정된다. 여러 사도들 가운데 유일하게 기혼자인 셈이다. 하지만 아내와 자식에 관한 기록은 전해지지 않고 있다.

베드로는 야고보, 요한 형제와 더불어 예수의 사도들 중에서도 최측근이었다. 이 세 사람은 예수가 산에 올라가 얼굴이 해같이 빛나매 옷이 빛과 같이 희어졌던 그 놀라운 '변형의 기적'을 보일 때도 현장에 있었다. 성미가 급하고 충동적이기까지 한 베드로는 그때 예수, 모세, 엘리야가 머물 집을 짓자고 제안한다. 그는 예수가 물 위를 걸을 때 따라 하다가 물에 빠지기도 하고, 예수가 수난을 예고했을 때 이를 반박하다가 스승의 꾸지람을 듣기도 한다. 겟세마네 동산에서 근심과 번민에 싸여 기도하는 예수를 놔두고, 다른 제자들과 더불어 잠을 자는 불충不忠을 저지르기도 한다.

나아가 '예수 체포조'가 예수를 덮칠 때, 혈기 방자한 베드로는 싸움 중에 한 사람의 귀를 베기까지 한다. 그래 놓고도 결국 많은 제자들과 함께 꽁무니를 뺀다. 제자들의 배신 가운데 혼자 남은 예수는 무리에 사로잡혀 대사제장의 집으로 압송되었다. 이때 베드로는 자신의 신분이 드러나지 않을 만큼 멀찌감치 떨어져 '그 결말을 보려고' 스승을 미행하기 시작한다. 예수가 성전 경비병들에게 끌려가 최고의회에서 심문받을 때, 베드로는 최고의회 안뜰 아래쪽에서 불을 쬐고 있었다.

그 후, 예수는 십자가에 못 박혀 죽고 3일 만에 부활했다. 부활 소식을 전해 들은 베드로는 무덤으로 달려갔다. 과연 무덤 안에 있던 예수의 시신이 사라지고 없었다. 부활한 예수는 제자들을 다시 만났다. 그러나 그는 '뒤통수를 때린' 제자들을 꾸짖는 대신 오히려 따뜻하게 위로하며 평화를 빌어 주었다. 이때 베드로는 고기 잡는 일에 몰두하고 있었다. 그날 밤 잡힌 고기는 없었다. 아침이 될 무렵, 물가에 서 있던 예수가 그물을 배 오른쪽으로 던져 보라 말한다. 그 말씀에 순종하여 그물을 던지자, 고기가 너무 많이 걸려 그물이 찢어질 정도였다. 아침을 먹은 다음, 예수는 베드로에게 "내 양들을 돌보라."라고 하는 명령을 내린다. 이 장면을 두고 예수가 베드로에게 교회를 맡겼다고 해석하기도 한다. 로마 성베드로 대성당의 둥근 천장에는 「마태복음」 16장 18절의 라틴어 문구("또 내가 네게 이르노니 너는 베드로라 내가 이 반석 위에 내 교회를 세우리니 음부의 권세가

이기지 못하리라")가 2미터나 되는 황금 글자로 장식되어 있다.

베드로는 여러 지방을 두루 다니며 유대인뿐만 아니라 이방인에게도 복음을 전하였다. 그는 안디옥의 주교로 7년 동안 사목 활동을 하다가 로마로 떠났던 것 같다. 로마로 간 베드로는 그곳에 교회를 세우고 그곳의 주교가 되었으며 바울과 함께 순교했다고 전해진다. 그렇다면 과연 베드로는 어떻게 순교하였을까? 이에 대해 부활한 예수는 일찍이 그의 죽음을 예언한 적이 있다.

"네가 젊었을 때에는 스스로 허리띠를 매고 원하는 곳으로 다녔다. 그러나 늙어서는 네가 두 팔을 벌리리니 다른 이들이 너에게 허리띠를 매어주고서, 네가 원하지 않는 곳으로 데려갈 것이다."(「요한복음」 21장 18절)

신학자들은 예수의 이 말이 베드로의 십자가형을 예고한 것이라고 보고 있다. 그런데 같은 십자가형이 아니라 베드로의 경우 조금 특이하다. 그는 자청하여 머리를 아래로 두고 거꾸로 매달려 처형되었다는 것이다. 그 까닭은 '나와 같은 죄인은 스승 예수와 똑같은 방식으로 죽을 수 없다'는 이유에서였다.

베드로는 로마에서 순교한 뒤, 바티칸 언덕의 공동묘지에 이교도와 함께 묻혔다. 그 후, 로마의 33대 황제 발레리아누스가 기독교를 박해할 때 사도 바울의 유해와 함께 오늘날 성 세바스치아노 성당이 있는 아드 카타쿰바스[28]의 지하 묘지에 임시로 안치되었다고 전해진다. 후에 기독교

---

28 ___ 카타쿰바스(Catacumbas): 다른 말로 카타콤(Catacomb)이라고도 불린다. 기독교도에 대한 로마의 박해가 심해지면서 지하에 만든 피난처 겸 예배 장소이자 묘지이다. 깊이는 10~15m이고, 1m 미만의 좁은 통로를 따라 길이 미로처럼 이어져 있다. 오늘날까지 순례자의 방문이 끊이

가 공인되자 콘스탄티누스 황제는 베드로의 무덤이 있던 바티칸 언덕에 성 베드로 대성당을 세우고, 그리스도의 상을 모신 제단 밑에 베드로의 유해를 다시 옮겼다. 현재 베드로의 무덤은 대성전 중앙의 커다란 탁자 바로 아래에서 화려한 조명을 받고 있다.

마태복음에는 예수가 베드로에게 "내가 천국 열쇠를 네게 주리니 네가 땅에서 무엇이든지 매면 하늘에서도 매일 것이요, 네가 땅에서 무엇이든지 풀면 하늘에서도 풀리리라."(「마태」 16장 19절)라고 말했다는 기록이 있다. 이 구절은 베드로가 초대 교황[29]임을 의미하며 전통에 따라 후대의 모든 교황들은 '천국 열쇠'를 갖는다. 로마 가톨릭교회에서는 베드로를 로마의 첫 번째 주교이자 기독교회의 최고 목자, 제1대 교황이라고 믿고 있다. '베드로'라는 이름은 가톨릭에서 흔한 이름이지만, 교황 중에서 그 이름을 딴 사람은 없다. 아마 초대 교황의 이름을 함부로 사용할 수 없게 하려는 의도가 아닐까 한다.

그러면 베드로의 외모는 어땠을까? 미술 작품에서는 흔히 키가 작고 고수머리에 짧은 수염을 지녔으며, 얼굴에는 주름이 많은 남자로 묘사된다. 또한 정이 많고, 변덕스러우며 충동적이지만 동시에 신앙심이 남달리 두텁고, 무엇보다 카리스마가 강한 지도자로 그려진다. 또 어떤 작품에는 머리가 좀 벗겨지고 체격이 다부진 노인으로 등장하기도 한다. 사

지 않는다.

29 교황(敎皇): 로마의 주교이자 가톨릭교회 전체의 영적 지도자 및 바티칸 시국의 국가 원수이다. 예수 그리스도로부터 천국의 열쇠를 부여받았다는 성 베드로의 정통 후계자라는 의미를 내포하고 있다. 2,000년 동안 총 266대 교황이 재위하였으며, 2022년 현재 교황은 제266대 교황 프란치스코이다.

도들을 이끄는 우두머리로서 아버지 같은 풍모를 가진 인물로 베드로를 묘사한 것이다. 베드로는 커다란 열쇠 두 개를 든 모습으로 자주 표현되며, 때로는 인간적 약점을 상징하는 의미로 수탉과 함께 등장하기도 한다. 베드로가 어부였던 까닭에 교황들은 자신의 이름과 베드로의 모습이 새겨진 '어부의 반지'[30]를 지니고 있다.

두 번째 제자인 야고보는 베드로와 같은 갈릴리의 어부 출신으로서, 12사도의 한 사람이 되었다. 세베대와 살로메의 아들이자 사도 요한의 형이며, 예수와는 사촌 사이로 추측된다. '대大야고보'라고 하여 '소小야고보'[31]와 구별하는데, 아우 요한과 함께 예수의 제자가 되었다.

이 제자의 특징으로는 '야망이 있고 충동적이며, 정죄를 잘하나 예수를 깊이 신뢰'하였고, 예수로부터 "사람 낚는 어부가 되리라."는 말씀을 받았으며, 예수의 잔을 함께 마실 것을 맹세하였다. 불같은 성격의 소유자로서 사마리아인들이 예수님을 거부하자 하늘에서 불을 내려 멸하도록 예수께 간청하다가 꾸지람을 들은 적이 있다(「누가」 9장 53~55절). 그러한 성격 때문에 아우 요한과 함께 '보아너게' 곧 '우레의 아들'이라는 별명을 얻게 된다.

30 　어부의 반지: 반지 형태를 띤 교황의 공식 도장으로 국새에 해당한다. 이 금반지에는 베드로가 물고기들을 낚는 모습이 그려져 있고, 그 둘레에 소유주인 당대 교황의 라틴어식 이름이 새겨져 있다. 교황을 알현하는 자들은 누구든 무릎을 꿇고 이 반지에 입을 맞추어야 한다.

31 　소 야고보: 알패오의 아들이며 열두 제자 가운데 한 사람이다. 대야고보와 혼동을 피하기 위해 이렇게 부른다. 야고보서의 저자로 알려진 예수의 동생 야고보와 같은 인물로 보기도 한다.

대야고보는 사도 중에서도 베드로, 요한과 함께 스승 예수의 사랑을 가장 많이 받은 측근이다. 그는 변화산상에서의 예수의 변용[32]과 야이로 가버나움의 회당장의 12살 된 외동딸을 살릴 때, 겟세마네 동산에서 기도할 때, 예수와 함께 동행하였다. 그는 형제 요한과 함께 예수님이 장차 정치적 메시아가 될 것을 믿고 세속적인 지위를 구하기도 했으며 예수가 잡힐 때 다른 제자들과 마찬가지로 도망치기도 했다.

그러나 부활한 예수를 만난 이후, 초대교회의 기둥 같은 역할을 하다가 헤롯 아그립바 1세헤롯 대왕의 손자이자 갈릴리의 분봉왕에 의해 살해됨으로써 열두 사도 가운데 최초의 순교자가 되었다. 또 다른 설로 1세기 후반의 유대인 역사가 요세푸스 혹은 4세기 초의 교회사가 에우세비오스에 의하면, 61년이나 62년경에 유대 의회에서 유대교의 과격분자에게 고소되어 돌팔매 형에 처해졌다는 주장도 있다.

세 번째 제자는 자신을 '예수의 사랑하시는 제자'로 표현하는 사도 요한이다. 역시 갈릴리 출신의 어부이자 예수의 12사도의 한 사람으로서, 야고보와는 한 형제이다. 본래는 세례 요한[33]의 제자였으나 뒤에 예수의 부름을 받고 그리스도를 위해 가족과 직업을 버렸다. 특히, 예수를 거

---

[32] 변화산 위에서의 변용: 예수가 세 명의 제자들을 거느리고 산에 올랐을 때 얼굴이 해같이 빛나며 옷이 빛과 같이 희어졌다. 그때 구름 속에서 하나님의 음성이 들리지만, 얼마 후 제자들이 눈을 들어 보니, 오직 예수만 있었다(「마태복음」 17장 1~13절).

[33] 세례 요한: 모친 엘리사벳은 주의 모친 마리아와 친척 간이었다. 요단강 부근에서 회개의 세례를 전파했으며, 예수야말로 진정한 메시아라 선포하였다. 분봉왕 헤롯 안디바가 자기 동생의 아내와 결혼하는 것을 꾸짖은 일로 옥에 갇혔다가 목 베임을 당했다.

절한 사마리아에 불을 내려 멸망시킬 것을 예수께 요청할 정도로 성격이 불같았다. 그 일로 형인 야고보와 함께 우레의 아들, 즉 천둥의 아들이라는 뜻으로 '보아너게'라는 별명을 얻었다. 그러나 후에는 사랑의 사도로 변한다.

요한은 베드로, 야고보와 함께 예수의 최측근 제자로서 예수가 야이로의 딸을 살릴 때, 영화롭게 변형될 때, 겟세마네 동산에서 기도할 때 함께 있었다. 예수의 마지막 유월절을 준비하는 베드로를 도왔으며, 최후의 만찬에서 예수의 품에 의지하였다. 예수가 대적에게 붙잡혔을 때 심문당하는 장소까지 뒤쫓았고, 예수가 못 박힐 때 사도 가운데 유일하게 십자가 아래서 그것을 목격했으며, 예수의 임종 시 주의 모친 마리아를 잘 모시도록 부탁받았다.

요한은 예수가 죽은 뒤, 예수의 모친을 돌보았으며 예수가 부활한 후 그 빈 무덤을 목격했다. 뿐만 아니라 갈릴리 바다에서 부활한 주님을 뵈었으며 예수의 승천을 다른 제자들과 함께 목격했다. 오순절[34] 성령 강림 후 시작된 초대교회에서 베드로와 함께 활동했다. 주의 사랑으로 인격과 성품이 변화되어 '사랑의 사도'라 일컬어질 정도로 교회를 섬겼으며, 한평생 사랑을 강조하는 설교를 하였고, 「요한복음」, 「요1,2,3서」, 「계시록」을 기록으로 남겼다. 밧모 섬[35]에 유배되었을 때 요한계시록을 썼고, 섬에서

34 　오순절: 예수가 십자가에 못 박혀 죽은 지 3일 만에 되살아나고, 이 땅에 40일간 머물다가 승천했다. 그로부터 10일 후인 오순절(五旬節, 여기서 旬은 10일을 나타낸다. 그러므로 오순절은 예수가 부활한 지 50일 째라는 뜻이다.)날에 예루살렘의 성도들이 한곳에 모였더니 갑자기 하늘로부터 강한 바람 같은 소리가 들리고, 불의 혀와 같이 갈라지는 것이 보였다. 이날을 하늘로부터 성령이 내려왔다는 의미로 '성령강림절'이라고도 부른다.

나와 소아시아 서부 해안의 에베소에서 마지막 숨을 거두었다고 한다 (AD100년 추정).

네 번째 제자인 사도 안드레'남자답다'는 뜻는 시몬 베드로의 형제로서, 베드로와 함께 가버나움36에서 생활했다. 그는 유명한 형제 베드로에 가려 별로 두드러져 보이지 않는 바, 베드로와 같은 화려함은 전혀 찾아볼 수 없다. 그 대신 예수에게로 사람을 인도하는 역할을 하고 5,000명의 사람들에게 밥을 먹일 때에는 식사를 배려했다.

그러나 안드레는 사도 베드로와 마찬가지로 갈릴리 벳세다 출신의 어부이자 예수의 첫 번째 제자였다. 본래 세례 요한의 제자였다가 예수의 제자로 들어갔으며, 베드로에게 예수를 소개하기도 했다. 안드레는 예수로부터 '사람 낚는 어부가 될 것'이라는 예언을 들었다.

그는 예수 그리스도의 오병이어37 사건 당시 물고기 두 마리와 보리떡 다섯 개를 가진 소년을 발견했으며, 명절에 예배 드리러 예루살렘에 올라온 사람들 가운데 예수 뵙기를 원하는 그리스인들을 빌립과 함께 예수께 나아가도록 안내했다. 또 감람산38에서 예루살렘 성전39 파괴와 예수

---

35 ___ 밧모 섬(Patmos): 에베소의 남서쪽 90km 지점에 위치한 에게 해의 작은 섬이다.

36 ___ 가버나움: 갈릴리 호수 북서 해안의 성읍으로 신약 당시 로마 군대가 주둔하고, 세관이 있는 큰 성읍이었다. 예수는 이 마을에서 많은 기적들을 행하였다.

37 ___ 오병이어(五餅二魚): 예수께서 한 아이가 가져온 '보리떡 다섯 개와 물고기 두 마리'로 5,000명을 먹이는 기적을 베풀었던 일화를 말한다.

38 ___ 감람산(橄欖山): 예루살렘에서 1.1km 정도 떨어진 곳에 위치한 해발 814m의 산으로, 올리브 산이라고도 부른다. 감람산 서편 기슭에는 겟세마네 동산이 있다.

의 재림에 대해 질문한 일도 있다.

앞서 말한 것처럼 안드레는 예수에게 호기심을 품은 그리스인 몇 사람을 예수와 만나게 해 준 적도 있는데, 그리스에서 전도 활동을 하다가 거기에서 십자가에 처형되었다고 한다. 특히 그가 처형된 X자 모양의 십자가는 '성 안드레 십자가'로 불리며 스코틀랜드에는 안드레의 유골이 4세기에 그곳으로 옮겨졌다는 전설이 남아 있다. 이에 따라 스코틀랜드의 국기에는 파란색 바탕에 흰색으로 성 안드레 십자가가 그려져 있는데, 나중에 영국 국기인 '유니언 잭'40의 일부로 포함되었다.

다섯 번째 사도 빌립'말-馬을 사랑하는 자'란 뜻은 갈릴리 호수 근방 벳새다 출신으로서 예수의 12 제자 가운데 한 사람이다. 예수의 제자가 되기 전, 안드레와 함께 세례 요한의 제자였을 것으로 추정된다. 빌립은 본래 의구심이 많던 사람이다. 그래서 심지어 예수께 하나님 아버지를 보여 달라고 요구하기도 하는데, 이때 예수는 "나를 본 자는 아버지를 보았거늘 어찌하여 아버지를 보이라 하느냐?(「요한복음」 14장 9절)"라고 말한다. 오병이어의 기적에서 보듯이41 빌립은 이성적이고 계산이 빠른 반면, 소

39　　예루살렘에는 같은 장소에 세 곳의 성전이 있었다. 제1성전은 솔로몬 왕이 세운 솔로몬 성전이며, 제2성전은 유대인들이 바빌로니아 포로상태에서 해방되어 파괴된 솔로몬 성전을 재건축한 스룹 바벨 성전이다. 제3성전은 유대 왕 헤롯이 다시 폐허가 된 스룹 바벨 성전 터 위에 세운 헤롯 성전이다. 그러나 이곳 역시 기원후 70년 로마군이 파괴하였으며, 현재 '통곡의 벽'은 이 제3성전 서쪽 벽의 남은 잔해에 해당한다.

40　　유니언 잭(Union Jack): 영국의 국기로, 잉글랜드·스코틀랜드·북아일랜드의 국기를 하나로 합친 것이다.

심하고 소극적인 성품을 가졌다. 그러나 그는 예수님의 부활을 친히 목격하고, 오순절 마가다락방예수님이 '최후의 만찬'을 드셨던 곳이자 성령이 강림했던 곳에서 성령을 받았다. 바돌로메에게 예수를 증언하였고, 주로 가이사랴에서 아소도에 이르는 지중해 연안 지역을 무대로 하여 예수가 구세주임을 전파하였다. 소아시아 서부 리디아의 트랄레스에서 감독으로 지내다 자연사했다는 설과 히에라볼리소아시아의 남서부의 도시에서 순교했다는 설이 있다. 물론 집사 빌립42과는 다른 인물이다.

여섯 번째 제자는 나다나엘'하나님의 선물'이라는 뜻이라 불린 바돌로메다. 앞서 말한 빌립은 예수의 제자가 된 사실에 기쁨을 참지 못하고 친구 바돌로메를 찾아갔다. 빌립은 무화과나무 밑에 앉아 묵상에 잠겨 있던 그에게 다가가 "나는 모세의 율법서와 예언자들의 글에 기록되어 있는 분을 만났다. 그분은 예수님이라는 분이신데, 나사렛 출신이시다."라고 말하였다.

이에 대해 바돌로메는 "나사렛에서 무슨 신통한 것이 나올 수 있겠는가?"라고 의심쩍어 하였다. 그러나 빌립의 소개로 예수를 처음 만나게 되었을 때, 예수로부터 "보라! 이 사람이야말로 정말 이스라엘 사람이다.

---

41 ____ 오병이어의 기적을 베풀기 전 예수는 제자들에게 시험 삼아 "너희가 먹이라."고 말한다. 이때 빌립이 대답하되, "각 사람으로 조금씩 받게 할지라도 이백 데나리온(한 데나리온은 당시 노동자의 하루 품삯에 해당)의 떡이 부족하리이다."(「요한복음」 6장 7절)라고 대답한다.

42 ____ 집사 빌립: 예루살렘 교회에서 선발된, 최초의 일곱 집사 가운데 한 사람이다. 에디오피아 여왕 간다게의 내시에게 복음을 전했다.

그에게는 조금도 거짓이 없다."며 크게 칭찬을 받는다. 이때 바돌로메는 깜짝 놀라며 예수에게 자신을 어떻게 알았느냐고 묻는다. 이에 예수는 "빌립이 너를 찾아가기 전에 무화과나무 아래에 있는 너를 보았다. 그때 이미 너를 알고 있었다."고 대답한다. 예수의 영적 통찰력을 알아차린 바돌로메는 예수에게 "당신은 하나님의 아들이시며, 이스라엘의 왕이십니다."라고 외친다. 그러나 예수는 "네가 무화과나무 아래에 있는 것을 보았다고 해서 나를 믿느냐? 앞으로는 그보다 더욱 큰일을 보게 될 것이다."라고 예언하였다.

이렇듯 '정직한 자, 참 이스라엘 사람'이라 칭함을 받았던 바돌로메는 예수가 임명한 열두 제자, 즉 기독교의 사도 가운데 한 사람이 되었다. 신약 성경에서는 사도들의 명단에만 들어 있을 뿐, 그 외에는 그다지 알려지지 않은 인물이다. 그러나 바돌로메는 디베랴^{갈릴리} 바다에서 시몬 베드로를 비롯한 다른 제자들과 더불어 부활한 예수를 만난다.

전승에 따르면 바돌로메는 예수가 승천한 후 소아시아 지방인 프리기아와 리카오니아 등지를 거쳐 아르메니아[43]에 도달하여, 그곳에서 선교 활동을 하였다. 그러던 중, 다른 종교 사제들의 선동을 받은 아스티아제스라는 왕에 의하여 참수당한 것으로 알려져 있다. 그는 산 채로 칼에 의해 온몸의 살가죽이 벗겨지고, 나중에는 십자가에 못 박혀 머리가 베어지는 등 갖은 형벌을 당하였다.

그의 유해는 알바노 시로마의 교외 지역에 정중히 매장되었다가 후에 메

43___ 아르메니아: 4세기 초 기독교를 국교로 받아들인 나라로 동쪽으로 아제르바이잔, 서쪽으로 터키, 남쪽으로는 이란과 국경을 접한다.

소포타미아의 다라 지방으로 옮겨졌고, 6세기에 시칠리아 섬 근처에 있는 리파리 섬으로 옮겨졌다. 9세기에 나폴리 북쪽의 베네벤토에, 10세기에는 로마로 운반되었고, 오늘날에는 티베르 강 가운데 있는 한 섬에 건축된 성 바돌로메 성당에 보관되어 있다. 그의 상징물은 칼과 벗겨진 살가죽이며, 치즈 상인, 미장공, 석고 세공인의 수호성인이기도 하다. 그의 이름을 딴 위경44 '바돌로메 복음서'가 있는데 예수님의 부활 이후 바돌로메가 예수님과 마리아, 사탄에게 질의했다고 전해지는 내용들이 주류를 이룬다.

일곱 번째 제자는 헬라식 이름으로 '디두모'라고도 불리우는 도마'쌍둥이'라는 뜻이다. 그는 예수의 열두 제자 가운데 가장 의심이 많았던 제자로 알려져 있다. 도마가 예수님을 만나 제자로 부르심을 받게 된 경위는 성경에서 찾아볼 수 없다. 그러나 다른 제자들의 경우와 마찬가지로, 그 역시 하나님을 경외하며 메시아의 강림을 기다리던 중에 예수님의 제자로 선택받았을 것으로 추측된다.

갈릴리 출신의 어부였던 도마는 열정적이면서도 이성적인 사람이었다. 예수를 뜨겁게 사랑한 그는 예수가 병든 나사로를 방문하려고 할 때, 다른 모든 제자들의 반대에 맞서 "주와 함께 죽으러 가자."고 선언할 만큼 담대하고 의리가 있는 사람이었다. 유대에서는 스스로 하나님의 아들이라 주장하는 예수를 죽일 음모를 꾸미고 있었던 까닭에 그곳으로 간다

44___ 위경(僞經): 출처가 확실하지 않아 성경에 수록되지 않은 30여 편의 문헌을 일컫는다.

는 것은 곧 생명을 내놓는 행위나 마찬가지였다.

그러나 그의 비장한 결심은 인간적인 생각의 테두리 안에 머물러 있었다. 죽음으로 사명을 완성할 스승의 길을 알지 못한 그는 겟세마네 동산에서 스승을 등지고 도망치는 한계를 드러내 보이고 말았다. 그 후 스승을 잃고 비탄에 잠겨 있던 도마는 주께서 부활하였다는 동료들의 말을 믿지 못하는, 불신앙을 보일 수밖에 없었다. 자신의 눈으로 직접 보고 손으로 만져 보지 않고 믿는다는 것은 도마에게 있을 수 없는 일이었던 것이다.

그러나 부활한 예수를 만나는 순간, 그는 진정한 믿음의 사람으로 변화되었다. "나의 주이시며 나의 하나님이십니다."라고 고백하는 도마의 심령에는 모든 의심의 먹구름이 걷히고 기쁨과 감사만이 가득하였다. 오순절 성령강림 사건이 있던 날, 도마는 성령 충만함을 받고 인도에 가서 선교 활동을 하다가 순교한 것으로 알려져 있다. 한편으로 '의심 많은 도마'는 그의 호기심과 의심을 정직하게 표현함으로써 참된 믿음에서 우러나오는 용기로 자신의 사명을 감당할 수 있었다고 말할 수도 있겠다.

여덟 번째 제자는 마태이다. 예수의 제자들은 구성이 잡다했다. 가령 열심당[45]은 로마의 지배에 격렬하게 저항한 유대인 집단이었다. 그들이 특히 증오한 대상은 로마를 위해 세금을 징수하는 유대인이었다. 마태가

---

[45] 열심당(熱心黨): 로마의 팔레스타인 지배가 시작되자, 로마를 하나님의 거룩한 땅(가나안)에서 몰아내기 위해 무장 독립 투쟁을 벌이는 단체로 창설되었다. 필요하다면 폭력을 휘두르며 죽음까지도 불사하면서 싸웠다.

바로 그런 종류에 속하는 세리稅吏-세무 공무원였다. 재물에 대한 욕심이 특별히 많았던 그는 선민選民으로서의 긍지를 갖기보다는 자신의 욕심을 채우기 위해 수단과 방법을 가리지 않는 현실주의자였다. 당시 세리라는 직업은 이스라엘 사회에서 창녀와 죄인들과 같이 가장 천대를 받는 부류의 사람, 부당한 방법으로 돈을 모으기에 급급했던 사람으로 간주되었다.

하지만 마태는 예수님의 부르심을 받고 인생의 전환점을 맞이한다. 메시아에 대한 소망마저 내팽개친 채 철저한 죄인으로 살아가던 세리에서 예수님의 부르심에 순종하는, 영광스러운 주의 제자로 바뀐 것이다. 로마 황제의 창고를 채우고 자신의 사리사욕을 만족시키기 위해 가버나움의 세관稅關에 앉아 동족의 고혈을 짜내는 데 열중하던 '의인' 레위가, 회개한 '죄인' 마태로 거듭난 것이다.

마태복음 9장에는 그가 예수에 의해 부름받는 장면이 나온다. 길을 가는 중에 세관에 앉아 있는 마태를 발견한 예수는 "나를 따르라."고 말한다. 당시 세리들은 지적으로나, 경제적으로나 보통 사람들보다 뛰어났다. 그럼에도 부당하게 세금을 거두고 또 그것을 로마에 상납한다는 이유로 '매국노' 취급을 받았다. 따라서 마태에게도 남모를 설움과 고통이 있었을 것으로 추측된다. 그러한 이유 때문이었는지 마태는 즉각 예수를 따른다.

마태복음의 저자로 유명한 마태는 원래 과묵한 사람이었다. 부름을 받았을 때에도 그 후에도 그의 발언을 찾아볼 수 없다. 하지만 매사에 적극적이며 동료애가 투철했던 것 같다. 그러나 성령 세례를 받기 이전의 인간적인 '열심'은 스승이 맞이한 고난의 자리를 회피하는 한계를 드러냈으니, 겟세마네 동산에서 예수를 버리고 도망을 치고 만 것이다. 마태는 부활하신 주님을 만나고, 오순절 성령 세례를 받은 후에야 비로소 사도 직분을 감당할 수 있었다. 성령이 충만하여진 마태는 천국 복음을 전하며 스스로를 낮추고 예수 그리스도만을 높이는 충성된 청지기[46]가 되었다. 또한 유대인들을 위해 마태복음을 기록하여 '왕' 되신 예수 그리스도를 증거하고 사랑의 빚을 갚는 헌신된 삶을 살았다. 주 안에서 참으로 진실하고 정직한 신앙으로 살아간 마태는 스스로를 '세리 마태'라고 일컬음으로써 은혜 받은 자의 겸손을 보여 주기도 했다. 그 호칭 속에는 한갓된 세리에서 영광의 사도로 거듭난 데 대한 감사와 감격이 들어 있는 것이다.

전승에 따르면 마태는 유대를 순회하며 전도하다가 동방으로 갔으며, 에티오피아에서 순교했다고 되어 있다. 그러나 다른 전승에 의하면 그가 복음서를 고대 이란의 왕국인 파르티아로 가져간 뒤 순교했다고 한다. 한편 동방 측에서는 평화롭게 영면永眠했다고도 한다. 그의 유해는 처음에 에티오피아로부터 이탈리아의 서해안 도시인 페이스툼으로, 다시 10세기에 나폴리 남동쪽 50km 지점인 살레르노로 옮겨졌다. 세리였던 마태는 회계원, 장부 기록원, 세리의 수호성인이다.

아홉 번째 제자는 알패오의 아들 야고보이다. 예수의 주변에는 '약탈자'라는 뜻의 야고보라고 불린 사람이 세 명 있었다. 첫 번째는 사도 요한의 형이자 세배대의 아들로서 가장 먼저 순교한 '큰 야고보'이고, 두 번째는 예수의 친동생 '야고보'로서, 예수의 부활 때부터 믿기 시작하여 예루살렘

---

46   청지기: 높은 관리나 부잣집에서 주인의 가사를 도맡아 처리하던 관리인이며, 하인의 우두머리이다. 한편 성경은 교회의 지도자인 감독을 하나님의 거룩한 일을 맡은 청지기로 묘사했다.

교회의 큰 기둥이 되었던 사람이다. 야고보서의 저자이기도 한 그는 유대인 폭동(AD 62년) 때에 순교하였다고 전해진다. 세 번째가 바로 여기에 나오는 알패오의 아들 '작은 야고보'이다. 그가 이렇게 불려진 까닭은 큰 야고보에 비해, 나이가 어렸든지 아니면 몸집이 작았기 때문이라 추측된다.

이 지점에서 예수의 12 제자를 세 그룹으로 나누어 보도록 하자. 제1그룹은 베드로와 안드레, 야고보, 요한이다. 예수의 직계 그룹에 해당하는 이들은 스승의 뜻을 받들어 앞길을 열고 예수 그리스도의 이름을 선포하는 최전방의 전사戰士 역할을 담당했다.

제2그룹은 빌립과 바돌로메나다나엘, 도마, 마태로서, 비교적 지적知的인 그룹에 속한다. 스승의 사역을 논리적으로 뒷받침하고 정리 평가하는 역할을 담당했던 것으로 보인다. 제3그룹은 알패오의 아들 야고보, 시몬, 다대오, 가룟 유다 등이다. 이들은 사회 참여에 관심이 많았다. 열심당셀롯당이라는 별명이 붙은 시몬을 비롯하여 가룟'자객'을 의미하는 말에서 유래했다는 설이 있음 등, 사회를 향한 창구 역할을 맡았던 것으로 보인다.

이러한 분류에 따르면 작은 야고보 역시 사회에 대한 참여 의식이 강했던 사람으로 보인다. 물론 그렇다고 하여 가룟 유다처럼 스승을 배신하지는 않았다. 그렇다면 과연 작은 야고보의 역할은 무엇이었을까? 큰 야고보가 '우레의 아들'로서 예수의 특별히 사랑받는 제자였고, 예수의 동생 야고보가 초대교회의 기둥으로 역할을 하였다면 알패오의 아들 야고보는 무엇을 하였을까?

성경은 이 작은 야고보에 대한 기록을 많이 남기지 않고 있다. 그런 점에서 작은 야고보를 '잊힌' 제자라고 부르는 이들까지 있다. 그러나 비록 그가 특별한 사명을 담당한 건 아니었을지라도 '반드시 해야 할 일'을 했던 제자로 기록되어 있다. 그는 결코 예수를 떠나지 않았다. 그가 지켜야 할 자리를 지켰고 해야 할 사명을 감당했다. 그가 창조적으로 일을 만들어 내거나 앞길을 열어낸 것은 아니지만 어떤 일이 결정되고 목적이 뚜렷이 나타나면 항상 자신의 본분에 충실했다. 전해지는 말에 따르면 '작은 야고보'는 지금의 이란 지방인 페르시아에서 전도하다가 이교도에 의해 십자가에 못 박혀 순교했다고 한다.

열 번째 제자는 갈릴리 출신의 시몬이다. 그는 갈릴리 바다에서 고기를 잡다가 예수의 부름을 받았다고 한다. 그에 대한 개인적인 기록은 별로 없기 때문에 일반에게 잘 알려져 있지 않다. 다만 극명한 민족주의자로서, 역시 십자가에서 순교한 것으로 되어있다.

예수가 활동한 시대에는 율법주의자 바리새파, 상류층 사두개파, 금욕주의자 에세네파 외에 열심당 셀롯당이 있었다. 시몬은 폭력으로라도 이스라엘을 로마의 억압으로부터 구원하려는 열심당에 속했던 인물로 추측된다. 이 당의 우두머리가 바로 바라바였는데, 예수와 함께 붙잡혔다가 '축제일에는 죄수 한 사람을 특사'하는 당시의 관습에 따라 석방되었던 인물이다.

주후 70년 예루살렘이 포위되었을 때, 열심당원들은 마사다로 몰려들었다. 마사다는 이스라엘 남부의 암층 지대에 위치한 고대 요새이다. 그 높이는 해발 40m에 불과하지만 동쪽으로 인접한 사해[47]가 해수면보다

---

47 사해(死海): 이스라엘과 요르단에 걸쳐 있는 소금 호수로, 요르단 강이 흘러들긴 하나 물이 빠져나가는 곳은 없고 유입량과 같은 양의 증발이 일어난다. 때문에 염분이 해수의 5배인 25% 정

400m 낮았다. 때문에 실제 요새의 높이는 440m 정도인 데다 서쪽 절벽은 약 90m로 매우 가파른 난공불락의 지형이었다. 원래는 헤롯왕이 반란에 대비하여 요새화했던 곳인데, 열심당원들이 저항의 근거지로 삼았던 것이다. 로마 총독 실바가 보병 군단을 이끌고 이 요새를 점령했을 때, 960여 명에 이르는 사람들은 대부분 자결한 상태였다.

그렇다면 이 열광적인 집단에 소속된 시몬이 예수를 만나 어떻게 변화되었을까? 첫째, 예수의 열정은 그를 능가했을 것으로 추측된다. 둘째, 예수는 시몬이 꿈꾸는 것보다 더 거룩한 나라에 대해 말하였다. 셋째, 시몬은 눈으로 직접 기적을 보았다. 그러한 예수 안에서 시몬은 '혁명가'의 모습을 발견했을지도 모른다.

예수의 죽음과 부활, 승천 사건 이후 시몬은 소아시아, 북아프리카, 흑해 지역과 바벨론 등지에서 복음을 전한 것 같다. 어떤 말로는 그가 페르시아에서 폭도들에게 살해당했다고도 한다. 시몬의 상징은 성경에 누운 물고기로, 이는 고기를 낚는 어부가 말씀을 전파하여 사람을 낚는 어부가 된 것을 가리킨다. 오순절 후의 시몬이 그 어떤 제자보다 열심히 복음을 전하며 철저하게 살았음을 보여 주는 장면이라 하겠다.

열한 번째 제자는 유다 다대오이다. 유다는 '존경받는' 또는 '찬미하는'이라는 뜻이며 다대오는 '마음이 크고 넓다'는 뜻이다. 소 야고보와는 형

도가 되어, 생물이 살지 못하기 때문에 사해(死海)라는 이름이 붙었다. 높은 염분 때문에 사람 몸이 뜨기 쉬운 것으로 유명하다. 서쪽 연안에는 1947년 이후 '사해 사본'이 발견된 쿰란 동굴, 로마군이 멸망시킨 유대인의 마사다 성채 유적 등이 있다.

제 관계이며 가룟 유다와는 다른 사람이다. 누가복음과 사도행전에서는 그를 유다라고 부르고 있지만 마태복음에서는 그를 다대오라고 부른다. 신약에서 그에 관한 언급은 유일하게 사도들의 이름을 나열할 때뿐인데, 모두 해서 4번밖에 나오지 않는다. 최후의 만찬 당시 다대오는 예수를 향해 "주님, 주님께서 왜 세상에는 나타내 보이지 않으시고 저희에게만 나타내 보이시려고 하십니까?"라고 물어보기도 하였다.

성령 강림 이후 다대오는 시몬과 함께 시리아와 메소포타미아에서 복음을 전하였고, 페르시아 제국 지역으로 가서 포교 활동을 벌였다. 전승에 따르면, 그가 예수에 대해 설교한 뒤 그곳의 신상을 파괴하자 그 속에서 악마가 튀어나왔다고 한다. 자신들이 여태껏 섬겨 왔던 신상이 부서지자 분노한 현지인들은 그에게 달려들어 꽁꽁 묶어 버린 후 죽였는데, 어떻게 순교하였는지는 분명하게 알려져 있지 않다. 그의 상징물은 책과 곤봉·배이다.

마지막으로 열두 번째 제자는 가룟 출신의 유다로서, 그는 예수의 열두 사도 가운데 한 사람이었다. 그러나 스승을 팔아먹은 자로 악명이 높다. 그는 기독교에서 최악의 죄인이자 악마의 하수인, 배신자의 대명사로 불린다. 음흉한데다 이해타산에 밝았던 그는 베다니 향유 사건[48]에

48　　베다니 향유 사건: 예수가 베다니라는 동네에 도착하자 마리아는 매우 비싼 향유(香油, 향기로운 냄새가 나는 기름)를 예수의 발에 붓고, 자기 머리털로 그의 발을 닦아 준다. 이에 가룟 유다는 "이 향유를 어찌하여 300 데나리온(당시 노동자의 하루 품삯이 1 데나리온)에 팔아 가난한 자들에게 주지 아니하였느냐?"라며 분노한다(「요한복음」 12장).

불만을 표하여 예수로부터 배반할 것을 예언받았다. 결국 그는 은 30(당시 노예가 황소에 받혀 죽었을 때, 보상금으로 주인에게 지불하던 금액)에 스승을 팔았고 그 죄책감을 이기지 못한 채 목매어 자살[49]하였다. 대사제장은 이 돈을 주워 나그네들을 위한 묘지용 토지를 샀다. 유다의 밀고로 체포된 예수는 다음날 산헤드린 의회[50]에서 십자가형을 선고받았는데, 산헤드린 의회에서는 사형을 집행할 권한이 없어 본디오 빌라도[51] 총독에게 예수를 데려갔다.

유다의 악행과 비참한 죽음은 초대교회 설교자들과 복음서 저자들에 의하여 수없이 인용되었고, 유다의 죽음이 보다 무섭게 보이도록 하기 위해 소름끼치는 표현이 덧붙여지기도 하였다.

이상 열두 제자 외에 나중에 추가된 사도들이 있다. 성경에 보면, 예수가 하늘로 올라가고 가룟 유다를 제외한 사도 11명과 교우 약 120명이 한 방에 모여 기도를 했다. 여기에서 베드로는 유다 대신 한 사람을 제비 뽑자는 제안을 한다. 이때 후보자 두 명 가운데 맛디아그 뜻은 '주님의 선물', 혹은 '하나님'가 뽑혀 그가 마지막 사도직을 맡았다.

맛디아는 곧바로 예루살렘을 떠나 종교가 다른 여러 나라를 순회하면서 열심히 전도하였다. 전승에 따르면, 에티오피아 북부의 고대 도시 악

---

49 마태는 가룟 유다가 목매어 죽었다고 하였지만(「마태복음」 27장 5절) 누가는 그가 몸이 곤두박질하여 배가 터져 죽었다고 전한다(「사도행전」 1장 18절).

50 산헤드린 의회: 유대인들의 최고 의결(통치) 기관으로서, 대제사장이 의장이며 공회원은 바리새인, 사두개인, 서기관, 장로 등 백성의 대표들로 구성되었다.

51 본디오 빌라도: 유대에 주재한 로마의 제5대 총독(AD 26~36년)이다. 당시 유대 총독은 유대인의 사형집행권과 대제사장의 임면권 등 절대 권력을 가지고 있었다.

숨에서 큰 도끼(혹은 큰 돌)에 찍혀 죽었다고 한다. 로마 황제 콘스탄티누스 1세의 모후인 성녀 헬레나는 성지 순례 중에 우연히 맛디아의 유골을 발견하고, 독일의 트리어 지방으로 옮겼다고 한다. 그 유골은 노르만의 침공으로 분실되었다가 1127년 다시 발견되어 안장되었고, 현재 그의 지하 무덤 위에는 베네딕토회 성 맛디아 수도원이 자리하고 있다.

비록 열두 제자 가운데 속하지는 않았으나, 그들 못지않게 유명한 사도가 있다. 다름 아닌 사도 바울원래 이름은 사울이다. 그는 기원후 10년에 소아시아 지방의 길리기아 수도인 다소에서 유대인 혈통으로 태어났고, 바리새인으로 유대교의 교육을 받았으며, 예루살렘에서는 가말리엘[52]의 아래에서 공부도 하였다. 율법에 충실했던 열혈 청년 사울은 '태어난 지 8일 만에 할례를 받고, 이스라엘 족속이요, 베냐민 지파요, 히브리인 중에 히브리인이요, 율법으로는 바리새인이요 열심으로는 교회를 핍박하고 율법의 의로는 흠이 없는 자'(「빌립보서」 3장 5~6절)로 자신을 소개할 정도로, 열정적인 사람이었다. 요즘 말로 하면 좋은 집안에 학문적으로도 엘리트 코스를 밟았던, 엘리트 중에 엘리트였다는 뜻이다.

하지만 그는 하나님의 아들 예수를 알아보지 못했기 때문에 오히려 예수 믿는 사람들을 핍박하고 잡아 죽이는 데 앞장섰다. 사울은 기독교 최초의 순교자가 된 스데반 집사가 죽어 갈 때, 그 장면을 지켜보았다. 예루살렘 교회의 일곱 집사 중의 한 사람인 스데반은 지혜와 열성 및 이적異蹟

52　가말리엘: 유명한 유대인 율법학자로, 당대 최고의 랍비라는 명성과 함께 많은 백성의 존경을 받았다.

때문에 유대인들의 미움을 받아 고소를 당한다. 그리고 돌들이 우박처럼 날아오는 속에서도, "주님, 이 죄를 저들에게 돌리지 마소서."라는 기도를 남긴 뒤, 눈을 감았다.

스데반의 피가 순교의 제물이 되었을까? 기독교 신자들을 잡으러 다메섹으로 가던 도중, 사울은 신비롭게도 그리스도 예수를 만나게 된다. "홀연히 하늘로부터 빛이 그를 둘러 비추는지라/ 땅에 엎드러져 들으매 소리가 있어 이르시되 사울아 사울아 네가 어찌하여 나를 박해하느냐 하시거늘/ 대답하되 주여 누구시니이까 이르시되 나는 네가 박해하는 예수라."(「사도행전」 9장 3~5절)

갑자기 앞을 못 보게 된 사울은 아나니아의 안수에 의해 다시 눈을 뜨게 된다. 3일 동안의 실명失明과 치료의 경험에 의해 예수로부터의 소명召命을 받았다 확신한 사울은 사도[53]로 거듭나게 되었다. 그는 이때 자신의 이름을 사울큰 자에서 바울작은 자로 바꾼다. 의기양양하고 혈기 왕성했던 청년이 겸손하고 온화한 사도로 변모한 것이다.

과거의 악행을 뉘우치고 새사람으로 거듭난 후, 바울은 3년 동안 아라비아에 머물다가 베드로와 친분을 갖게 되어 마침내 예루살렘으로 간다. 하지만 그곳에서 사람들의 적대감에 부닥쳐 다시 다소라는 곳으로 향하였고, 몇 년 후 이방인 전도의 개척자인 바나바의 부름으로 안디옥

---

[53] 사도(使徒, Apostolus): '파견된 자', '사자'라는 뜻으로, 기독교에서 사도의 자격은 직접 예수를 만나, 그의 가르침을 받은 사람이다. 때문에 복음서에서는 예수의 직제자 12명을 사도라고 부른다. 이후 바울이 예수 그리스도를 만났다고 말하며 사도로서의 권위를 주장하자, 대다수의 기독교에서는 그를 넓은 의미에서의 사도로 인정하였다.

에서 사역을 시작했다.

바울의 제1차 전도 여행은 바보와 버가, 비시디아, 이고니온, 더베, 안디옥, 수리아 등에서 시작된다. 제2차 선교는 바나바와 함께 하는데, 되돌아간 마가 요한으로 인하여 심한 다툼이 일어난다. 이때 바울은 실라를 택하여 갈라디아 교회를 방문한다. 그리고 자신의 아들로까지 간주하였던 청년 디모데[54]를 만난다. 이교도 철학자들 앞에서 강론하고, 고린도에서 아굴라와 브리스길라 부부[55]라고 하는 천막 동업자를 만나게 된다.

제3차 선교는 갈라디아와 브르기아 땅에서 제자들을 굳세게 하고 3년간 에베소에서 사역하는데, 그동안 로마를 거쳐 '땅 끝'이라 여겼던 스페인까지 갈 계획을 세웠다. 하지만 그의 율법 비판을 좋게 생각하지 않는 유대인에게 고소를 당하였다. 그는 로마 시민권을 가지고 있었기 때문에 황제에게 상소하고, 그 때문에 미결수로서 로마로 호송되었다(AD 60년 경).

그 후 네로의 박해 당시 로마 감옥에 갇혔으며, 투옥 중 「에베소서」, 「빌립보서」, 「골로새서」, 「빌레몬서」 등을 쓴 것으로 보인다. 그의 높은 학식이 빛을 발하여 기독교의 기초를 닦는 데 크게 공헌한 것이다. 두 번째 투옥 때에는 「디모데후서」를 기록한다. 「로마서」의 저자로서 가장 많은 성경의 저자가 된 바울은 기독교를 가장 잘 설명한 사도가 되었고, 그가 쓴 13통의 서간문은 신약성경에 수록되었다. 바울은 서기 66년 무렵 로마에

54　디모데: 바울의 신임을 받은 신실하고 실력 있는 지도자로서 바울의 후계자로까지 평가되고 있다.

55　아굴라와 브리스길라: 아굴라는 유대 사람이며, 브리스길라는 그의 아내이다. 2차 선교 여행 때 고린도를 방문한 바울에게 거처를 제공하고, 함께 장막을 만들며 복음 사역에 조력하였다.

서 목이 잘리어 순교를 당했는데, 일설에 의하면 목이 떨어지는 순간 '예수 아'예수라 외쳤다고 한다.

기독교 신학은 바울에 의해서 틀이 잡혔다고 말할 수 있으며, 후세에 끼친 그의 영향은 헤아릴 수가 없다. 여러 서신 속에 전개된 그의 사상은 그리스도의 죽음과 부활의 신비를 중심으로 하고 있으며 '오직 믿음으로 말미암아 인간은 의롭게 될 수 있다'고 하는 그의 신학 사상은 기독교 역사에 큰 영향을 미쳤다. 한편 그에 의해서 복음이 관념화되고, 변질되었다는 비판도 있다.

제6부

철학자들의
우정

01

우정의 상징-관포지교

동양 철학자의 경우, 친구 때문에 살아난 경우가 있고 친구 때문에 죽은 경우가 있다. 전자는 관중이고, 후자는 한비자이다. 먼저 관중부터 살펴보고자 한다.

춘추 시대의 정치가이자 법가 사상가인 관중管仲과 춘추 시대 제나라 사람인 포숙鮑叔牙의 이름에서 유래한 '관포지교'는 역사상 우정의 상징이 되어 현재까지 쓰이고 있다. 관중은 어려서부터 매우 가난하였고, 계획한 모든 것이 순조롭지 못하여 곤고困苦와 좌절의 세월을 보냈다. 이러한 그의 신세를 두고, 맹자는 다음과 같이 말할 정도였다.

"하늘이 장차 이 사람에게 큰 임무를 내려 주고자 하면 먼저 반드시 그 마음을 괴롭히고 뼛골을 수고롭게 하며 배를 곯리고 몸을 텅 비게 하여 행위를 어지럽히고 심성을 억눌러 불가능한 일을 더욱 불가능하게 만든다."

만일 그가 관포지교管鮑之交로 널리 알려져 있는 단 한 사람의 친구 포숙鮑叔을 만나지 못했더라면 벼슬이나 공로는 말할 것도 없고 그의 생활 자체마저 지탱해 나가지 못했을 것이다. 관중은 어려서부터 포숙과 절친하였다. 포숙은 그를 매우 잘 이해하였을 뿐 아니라, 나아가 존경하기까지 하였다.

　일찍이 둘은 남양南陽-양쯔강 지류인 백하 연안에 자리함에서 장사를 하여 목돈을 벌었다. 그런데 포숙은 관중이 자기보다 가난하다는 것을 알고 그를 더 동정하였다. 관중 역시 포숙을 위하여 여러 차례 일을 도모하였으나 어찌된 영문인지 하는 일마다 모두 실패하고 말았다. 그럴 때마다 포숙은 "자네에게 운이 없어서 그런 것이지, 능력이 없어서 그런 것은 아닐세."라고 위로하곤 하였다. 또 관중은 세 차례 벼슬을 하였으나 모두 벼슬에서 좌천되다시피 하였고, 전쟁에 세 차례 참가했으나 모두 패하여 도망쳐야 했다. 이렇게 치욕적인 일로 인하여 그는 세상 사람들로부터 버림받다시피 하였다. 그러나 포숙만은 그의 가슴속에 품은 큰 뜻과 웅대한 포부를 알고 있었기 때문에 오히려 용기를 북돋아 주었다. 이처럼 지극한 우정에 대하여 관중은 나중에 이렇게 감탄한 적이 있다.

　"일찍이 내가 가난할 적에 포숙과 함께 장사를 한 적이 있다. 이익을 나눌 때마다 내가 몫을 더 많이 가졌지만 포숙은 나를 욕심 많다고 비난하지 않았다. 내가 가난한 것을 알고 있었기 때문이다. 또 언젠가는 내가 어떤 일을 하다가 실패해 매우 어렵게 되었는데, 포숙은 나를 어리석다고 비난하지 않았다. 상황에 따라 일이 될 수도 있고, 되지 않을 수도 있다는 것을 알았기 때문이다. 내가 세 번 벼슬길에 나갔다가 세 번 모두 임금에게 쫓겨나는 신세가 되었지만 포숙은 나를 무능하다고 하지 않았다. 내가 시운時運을 만나지 못한 것을 알았기 때문이다. 그리고 내가 세 번을 싸워 세 번 모두 패하여 달아났지만, 포숙은 나를 겁쟁이라고 말하지 않았다. 나에게 늙으신 어머니가 있는 것을 알았기 때문이다. 이렇게 보건대, 나를 낳아준 이는 비록 부모이지만 나를 진정으로 알아주는 이는 포숙이다."

관중은 당시 제나라의 양공[1]이 방약무도하게 행동하자 '장차 언젠가 이 나라에 큰 난리가 일어날 것'이라고 예견하고는 포숙과 함께 후일을 도모한다. 제나라의 공자公子 소백의 사부師父가 되어 있던 포숙은 소백을 따라 거莒나라로 달아났고, 관중은 공자인 규糾를 따라 노나라로 도망쳤다. 두 사람이 각각 공자 규와 소백을 따로따로 받들어 모시고 나라 밖에서 기회를 엿보고 있던 중, 양공이 살해되었다는 소식이 들려왔다. 이 일로 정국이 크게 어지러워지자 제나라에서는 '새로운 임금을 모시자!'는 분위기가 팽배해졌다. 이때 두 공자가 재빨리 귀국하여 서로 왕위를 다투기 시작하였다. 바로 이때, 관중은 규 편에 서서 군대를 이끌고 전격적으로 소백을 공격하였다. 그러나 관중의 화살이 소백의 혁대를 맞춤으로써 소백은 아슬아슬하게 위기를 모면하였다. 엎치락뒤치락하는 우여곡절 끝에 마침내 소백이 승리하여 왕위에 오르게 되니, 이 이가 바로 제나라의 환공[2]이다.

환공은 즉시 라이벌인 공자 규를 죽이고, 관중을 감옥에 처넣었다. 그

---

1 제나라 양공(齊 襄公): 춘추 시대 제나라 제14대 후작이자 공자 규의 형이다.

2 환공(桓公): 성은 강(姜), 이름은 소백(小白)이며, 중국 춘추 시대 제나라의 군주(재위 기간은 BC 685~643년)이다.

리고는 지금까지 자기를 도운 포숙을 재상 자리에 앉히려 하였다. 누가 보아도 당연한 처사였다. 그러나 포숙은 아래와 같이 간청하였다.

"폐하, 한 나라의 주인으로 만족하신다면 신의 보필만으로 충분합니다. 그러나 천하의 주인이 되고자 하신다면 부디 관중을 발탁해 쓰셔야 합니다. 관중이야말로 뛰어난 재주를 지닌 인물입니다. 제발 왕께서는 나라의 앞날을 위해 화살 하나로 이루어진 원수의 감정을 씻어 버리시고, 그를 재상으로 등용해 주십시오."

환공 역시 결코 옹졸하거나 눈이 어두운 인물이 아니었다. 그전부터 관중의 능력은 인정하고 있었으므로, 포숙의 건의대로 관중에게 대부大夫 벼슬을 주어 정사를 맡겼다. 과연 관중은 환공과 포숙의 기대를 저버리지 않았다. 이후 40여 년이나 환공을 극진히 도와, 그로 하여금 대군주가 되도록 하였던 것이다.

"창고가 가득 차야 예절을 알고, 의식衣食이 넉넉해야 영욕榮辱-영예와 치욕을 안다."

이와 같은 정치 철학으로 선정善政을 베풀어 국력을 축적해 나간 환공은 제나라의 군주가 된 지 7년 만에 이름뿐인 주나라 왕실을 대신하여 중국 내의 모든 제후들을 실질적으로 통솔하는 자리에 오르게 되었다. 포숙은 관중의 성공을 자기 일처럼 기뻐했고, 두 사람의 우정은 변함이 없었다.

원래 환공 자신은 스스로의 힘으로 천하의 패자覇者-제후의 우두머리가 될 정도의 인물은 아니었던 듯하다. 그런데도 당시 중국의 모든 영토에 해당하는 지역을 통솔하게 된 것은 어디까지나 관중의 덕택이라고 해야 할 것이다. 『사기』에도 '환공이 제후를 호령하여 천하의 도를 바로 잡은 것은 관중의 계략에 의한 것이다'라는 구절이 나온다. 그렇다면 결국 관중과 포숙, 이 두 사람의 우정이 가히 천하 중국의 역사를 바꾸었다고 말할 수도 있을 것이다.

02
논적의 죽음을 슬퍼하다
-장자와 혜시

　어느 날 장자莊子의 아내가 죽어 혜시가 조문을 왔는데, 정작 장자 자신은 물동이를 두드리며 노래를 부르고 있었다. 혜시가 그 까닭을 묻자, "나의 아내는 본래 삶도 형체도 없었고, 그림자조차 없었지 않은가? 이제 그녀도 죽었으니, 이것은 춘하추동의 변화와 같은 것이네. 그녀는 아마 한 칸의 거실 안에서 단잠을 자고 있을 걸세. 내가 처음에는 소리 내어 울었는데, 울다가 가만히 생각하니 가소롭기 짝이 없게 느껴졌다네." 하고 대답하였다.

　평소에 장자와 말이 통하는 친구이자 논쟁의 적수였던 혜시惠施는 송나라 출신으로서 위혜왕의 재상을 지낸 적이 있으며 학식 또한 넓었다고 한다. 장자와 혜시는 모두 박학다식한 데다 말솜씨 또한 무척이나 날카로웠다. 하지만 장자가 '만물일체론'에 입각하여 '삶과 죽음, 성공과 실패가 매한가지이다'라는 경지에 도달하였던 반면, 혜시는 서로의 한계를 분명히 함으로써 사물의 관계를 엄격히 구별하고자 하였다.

혜시는 나무 아래에 등을 기대고 앉아 펼치는, 고상하고 오묘한 담론을 좋아하였다. 그러다가도 피곤하면 곧장 거문고를 베고 누워 쉬는 것이었다. 장자는 친구의 이런 모습을 매우 어색해하였다. 그럼에도 늘 혜시에게 이끌려 오동나무 아래에서나 들판으로 나가 함께 거닐면서 학문을 논하였던 것이다.

장자의 『추수秋水』편에 나오는 물고기의 예는 정신을 바짝 차리고 들어야 한다. 장자가 혜시와 함께 호수의 돌다리 위에서 노닐고 있었는데, 장자가 먼저 말을 꺼냈다. 일단 두 사람의 대화를 들어 보자.

"피라미가 나와 한가로이 놀고 있으니, 이것이 바로 물고기의 즐거움일세."

"자네는 물고기가 아닌데, 어떻게 물고기의 즐거움을 알 수 있겠는가?"

"자네는 내가 아닌데, 어떻게 내가 물고기의 즐거움을 알지 못하는지 알 수 있겠는가?"

"내가 자네가 아니기 때문에 참으로 자네를 알지 못하거니와, 그것처럼 자네도 당연히 물고기가 아닌지라 자네가 물고기의 즐거움을 알지 못하는 것이 틀림없네."

"그래? 그럼 다시 처음으로 돌아가 보세. 자네가 나를 보고 '자네가 어떻게 물고기의 즐거움을 알겠느냐?'고 말한 것은, 자네혜시가 내장자가 아닌데도 내가 물고기의 즐거움을 아는지 모르는지를 자네가 알 수 있다고 말한 것이므로 이미 내가 그것을 알 수 있다고 인정한 것일세."

장자가 혜시의 도전에 결정타를 먹인 이 마지막 구절은 '혜시의 논변에 자가당착自家撞着-앞뒤로 모순되어 일치하지 않음의 요소가 있다는 것'을 이미 간파했음을 보여주고 있다. 다시 말해 혜시는 이 결정타를 먹기에 앞서, "사람은 자기가 아닌 다른 사람에 대해서는 알 수가 없다. 나는 장자가 아니다. 그러므로 나는 장자에 대해서 알 수가 없다. 따라서 '장자도 자기가 아닌, 물고기에 대해서 알 수 없다'는 것을 나는 (확실하게) 알 수 있다."고 하는 모순당착을 범하고 말았던 것이다.

이에 대해서 장자는 "그대가 처음에 나에게 '당신이…… 어떻게 물고기가 즐겁다는 것을 안다는 말이오?'라고 물은 것은 자기가 아닌 나, 즉 타자에 대해서도 알 수 있다는 것을 전제로 한 것이다. 나 역시 호수 다리 위에서 그대의 전제대로 타자인 피라미가 한가롭게 노닐고 있는 것을 보고 물고기의 즐거움을 안 것이다."라고 반격하였다. 결국 혜시의 모순을 딛고 서서 자기 주장의 논리적 타당성을 변론으로써 증명하고 납득시킨 것이다.

어떻든 이 두 사람은 서로에 대한 애정을 갖고 있으면서도 경쟁심 또한 대단했던 것으로 짐작된다. 혜시가 양나라의 재상이 되었다는 소식을 듣고 친구인 장자가 그를 만나러 갔다. 그런데 어떤 사람이 혜시에게 이렇게 말했다.

"당신보다 재주가 훨씬 뛰어난 장자가 이리 온다오. 만약 그렇게 되면 당신의 재상 자리도 보전하기 어려울 것이오."
이 말을 들은 혜시는 어찌할 줄을 몰라 하며 소동을 피웠다. 그러던 중 장자가 찾아와 이런 말을 하였다.

"남쪽 지방에 봉황새의 일종인 원추鵷鶵라는 새가 한 마리 있었는데, 이 새가 남해에서 북해로 곧장 날아간다네. 그 새는 먼 여정에도 불구하고 오동나무가 아니면 쉬지를 않고, 대나무 열매3가 아니면 먹지를 않으며, 단샘의 물이 아니면 마시지를 않지. 그런데 어느 날, 그 새의 아래를 지나가던 솔개 한 마리가 썩은 쥐 한 마리를 물고 있다가 혹시 그 원추가 자기의 먹이를 빼앗지나 않을까 염려하여, 급히 머리를 쳐들고 끼-하고 크게 울었다고 하네(입을 벌리고 울었을진대, 그 결과 입에 물고 있던 쥐는 어떻게 되었을까?). 지금 그대도 이 솔개처럼 양나라의 재상 자리를 놓칠까 봐 큰소리를 지르는 것이 아닌가?"

이에 혜시는 장자의 마음에 욕심이 없음을 알고, 그를 왕과 만날 수 있도록 주선해 주었다.

비록 말은 신랄했지만 장자 역시 혜시에 대해 남다른 애정을 갖고 있었던 것 같다. 우선 장자는 다른 사람들과 논쟁을 하지 않았다. 그러나 친구인 혜시를 만나면 통쾌한 논전을 벌였다. 그러나 안타깝게도 혜시는 일찍 죽고 말았다. 하루는 장자가 어떤 사람의 장례에 참석했다가 돌아오는 길에, 혜시가 묻혀 있는 무덤 앞을 지나치게 되었다. 장자는 뒤를 돌아보며, 뒤따라오는 사람에게 이렇게 말했다.

"초나라 수도에 사는 어떤 미장이4가 자기 코에 파리 날개처럼 얇게 횟가루를 묻히고는 그것을 친구인 목수 석石에게 정끝이 뾰족한 쇠 연장으로 쳐서 떨어내라고 하였다네. 이에 석은 정을 코에 대고 망치로 쳐서 횟가

3 　 대나무 열매: '신선과 학은 오로지 이슬과 대나무 열매만 먹는다'는 전설이 있다. 대나무는 일생 동안 오직 한번 꽃이 피고 동시에 열매를 맺은 뒤 말라 죽는다고 한다.

4 　 미장이: 석회나 모래, 진흙 따위의 반죽으로, 담장이나 벽을 쌓거나 부뚜막을 바르는 사람을 일컫는다.

루를 떨어냈으나, 코는 전혀 다치지 않았다네. 미장이도 꼿꼿이 선 채 얼굴색 하나 바꾸지 않았고. 송나라 왕元君이 그 말을 듣고 목수인 석을 불러 말하기를 '나를 위해 그 재주를 보여 주겠느냐?'라고 하니, 석이 말하기를 '전에는 깎아 낼 수 있었는데, 지금은 저의 둘도 없는 상대가 이미 세상을 떠나 버렸으니…….'라고 했다네. 자신의 재주를 펴볼 수 있는 상대자가 아니었다는 말이지. 여기서 말하는 목수는 바로 나이고, 그 상대자는 혜시라네. 나는 변론의 상대를 잃어버렸네!"

그러고는 슬퍼하였던 것이다.

이와 매우 흡사한 이야기가 있다. 백아伯牙는 춘추 시대 초楚나라 사람이지만, 진晉나라에서 고관을 지내기도 한,

거문고의 달인이었다. 그가 성련成連에게 거문고를 배우는데, 처음 3년 동안 아무런 진척이 없었다. 이에 성련은 그로 하여금 동해의 신선이 산다고 하는 봉래산에 보내, 바닷물이 출렁거리는 소리와 새들이 지저귀는 소리를 듣게 했다. 여기에서 백아의 감정이 움직여 연주 실력이 크게 발전하였고, 마침내 대가大家가 되었다.

그런데 그가 연주한 음악은 친구인 종자기5만 이해할 수 있었다. 소리와 음악의 가락을 잘 구별하였던 그는 백아의 거문고 소리를 들을 때, 그가 높은 산을 생각하는지 물이 흐르는 장면을 생각하는지 금방 알아차렸다고 한다. 그리하여 "하늘 높이 우뚝 솟는 느낌은 마치 태산처럼 웅장하구나."라 하기도 하고, "도도하게 흐르는 강물의 흐름이 마치 황허 같구

5 　종자기(鍾子期): 춘추 전국 시대 초나라의 나무꾼으로, 이름은 휘(徽), 자는 자기(子期)이다.

나!"라고 맞장구를 쳐 주기도 하였다.

한 번은 두 사람이 놀러갔다가 갑자기 비가 쏟아져 동굴로 들어갔다. 백아는 동굴에서 빗소리에 맞추어 거문고를 당겼다. 처음에는 비가 내리는 곡조인 임우지곡霖雨之曲을, 다음에는 산이 무너지는 곡조인 붕산지곡崩山之曲을 연주하였다. 종자기는 그때마다 그 곡이 의미하는 바가 무엇인지를, 정확하게 알아맞혔다. 여기에서 지음知音-'자신을 잘 이해해 주는 둘도 없는 친구'라는 뜻이라는 말도 나왔다.

그런데 종자기가 병으로 갑자기 세상을 등지자 백아는 너무나도 슬픈 나머지 그토록 애지중지하던 거문고 줄을 스스로 끊어 버렸다. 이것을 백아절현伯牙絶絃이라 한다. 그리고 죽을 때까지 다시는 거문고를 켜지 않았다고 한다. 알아주는 사람이 없는 음악은 더 이상 무의미했던 것이다.

이와 마찬가지로 장자에게는 혜시라는 존재가 큰 자리를 차지하고 있었다. 논쟁을 벌일 때에는 서로 얼굴을 붉히기도 하고 싸우기도 하였지만, 장자는 혜시가 있음으로 해서 자신의 논리를 맘껏 펼칠 수 있었다. 장자의 철학을 전개해 가는 데 있어서 혜시는 징검다리 혹은 사다리이자 일종의 촉매제였다. 바둑을 두거나 운동 경기를 할 때에도 자신의 실력에 맞는 상대방이 있어야 제 실력을 충분히 발휘할 수 있는 이치와 같다고나 할까. 사정이 이렇다면 실력의 라이벌이란 내가 쳐부수어야 할 적이 아니라 도리어 내가 아끼고 사랑해야 할 대상이 된다.

나이와 신분의 차이를 뛰어넘다
-박지원과 박제가

요즘 학교에서 왕따 문제가 심각하다고들 한다. 당연히 왕따 당하는 사람보다 왕따 시키는 사람들이 문제이다. 하지만 이 대목에서 우리가 간과하지 말아야 할 것은 '친구 사귀는 방법도 배워야 한다'는 사실이다. 그리고 그 방법 가운데 하나는 '마음에 드는 친구에게는 불문곡직하고, 용기를 내 불쑥 찾아가는 것'이다. 이 대목에서 정조 때의 실학자이자 서울 양반 출신의 개혁 사상가인 박지원, 또 그와 함께 북학파를 형성한 박제가의 이야기가 좋은 예가 되지 않을까 생각된다.

조선 후기 문인 박제가가 19세 때 일이다. 그는 당대에 문장文章-글을 뛰어나게 잘 짓는 사람으로 이름 높던 박지원의 집을 방문하기로 결심했다. 두 사람의 신분 차이는 제법 컸다. 박지원은 명문 반남 박씨 후예이며 문단의 총아寵兒-시운을 타고 입신하여 출세한 사람이었던 반면, 박제가는 서얼6 출신이었다. 나이도 박지원이 13세나 많았다.

드디어 소년 문사文士 박제가가 다 쓰러져가는 박지원의 집 사립문을 두드렸다. 과연 집주인의 태도는 어땠을까? 놀랍게도 30대의 박지원은 가슴을 풀어헤치고 망건도 쓰지 않은 채, 맨상투를 너덜거리며 뛰어나왔다. 그리고 두 손을 마주잡고 박제가를 방 안으로 맞아들였다. 두 사람은 나이와 신분의 차이를 뛰어넘어 문학과 세상 이야기로 시간 가는 줄 몰랐다.

저녁때가 되자 박지원은 차 끓이는 주전자에 밥을 해서는 물 담는 옹기에 퍼 담아 들여왔다. 두 사람은 맨바닥에서 밥을 먹고 난 뒤, 다시 이야기를 나누며 밤을 새웠다. 손님은 이렇게 세월을 보내면서 열흘이고 한 달이고 자기 집으로 돌아갈 줄 몰랐다. 훗날, 박제가는 당시를 떠올리며 이런 글을 남겼다.

> "내가 왔다는 전갈을 들은 선생은 옷깃을 채 여미지도 못한 채 나와 오랜 친구를 대하듯, 따뜻하게 손을 맞잡았다. … 선생은 직접 쌀을 씻어 밥을 했다."

그렇다면 이 두 사람은 어떠한 업적을 남겼던가? 먼저 박지원은 천문, 지리 등 서양의 자연과학을 주의 깊게 연구하였으며 사회 개혁의 창도자이자 저명한 문학가로 이름을 날렸다. 그런데 정조가 왕위에 오르자, 홍국영이 세도를 부리기 시작하였다. 홍국영은 박지원과 그 일파가 세상을 깔본다고 여겨 벽파7로 몰아붙였다.

6___ 서얼(庶孽): 서(庶)는 양인(良人)의 첩 자손, 얼(孽)은 천인(賤人)의 첩 자손을 말한다.

이에 박지원은 황해도 금천 땅에 있는 첩첩산골 연암 골짜기로 들어갔다. 이곳에서 3년을 보내고 난 박지원은 사신을 따라 청나라로 가 그곳의 문물과 사람들의 생활 및 과학 기술을 관찰하고 많은 학자들과 사귀었다. 귀국한 다음 저 유명한 『열하일기』를 썼는데, 특히 여기에 담긴 「호질문」과 「허생전」은 풍자 문학의 극치를 이룬 작품이다.

그는 "주자학성리학으로는 현실 문제를 해결할 수 없으며 나라의 부강과 민생 안정을 위해서는 제도 개혁과 선진 과학기술의 도입이 필수적이다."라고 주장하였다. 또 화폐 유통과 무역, 기술 도입을 통한 생산력 증대, 도시 빈민의 생활 안정, 상인과 수공업자 등에 대해 커다란 관심을 나타냈다.

박제가는 왕명의 출납을 담당하는 우부승지를 지낸 박평朴坪의 둘째 아들로 태어났다. 하지만 그의 어머니는 정처가 아니었기 때문에 그는 태어나는 순간부터 이미 서자庶子였다. 당시 서얼庶孼은 과거 시험에도 응시할 수 없었고 벼슬길에 나갈 수도 없었다. 다행히 조선시대 후기에 들어와 이들에 대한 규제가 조금씩 풀리면서 이들 가운데에서도 문과 급제자들이 나오게 되었다. 이러한 분위기 속에서 정조 재위 기간에 임용된 30명의 서자 출신 관료 가운데 박제가가 포함되어 있었다. 물론 관직에 올랐다고 해서 이들이 양반 적자嫡子-정실이 낳은 아들들과 공평하게 승

7___ 벽파(僻派): 사도세자가 폐위, 아사한 사건을 중심으로 하는 당쟁에서 사도세자를 배척한 당파이다. 이에 반해, 시파(時派)는 사도세자가 억울하게 폐위되고 또 뒤주 속에 갇혀 참혹하게 굶어 죽었다고 생각하여 세자를 동정하였다. 그러나 이것은 각 당파가 표면에 내세운 명분일 뿐, 사실은 숙종 때부터 되풀이된 남인 대 노론의 당쟁이 경종 때를 거쳐 영조 때에 이르기까지 계속된 것에 지나지 않았다.

진할 기회를 얻는 것은 아니었다.

어떻든 그가 학자로서 인정을 받게 된 데에는 어머니의 공이 컸다. 박제가는 그의 나이 11세에 부친을 여의었고, 그 후로는 당연히 생계가 곤란해졌다. 남의 집 삯바느질로 자식들을 키우는 그의 모친은 이곳저곳으로 옮겨 다니는 동안에도 글 짓는 것을 좋아했던 아들을 위해 온갖 뒷바라지를 다했다. 하지만 박제가가 24살이 되는 해, 그의 모친마저 세상을 뜨고 그 이후로는 장인인 이관상의 도움을 받았다. 충무공의 5대손이었던 이관상은 박제가를 보자마자 맘에 들어 했고, 사위로 삼은 후로는 그의 뒤를 잘 봐 주었던 것이다.

박제가는 실학자 이덕무와 북학파 학자 유득공 등 자신과 비슷한 처지의 불우한 서자 출신 지식인들과 교류를 나누었다. 살아생전 이덕무와 유득공의 가난한 생활을 엿볼 수 있는 기록이 있다.

먼저 이덕무부터 살펴보자. "을유년1765년 겨울 11월에 서재가 추워, 뜰아래 있는 조그마한 모옥茅屋으로 이사를 했다. 그런데 집이 매우 누추하여 벽에 언 얼음이 뺨을 비추고, 구들 틈으로 새어나오는 연기가 매캐하여 눈을 아프게 했다. 아랫목이 불쑥하여 그릇을 놓으면 물이 반드시 엎질러지고, 해가 비치면 쌓였던 눈이 녹아 썩은 띠에서 누르스름한 장국 같은 물이 뚝뚝 떨어지는데, 한 방울이라도 손님의 도포에 떨어지면 손님이 깜짝 놀라 일어나므로 내가 사과하면서도 게을러서 집을 수리하지 못했다. 눈이 올 적마다 이웃에 사는 작달막한 늙은이가 새벽이면 문을 두들기며 '딱한 일이여! 연약한 수재가 추위에 얼지 않았는지' 하면서 먼저 길을 내 주었다."

다음으로는 유득공의 이야기이다. 그가 5세가 되었을 때, 아버지 유춘

이 전염병으로 갑자기 죽음을 맞이했다. 이에 모친 홍씨는 유득공을 데리고 친정인 경기도 남양 백곡으로 내려갔다. 이때부터 홍씨는 유득공에게 무술보다 글을 배울 것을 권했다. 더 나아가 '후미지고 으슥한 시골에서 공부해서는 큰 인물이 될 수 없다'고 판단한 홍씨는 아들을 데리고 한양으로 이사했다.

모친은 고관들이 많이 사는 경행방慶幸坊-현재의 종로2가, 3가, 낙원동, 돈의동, 경운동, 와룡동 일부에 터를 잡은 후, 아들을 서당에 보내고 자신은 고관들의 삯바느질을 했다. 홍씨는 아들을 서당에 보내면서도 아비 없는 아이라는 말을 듣게 하지 않기 위해 항상 깨끗하고 화려한 옷을 입혔다. 하루는 유득공이 책을 읽다가 어떤 구절을 발견하고 기뻐서 벌떡 일어나다가 옆에 있는 기름통을 쏟고 말았다. 순식간에 기름이 책과 삯바느질하던 비단을 적시고 말았다. 얼굴이 하얗게 변해 버린 아들에게 모친이 자애롭게 말했다.

"걱정하지 마라. 비단 값을 주면 그만이다."

홍씨는 이튿날 비단 주인을 찾아가서 두 배로 변상을 하겠다고 말하며, 진심으로 사과했다. 그러나 자초지종을 들은 고관 집에서는 홍씨로부터 돈을 받지 않았다고 한다.

지금까지 박제가의 교우들 이야기를 하였으되 어떻든 박제가가 박지원을 만난 것은 그의 나이 10대 후반 무렵이었다. 박지원을 중심으로 성황을 이룬 백탑시파-원각사지 10층 석탑 인근에 살았던 북학파 시인들 문인들은 서얼에 대한 차별 의식이 없어져야 한다고 믿었고, 같은 맥락에서 무엇보다 당사자의 지적 능력을 중요하게 보았다. 개방성과 개성을 존중했던 이들 속에서 박제가는 자신의 문학적 능력을 맘껏 발휘하고 꽃을 피웠던 것이다.

주변의 문인들 외에 또 하나, 서얼 출신을 차별하지 않은 곳은 청나라였다. 청나라 문인들은 박제가에 대해 한 사람의 학자나 시인으로 평가할 뿐, 출신에 대한 편견은 전혀 갖지 않았다. 또한 당시 청나라는 조선 사람들에게 선망의 대상이기도 했다. 이리하여 박제가는 그 누구보다 청나라를 사랑했다. 마침내 박제가는 1778년, 정사正使 채제공[8]의 도움으로 이덕무와 함께 청나라로 향한다. 답답한 조선의 현실을 떠나 중국으로 간 박제가는 자유로운 한 마리의 새와 같았다.

중국어와 만주어를 동시에 할 수 있었던 그는 정조의 신임을 받아 모두 네 차례에 걸쳐 청나라를 다녀왔다. 그리고 그 열매가 『북학의』로 맺어졌으니, 이 책은 청나라의 풍속과 제도를 기술한 책이다. 여기에서 '북학'北學이란 말은 중국을 선진 문명국으로 인정하고, 겸손하게 배운다는 뜻을 담고 있다고 한다. 박제가는 조선이 가난한 것은 무역이 발달하지 못한 탓이라 여겼고, 그렇게 된 원인은 우물물을 긷지 못한 것처럼 부富의 원천을 제대로 활용하지 못했기 때문이라고 보았다. 당시 조선 사람이라면 누구나 중시했던 검소와 절약 정신을 정면으로 비판한 것이다. 이 책의 서문을 쓴 박지원은 자신과 박제가가 '마치 한 사람인 것처럼' 그 뜻이 일치한다고 말했다.

"이 책은 나의 『열하일기』[9]와 그 뜻이 어긋남이 없으니, 마치 한 작가

---

8 ___ 채제공(蔡濟恭): 조선 후기의 문신으로 영조 시대의 남인(南人) 지도자였다. 정조의 탕평책을 추진한 핵심적인 인물로 꼽힌다.

9 ___ 『열하일기(熱河日記)』: 연암 박지원의 중국 기행문집으로, 중국 연경을 지나 청나라 황제

가 쓴 것 같다. 나는 몹시 기뻐 사흘 동안이나 읽었으나, 조금도 싫증이
나지 않았다."

그렇다면, 여기에서 『열하일기』와 『북학의』의 개략적인 내용에 대해
잠깐 살펴보도록 하자. 먼저 『열하일기』에는 중국의 역사·지리·풍속·
정치·경제·사회·문화·종교·문학·예술 등에 걸쳐 수록되지 않은 분야
가 없을 만큼 매우 광범위하고도 상세한 내용이 들어 있어서, 수많은 『연
행록燕行錄』 중에서도 백미로 꼽힌다.

『열하일기』에는 유명한 「호질虎叱」과 「허생전許生傳」이 실려 있다. 박
지원은 이러한 풍자적이거나 교훈적인 이야기의 형식을 빌려, 가급적 충
돌을 피하면서도 당시 양반들의 위선과 무능을 통렬히 풍자하는 한편,
자신의 실학 사상을 더욱 설득력 있게 전달하고자 했다. 다음으로 박제
가의 『북학의』에 나오는 구절을 살펴보도록 하자.

"재물財物이란 우물에 비유할 수 있다. 퍼내면 늘 물이 가득하지만, 길
어 내기를 그만두면 물이 말라 버린다. 화려한 비단옷을 입지 않으므로
나라에는 비단을 짜는 사람이 없고, 그로 인해 여인의 기술이 쇠약해진
다. 물건 만드는 것을 숭상하지 않아 나라에는 공장工匠과 목축과 도공의
기술이 형편없다. 농업은 황폐해져 농사 짓는 방법이 형편없고, 상업을
박대하므로 상업 자체가 실종되었다. 사농공상士農工商 네 부류의 백성이
누구나 할 것 없이 다 곤궁하게 살기 때문에 서로를 구제할 방도가 없다."

이 책을 정조에게 바치면서 쓴 상소문에서도 박제가는 그가 직접 눈으

의 여름 별장지인 열하까지 여행한 기록을 담았는데 중국의 문물 제도를 목격하고 견문한 내용을
각 분야로 나누어 기록하였다.

로 본 조선 백성의 궁핍상을 다음과 같이 절절하게 묘사하고 있다.

"산골의 백성들은 화전火田-주변을 불태우고 밭으로 경작하는 농업을 일구고 나무를 하느라 열 손가락 모두 뭉툭하게 못이 박혀 있지만 입고 있는 옷이라고 해야 10년 묵은 헤진 솜옷에 불과하며, 집이라고 해야 허리를 구부정하게 구부리고서야 들어가는 움막에 지나지 않습니다. 방 안에는 늘 연기가 매캐하고, 벽은 바르지도 않았습니다. 먹는 것을 보면 깨진 놋쇠 그릇에 담긴 밥과 간도 하지 않은 나물뿐입니다. 부엌에는 나무젓가락만 달랑 놓여 있고, 아궁이 앞에는 질항아리 하나가 놓여 있을 뿐입니다."

이러한 가난을 극복하기 위해 박제가가 제시한 방안은 상업 진흥 정책, 소비 진작과 생산 촉진, 해상 무역 육성, 유통의 효율성 제고, 수레나 배와 같은 유통 수단을 적극적으로 활용하기, 도로망 확충, 선진적인 기술과 기계 도입, 각종 봉건 제도의 개혁 등이었다. 이밖에 도량형의 표준화, 벽돌을 사용하는 가옥 구조로의 개선, 각종 농기구의 보급 등도 제시하였다.

박제가의 이용후생利用厚生-풍요로운 경제와 행복한 의식주 생활 사상은 박지원, 홍대용 등 백탑시파들의 공통된 생각이기도 했다. 하지만 이러한 개혁안은 당시 조선의 현실 속에서 받아들이기 어려운 것이었다. 더욱이 박제가의 건의를 어느 정도 수용할 태세였던 정조마저 사망함으로써 모든 시도가 수포로 돌아가고 말았다. 그리하여 결국 박제가는 1801년 노론 벽파의 미움을 받아 유배형에 처해졌다. 2년 7개월간 귀양살이를 마친 뒤 고향으로 돌아왔고, 1805년 4월 25일 55세를 일기로 생을 마감했다.

그렇다면 나이 어린 그를 친구처럼 맞이했던 박지원의 운명은 어떻게 되었는가? 박지원의『열하일기』는 그 자유분방하고도 세속스러운 문체와 조선에 퍼져 있던 반청反靑 분위기로 인하여 많은 논란을 불러왔다. 그 때문인지 만년의 박지원은 다소 타협적인 방향으로 나아갔다. 결국 그는 몇몇 벼슬을 거치다가 건강이 악화되어 1805년 10월 20일 68세를 일기로 눈을 감았다. 놀랍게도 박제가와 같은 해에 불과 6개월 차이로 뒤를 따라간 것이다. 현재 박지원의 묘는 북한 땅인 경기도 장단군 송서면 대세현에 있으며, 황진이의 묘와 함께 보수되어 오늘에 이르고 있다.

04

친구의 죽음 이후까지
-마르크스와 엥겔스

서양 철학자들의 경우에도 관포지교 못지않은 아름다운 우정이 있었으니, 바로 마르크스와 엥겔스의 이야기이다.

마르크스는 독일 라인 지방 트리어에서 변호사의 아들로 태어났다. 그리고 아버지의 뜻에 따라 본Bonn 대학의 법학부에 진학하였다. 그러나 법학보다는 철학과 역사학에 더 관심이 많았다. 대학생으로서의 마르크스는 그리 모범적이지 않았다. 싸우다가 다치는가 하면, 술을 마시고 큰 소리로 노래를 부르거나 하여 학생 감옥소에 들어가기도 했다.[10] 그리고

10 　마르크스가 본(Bonn) 대학교에서 법학을 공부할 당시, 1836년 6월 16일부터 6월 17일까지 하룻동안 학생 감옥에 수감되었다는 기록이 대학 박물관에 보관되어 있다. 죄목은 '밤늦게 길거리에서 고성방가'한 일이었다. 1386년에 세워진 하이델베르크 대학 구내에는 학생 감옥이 있었고, 1712~1914년 사이에 경범죄를 저지른 학생들을 2주 동안 가두어 놓았다. 3일간은 빵과 물만 주고 밖으로도 나갈 수 없었다. 하지만 그 이후에는 사식(私食)도 허용되고 수업도 받을 수 있었다. 그

금지된 무기를 가지고 있다 하여 고소당한 적도 있었으며, 더 나아가 흥청망청한 돈 씀씀이로 빚을 지기까지 했다. 그럼에도 23세의 나이에 한 시간도 출석한 적이 없는 예나 대학에서 철학 박사 학위를 받는다.

마르크스는 헤겔 학도의 모임인 박사 클럽의 회원이 되어 그곳에서 밤낮없이 토론에 열중하였다. 교수가 되려고 하였지만 대부분의 헤겔 좌파들처럼 그 역시 보수주의적인 프로이센지금의 독일 정부의 방해로 뜻을 이루지 못했다. 교수직 진출을 포기한 마르크스는 《라인 신문》의 편집장을 맡아 진보적인 논설을 싣기 시작했다. 그러나 이 자리 역시 정치적 이유에 의해 프로이센 정부가 발행 금지 명령을 내린 데다가 신흥 자본가들의 미적지근한 태도까지 겹쳐 곧 없어지고 말았다.

그 후 마르크스는 오랫동안 기다려온 약혼녀 예니 폰 베스트 팔렌과의 결혼식을 서둘러 올렸고, 프랑스 파리로 떠났다. 가난과 불행으로 가득 찬 한 철학자의 망명 생활이 시작된 것이다. 그는 파리에서 친구인 루게 가족과 함께 일종의 공산주의적인 공동체 생활을 했다. 그러나 그의 융통성 없는 성격 때문에 곧 갈라서고 만다. 프로이센 정부의 요청에 의하여 프랑스에서마저 추방당한 마르크스는 벨기에의 수도인 브뤼셀로 가서 17명의 회원을 모아 제1차 세계 공산당을 창당한다.

마르크스가 엥겔스를 만난 것은 신문사의 주필로 일할 때였으며 그들은 서로가 쓴 글과 대화를 통해서 사상적 동질성을 발견했다. 하지만 엥겔스가 사회 개혁을 위한 수단으로 무장 투쟁을 절대적 가치로 여겨 반

랬던 까닭에 당시의 학생들은 처벌을 부끄러워하기보다는, 오히려 젊은 날의 낭만으로 받아들였다.

란에 의해 정부를 붕괴시키는 데 동참했던 반면, 마르크스는 그런 방법으로는 목적 달성이 어렵다고 생각했다. 어중간한 반란은 정부군의 강한 세력 앞에 힘을 쓰지 못할 것이 분명하다고 판단했기 때문이다. 엥겔스는 마르크스의 반대에도 불구하고 반란에 동참하지만 결국 정부군에 패배하고 만다. 마르크스 역시 정부의 탄압 때문에 신문사를 나와 당시 비교적 자유로운 곳이던 프랑스 파리로 거처를 옮긴다. 이때 엥겔스는 영국으로 돌아갔다.

그러나 얼마 지나지 않아 두 사람은 파리에서 다시 만났고 변함없는 우정을 확인한다. 이후, 엥겔스는 평생 동안 마르크스에 대한 재정적 지원과 함께 『자본론』 집필에도 도움을 아끼지 않았다. 엥겔스야말로 마르크스의 아내와 함께 『자본론』의 초고를 읽을 수 있는 유일한 인물이기도 했다. 마르크스는 악필惡筆이었던 데다 책으로 묶어서 만들기에는 체계가 부족했기 때문에 엥겔스의 도움이 그만큼 절실했던 것이다.

독일 혁명이 일어났을 때 조국인 독일로 돌아온 엥겔스는 마르크스와 함께 「공산당 선언」을 발표한다. 두 사람이 공동으로 집필한 「공산당 선언」은 1848년 프랑스 2월 혁명 직전에 발표된 과학적 공산주의의 가장 핵심적인 문서로 "인류의 역사는 계급 투쟁의 역사로서 부르주아 계급을 타도하고 프롤레타리아 계급의 세상을 만들어야 한다. 자본주의는 그 자체의 내적 모순에 의해 반드시 무너지고야 만다."는 내용을 담고 있다.

"세계의 노동자들이여, 단결하라!"는 표어는 이 책의 마지막 구절이다. 그러나 다시 이러한 것들이 문제가 되어 마르크스는 추방당하는 신세가 된다. 그리하여 결국 마지막 종착지인 런던에서 여생을 보내야 했다.

그렇다면 평생의 친구이자 동지 엥겔스는 어떤 인물인가? 마르크스

보다 두 살 아래인 엥겔스는 1820년 11월 28일, 독일 라인 주洲의 바르멘 시에서 실을 만드는 방적 공장 경영자의 가정에서 태어났다. 엥겔스의 집안은 부유한 자본가 집안이었지만 노동자들의 처우에 신경을 많이 써 주어 사람들의 존경을 받았다. 어린이 노동 착취를 하지 않았을 뿐 아니라 노동자 자녀들을 위한 학교까지 마련해 줄 정도였다. 엥겔스는 그 아이들과 함께 스스럼없이 어울리곤 했다. 그는 아들을 자신 같은 자본가로 키우려는 아버지의 뜻에 의하여 김나지움독일의 중고등학교을 중퇴하고 브레멘 상사에서 일을 시작했다. 이 시기에 엥겔스는 노동자들이 자본가들의 착취와 탄압으로 고통받는 현실을 보고 ≪도이칠란트 통신≫에 지배 계급을 비판하는 수많은 글을 실었다. 1841년 엥겔스는 지원병으로 포병연대에 들어갔으며, 베를린 대학에서 키르케고르와 함께 철학 강의를 들으며 헤겔 좌파가 되었다. 이때 사귄 친구로 마르크스가 있었는데, 엥겔스의 아버지는 마르크스 같은 '불량 학생'과 어울리는 것을 걱정하여 아들을 영국으로 보내 버린다. 군 복무를 마친 그는 영국의 맨체스터로 건너가 영국 노동 계급의 비참한 삶을 깊이 연구하였다. 엥겔스의 이러한 현실 비판적인 사고는 마르크스가 이상적 사회주의를 비롯한, 현실에 맞지 않는 사회주의 사상들을 극복하고 과학적 사회주의라는 고유의 사상을 형성하는 데 큰 도움이 되었다.

영국에서 귀국하는 도중 파리에서 마르크스와 만난 엥겔스는 둘 사이에 확고한 우정을 유지하며 협력을 이어간다. 이들은 1844~1846년에 걸쳐 공동저서인 『신성 가족』과 『독일 이데올로기』를 출판하면서 변증법적 사적史的 유물론의 토대를 마련하였다. 또 공산주의 동맹을 조직하는 등의 활동을 함께하였고, 마침내 동맹의 규범으로 「공산당 선언」1848년을 발표하게 되었던 것이다. 1849년, 라인 지방과 남부 독일에서 무장 투쟁이 일어나자 군 복무 경험이 있는 엥겔스는 직접 군사 행동에 참가해서 프로이센 군에 대항하는 작전을 지휘하기도 했다. 그러나 무장 투쟁이 실패한 후 엥겔스는 공개 수배의 대상이 되었고 심지어 가족들까지 경찰에 끌려가 심문을 받았다. 이듬해 마르크스의 제안으로 런던으로 건너갔으며, 마르크스의 과학적 사회주의 운동을 적극적으로 도왔다. 그리고 1850년 11월부터 마르크스가 『자본론』 1권의 원고를 마무리 짓고 생을 마칠 때까지 거의 한평생을 함께 하며 물질적으로도 많이 도왔다. 연봉의 절반을 꼬박꼬박 마르크스 가족에게 나눠 주었다는 기록도 있다. 엥겔스는 동업자가 사무실을 비울 때 금고에서 우편환이나 우표, 5파운드짜리 지폐까지 훔쳐 보내기도 했다. 또 쇼핑조차 귀찮아하던 마르크스를 위해 식료품을 가득 담은 바구니를 보내기도 하고, 마르크스 딸들의 생일 선물까지 꼬박꼬박 챙겨 줬다. 특히 1864년에 엥겔스는 마르크스와 함께 런던에서 노동자들의 최초 국제적인 조직 〈제1 인터내셔널〉을 창건하였으며 파리 코뮌1871년 파리에서 일어났던 마르크스주의 운동이자 인류 역사상 최초의 공산주의 정권을 적극 지지 성원하였다.

말년의 마르크스는 런던에서 매우 가난한 생활을 해야 했다. 잡지 창간은 실패하였고, 무섭게 불어나는 가족들과 경제적 궁핍이 그의 목을 짓눌렀다. 가구를 저당 잡혀 차압당하는가 하면 언젠가 한번은 그의 옷이 전당포에 잡혀 있어서 외출조차 할 수 없었다. 게다가 병마病魔는 끊일 새 없이 그의 가족을 찾아들었고, 그의 자녀 가운데 몇몇 아이만이 태어난 첫해를 겨우 넘겼다. 부인 예니는 절망에 빠져 '이렇게 비참한 생활을 하느니, 나와 아이들은 차라리 죽어 버리는 것이 낫겠다'는 생각을 자주 하게 됐다. 마르크스는 빚으로 압박받다가 마침내 파산을 선고하려고 까지 하였다.

그러나 평생 동안 그의 충실한 벗이었던 엥겔스가 이 최악의 조치를 막아 주었다. 만약 부유한 섬유 공장주의 아들인 엥겔스가 그를 경제적, 정신적으로 후원하지 않았더라면 그의 삶은 보다 일찍 비극적으로 끝났을지 모른다.

마르크스는 결혼과 함께 아이를 낳았지만 엥겔스는 평생을 (법적으로는) 독신으로 지냈다. 따라서 마르크스의 딸들은 엥겔스를 삼촌처럼 여겼고, 엥겔스 역시 마르크스가 죽은 후까지 그의 딸들을 돌보았다. 심지어 엥겔스 자신이 세상을 떠날 때조차 그 딸들에게 적지 않은 유산을 남겨 주었다. 그러나 충실한 후원자 엥겔스에게 보낸 한 편지에서 마르크스는 그 동안 집세를 내지 못해 오히려 집주인이 쫓아내 주었으면 하고 바라기도 하고 제대로 끼니를 이을 수도 없으며, 딸과 하인의 약값조차 대지 못한다고 슬퍼했다.

한편 마르크스의 윤리 의식을 흠집 내고자 가끔 거론되는 사건이 있다. 엥겔스가 사실혼 관계의 아내를 잃고 커다란 슬픔에 잠겨 있을 때, 마르크스는 엥겔스에게 보낸 편지에서 위로의 말보다도 구걸의 내용이 훨씬 많았고, 이 일로 인해 둘 사이가 서먹해졌다가 다시 화해하였다는 것이다. 여기에는 결혼에 대한 두 사람의 가치관 차이도 한몫 거들었을 것으로 짐작되는데, 마르크스가 신실한 유대교 랍비 가문이었던 어머니의 영향으로 성 문제에 있어서 다소 보수적이었던 터라, 엥겔스가 사회적으로 경멸받는 아일랜드인 출신 문맹 여자와 사실혼 관계였던 것을 내심 못마땅하게 여겼던 것 같다. 이런 상황에서 위로의 말보다 돈 부쳐 달라는 말을 더 많이 했으니. 이상한 분위기를 눈치챈 마르크스가 일주일 후, '집안 사정이 너무 어려워 그랬다'는 내용의 편지를 보내자 엥겔스는 "그렇게 솔직히 얘기해 주니 고맙네. … 메리는 잃었지만 가장 오랜, 가장 좋은 친구까지 잃을 생각은 없다네."라는 화해의 답장을 보낸다. 이로써 자칫 심각해질 수도 있었던 불화가 일단락되고, 우정을 재확인하는 차원에서 엥겔스는 100파운드를 동업자의 통장에서 빼내 마르크스에게 보내 줬다. 이와는 다른 또 하나의 소문이 있었는데, 그것은 마르크스가 하녀와 연애 소동을 일으켰다는 것이다. 너무 악의적이어서 의심스럽기는 하지만, 그 내용을 간추려 보면 다음과 같다.

"그는 하녀에게 임신을 시켰으며(1851년), 부인인 예니의 고통은 일생 가운데 최고조에 달했다. 더구나 마르크스는 이 사실을 아내에게 속이고자 하녀의 상대 남자 역을 엥겔스에게 맡겼으며, 죽음에 임박해서야 엥겔스가 이 사실을 털어 놓았다."

그러나 이와 다른 주장도 있다. 마르크스는 가정부 헬레네 렌헨 데무트에게 아이를 배게 했는데, 그렇게 태어난 사생아 프레디를 마르크스의 아내 예니가 엥겔스에게 직접 연락하여 맡아 달라고 부탁하였다. 엥겔스는 혁명 동지의 가정을 지켜줌으로써 혁명의 대의를 이어 간다는 명분 아래 비공식적으로 사생아의 친부가 되어 주었으며 아이가 자신의 세례 명 쓰는 것까지 허용했다. 그 과정에서 엥겔스의 명예가 훼손되었음은 물론이다. 이래저래 엥겔스는 '아들'에게 냉담한 태도를 보였는데, 이를 이상하게 여긴 사람은 마르스크의 딸 엘리노어였다. '평소 누구에게나 친절했던 선생님이 왜 유독 자신의 아들에게?'라는 의심을 한 것이다. 그리고 그 의심은 엥겔스의 임종하는 자리에서 풀린다. "프레디는 사실 마르크스의 사생아야."라고 고백한 것이다. 여기에서 우리가 주목해야 할 포인트는 마르크스의 도가 넘는 '배신 행위'와 온갖 실망스러운 행태에도 불구하고, 엥겔스 자신은 끝까지 아름다운 우정을 지켰다는 점이다.

어떻든 이 모든 역경에도 불구하고, 마르크스가 연구를 이어 갈 수 있었던 데에는 친구의 도움이 그만큼 컸다고 할 수 있겠다. 1850~1864년까지 마르크스는 정신적 고통과 물질적인 빈곤 속에 빠져 있었다. 그럼에도 불구하고 대영박물관 도서관에 다니면서 경제학을 연구하는 한편, 1851년부터 미국의 《뉴욕 트리뷴》지의 유럽 통신원으로 활동하기도 했다. 1865년부터는 필생의 대작인 『자본론』을 쓰기 시작하여 3년 후, 제1권을 출판하였다. 자본주의의 전체 모습을 조망함과 동시에 자신의 유물론 사상을 집대성한 이 저서의 2권과 3권은 그가 세상을 떠난 후, 엥겔스에 의해 출판되었다.

마르크스는 마지막 10년 동안 만성적인 정신적 침체에 빠져 있었으며, 최후의 수년 동안은 많은 시간을 휴양지에서 보내야 했다. 1881년 12월에는 아내의 죽음으로, 1883년 1월에는 큰딸의 죽음으로 충격을 받은 마르크스는 그해 3월 14일, 런던 자택에서 평생의 친구이자 협력자인 엥겔스가 지켜보는 가운데 65세로 일생을 마쳤다. 엥겔스는 추도사에서 이렇게 말했다.

"반대자는 많았으나 개인적인 적敵은 한 사람도 없었다. 그의 이름은 수백 년이 지나도 살아 있을 것이며 그의 저서도 그럴 것이다."

마르크스 사후에는 그가 미처 다 쓰지 못한 『자본론』[11]의 2권과 3권의 원고를 정리하여 출판하는 일로 한동안 바쁘게 지냈다. 마르크스가 남긴 원고들은 출처 인용이 전혀 정리가 되어 있지 않은 데다 악필로 유명한지라 해독하기가 여간 어렵지 않았다. 2년 동안 2권의 원고를 정리 출간하는 과정에서 엥겔스의 시력이 급격히 나빠지기도 했다. 그러나 엥겔스가 죽은 후로는 마르크스, 레닌과 함께 공산주의 3대 위인으로 추앙을 받기도 했다.

엥겔스는 75세가 되던 1895년 8월 5일 식도암으로 세상을 떠났으며, 그의 유해는 그의 뜻에 따라 바다 속에 뿌려졌다. 지금 우리는 어떤 의미로든 엥겔스의 추도사를 현실로 경험하고 있다. 동시에 친구가 살아 있을 때에나 죽은 후에나 변함없이 그를 지지하고 사랑한, 고매한 한 인격을 보게 되는 것이다.

11 　『자본론』: '사회주의의 바이블'로 평가되는 책이다. 제1권은 상품·화폐·자본·잉여가치의 생산 과정, 제2권은 자본 순환의 여러 형태, 제3권은 잉여가치가 여러 계급에 분배되는 법칙 등의 내용으로 되어 있다.

제7부

우정이
철천지원수로

01
친구를 죽이다
-한비자와 이사

역사적으로 이 분야에서 유명한 예는 중국의 법가사상가인 한비자와 이사앞의 3부 참조가 아닐까 하는 생각이 든다. 두 사람의 견원犬猿 관계는 마침내 한 위대한 철인을 죽음으로 내몰았으니. 한비자는 소년 시절에 이사와 함께 대유학자인 순자荀子에게서 배웠다. 그런데 당시 한나라는 진나라에게 많은 땅을 빼앗긴 채, 멸망의 위기에 놓여 있었다.

이에 마음이 답답해진 한비자는 왕에게 편지를 띄워 나라를 다스리는 방법에 대해 건의하였다. 그러나 그의 충정에도 불구하고, 왕으로부터는 아무런 대답이 없었다. 성격이 괴팍한 한비자는 화가 치밀어 올랐다. 그리하여 이제는 글로써 자신의 울분을 풀겠다는 마음에서 10만여 자나 되는 책을 썼는데, 이것이 바로 『한비자』[1]이다. 그러나 왕은 책을 눈여겨보지도 않았으며 한비자가 말더듬이라는 이유로 등용하지도 않았다. 그런데 어떤 사람이 이 책을 가지고 진나라의 시황제에게로 갔다. 진시황은 그것을 읽고는 "참으로 내가 이 사람을 만나 함께 이야기할 수 있다면 죽어도 여한이 없겠다."고 하였다.

그러자 옆에 있던 이사가 "이것은 틀림없이 한비자의 저술인데, 저는 이 자와 함께 공부한 바 있습니다."라고 자랑하며 "한나라에 가면 반드시 그를 찾을 수 있을 것입니다."고 덧붙였다.

이에 진시황은 한비자를 만날 욕심으로, 한나라를 급히 공격하도록 명령하였다. 시황의 군대가 국경을 넘어오자 그 공격 의도를 알아차린 한나라 왕이 즉시 한비자를 진나라로 보냄으로써 화를 모면할 수 있었다. 한비자를 진나라에 '파견'한 이유가 두 가지 있었는데, 하나는 적국의 동향을 탐지하도록 하기 위함이고, 다른 하나는 이사와의 교분도 있고 하니 진나라와 우호 관계를 맺기 위함이었다는 설도 있다.

한비자를 직접 만나 본 시황은 그의 탁월한 견해를 높이 평가하였으며, 또한 크게 환대하였다. 이때 한비자는 시황에게 이렇게 말한다.

"폐하, 한나라를 공격해서는 안 되는데, 그 까닭은 다음과 같사옵니다. 첫째, 한나라는 이미 진나라의 속국이나 다름없는데 그런 한나라를 공격한다면 아무도 진나라를 믿지 않게 될 것입니다. 둘째, 한나라가 멸망하면 조나라가 즉각 위나라와 동맹을 맺을 것이기 때문에 조나라를 공격하기가 어려워집니다. 마지막으로 조나라를 먼저 공격한 후 위나라와 제나라를 정벌하면 한나라는 편지 한 통으로 항복하게 될 터이니 굳이 공격할 필요가 없습니다."

1___ 『한비자』: 한비자(韓非子)의 저서로, 법가의 제왕학, 부국 강병론, 체제개혁론과 함께 인간과 권력에 대한 색다른 철학을 담고 있는 명저(名著)이다.

그러나 친구인 이사는 학생시절에 자신이 한비자보다 못한 줄을 이미 알고 있던 데다 그가 시황의 총애까지 받게 되자 심한 질투심을 느꼈다. 그래서 어느 날, 시황 앞에 나가 헐뜯으며 말하였다.

"한비자는 한나라의 공자公子-지체가 높은 집안의 자제입니다. 그는 자기의 조국 한나라를 위하여 이곳에 왔습니다. 결국 진나라를 위하지는 않을 것입니다. 지금 임금께서 그를 등용하지도 않고 붙들어 두었다가 돌려보낸다면 천하를 통일하는 데 후환을 남기는 일이 될 것입니다. 그는 우리의 사정을 잘 알기 때문에 우리에게 반드시 불리할 것인즉, 그에게 죄명罪名을 씌워 죽이는 것이 좋을 것입니다."

그러나 따지고 보면 한비자를 모함하는 이사 자신도 초나라 사람으로서 진나라가 조국이 아닌 것은 마찬가지였다. 우둔한 시황은 이사의 간교한 말을 믿고 한비자를 옥에 가두었지만 그를 죽일 의향까지는 없었다. 이에 안달이 난 이사는 시황의 마음이 변하기 전에 몰래 하수인을 시켜 독약을 보내 자살하도록 명령하였다. 한비자는 이사의 모함을 눈치채고 여러 차례 시황에게 상소하였으나, 끝내 기회를 얻지 못한 채 죽고 말았다. 결국 그의 억울한 죽음은 동문수학同門受學한 친구의 손에 의해 이루어진 것이었다.

그러나 이사 역시 조고[2]의 모함으로 처형당하고 말았다. 그는 죽기 직전까지 '진나라가 천하를 통일하는 데 큰 공을 세운 나인데, 설마 죽이기

---

2   조고(趙高): 중국 진(秦)나라의 환관으로, 시황제의 우둔한 막내아들 호해를 2세 황제로 삼아 마음대로 조종했다. 2세 황제에게 참소하여 이사를 처형시킨 뒤, 승상이 되어 모든 권력을 한손에 거머쥐었다.

야 할까?'라 생각하고 모진 고문에도 끝내 자결하지 않았다고 한다. 그러나 그는 결국 함양의 저잣거리에서 허리가 잘려 죽었고 친척 모두는 몰살되고 말았다. 나중에야 모든 것을 깨달은 시황이 아직도 한비자가 살아 있을 것으로 생각하여 사람을 보내어 그의 죄를 벗겨 주었다. 그러나 그때는 이미 한비자의 몸이 백골로 변하고 난 뒤였다. 결국 친구를 시기 질투한 그 못된 심보가 역사상 위대한 친구를 사지死地로 내몰고 그 스스로 비참한 말로를 맞이하게 한 것이다. 물론 이사가 한비자에 대한 질투 때문이 아니라 한비자의 존재 자체가 한나라를 정벌하는 데 걸림돌이 되기 때문이었다는 설도 있고, 친구인 한비자에게 끔찍한 거열형을 받도록 하지 않기 위해 독주를 전했다는 설도 있다. 그러나 이 모두 설득력은 떨어진다고 봐야 할 것 같다.

비록 철학자들은 아니지만 이들 두 사람보다 더한 경우가 중국에 있었다. 귀곡 선생 아래에서 동문수학한 제나라 출신의 손빈孫臏과 위나라 출신의 방연龐涓 이야기이다. 여기에서 말하는 귀곡 선생은 기원전 4세기 전국 시대에 살았던 정치가이자 천재 병법가를 가리킨다. 험지인 귀곡(鬼穀)에서 은거했기 때문에 귀곡자 또는 귀곡 선생이라 불린 그는 이름과 성씨 및 고향이 알려져 있지 않다.

어떻든 손빈과 방연은 그의 뛰어난 제자 가운데 들어 있었다. 손빈은 군사 전문가의 후손으로 태어났다. 그리고 그 자신도 군사 이론과 실천에서 대단히 높은 수준을 과시하였고, 탁월한 전공을 세웠다. 이 손빈이 청년 시절에 방연과 함께 병법을 배웠는데, 학업 성적이 늘 방연을 앞질러 그의 시기와 질투 대상이 되었다고 한다.

한편, 학업을 마친 방연은 위魏나라에 가서 벼슬을 하다가 혜왕惠王에 의해 장군으로 임명되었다. 당시 제나라와 위나라는 중원中原의 패권을 놓고 격렬하게 싸우고 있었다. 이 와중에도 천성이 탐욕스럽고 음흉한 방연은 손빈을 은근히 시기하고 있던 터라, 제나라에서 손빈을 기용하면 어떡하나 몹시 불안해했다. 그래서 비밀리에 손빈을 자신이 몸담고 있는 위나라로 초빙했다.

그러나 손빈이 위나라로 오자 이번에는 혜왕이 그를 발탁하지 않을까 그것이 걱정되어 음모를 꾸미기 시작했다. 사악한 방연은 손빈을 제나라의 첩자로 몰아 무릎 아래를 잘라내는 형벌인 빈형을 가해서 앉은뱅이로 만들었다. 더 나아가 손빈의 얼굴에다 죄인임을 나타내는 경형黥刑-묵형의 흔적까지 남겼다. 더 가증스러운 것은 방연이 자신의 정체와 의도를 철저하게 숨긴 채, 손빈에게 마치 은혜를 베푸는 것처럼 일을 꾸몄다는 사실이다.

얼마 뒤 동문수학한 방연의 지독하고 천인공노할 흉계와 그 진상을 알아차린 손빈은 이를 갈아 부쳤다. 이때부터 그는 정신병자 노릇을 하면서 하루하루 목숨을 이어 나간다. 그러던 중 다시금 제나라 장군 전기田忌에게 구출되어 몰래 위나라를 탈출하였다. 불굴의 의지로 사지死地에서 벗어난 손빈은 제나라에서 자신의 일생 중 가장 빛나는 시절을 보낸다. 우선 손빈은 이른바 삼사법3을 창안해 냈고, 이것이 인연이 되어 제나라

3 　　삼사법(三駟法): 손빈 당시의 경마 규칙은 각기 다른 말 3마리를 경주에 내보내, 두 번 이기는 사람이 승리하게 되어 있었다. 이에 손빈은 어느 날 상대편 말과 전기(田忌, 제나라 장군)의 말을 각각 상·중·하 세 등급으로 나누었다. 그러고는 상대가 어떤 등급의 말을 내보내는가에 따라, 대응

위왕으로부터 군기를 장악하고 군사 작전을 짜는 고급 참모로 임명받았다. 그리고 대장군 전기를 도와 두 차례 전쟁에서 큰 승리를 거두었으며, 이러한 경험을 바탕으로 『손빈 병법』이라는 군사 이론서를 저술하였다. 물론 이러한 사실을 알 리 없는 방연은 숙적 손빈을 죽였다고 안심하고 있었다.

드디어 손빈의 보복이 시작되었으니, 위나라 지역 안에 진입한 제나라 군대는 곧장 대량大梁-황하 남쪽 북례의 수도으로 진격해 들어갔다. 당황한 혜왕은 서둘러 후퇴할 것을 명령했다. 그리고 태자를 사령관에 임명하여 제나라 군대를 공격하도록 했다. 이번에는 사생결단을 내겠다는 심산이었다. 위나라 군대가 기세등등하게 결전에 나선 모습을 본 손빈은 겁을 먹고 후퇴하는 것처럼 꾸며 적을 깊숙이 유인하고자 하였다.

제나라 군대는 작전상 후퇴하기 시작했다. 그리고 첫날 10만 병사의 밥을 짓는 솥을 둘째 날에는 반으로 줄이고, 셋째 날에는 3만 명분으로 줄였다. 이를 확인한 방연은 제나라 군대가 겁을 먹고 있다 판단했다. 의기양양해진 방연은 중장비 부대와 보병은 남겨 둔 채, 날쌘 기병만을 이끌고 제나라 군대를 쫓기 시작했다. 한편, 손빈은 위나라 군대의 추격 시간을 세밀하게 계산하고 있었다.

"오늘 밤이면 마릉馬陵-지금의 산동성 견성 동북에 도착할 것인데, 이곳은

말를 내보냈다. 상대가 상등(上等)을 내보내면 손빈은 하등(下等)의 말을 내보내, 기꺼이 패배를 감수한다. 이어 상대가 중등(中等)의 말을 내보내면 상등(上等)으로 대응하여 한 판을 이긴다. 나머지 경주는 상대의 하등(下等)과 손빈의 중등(中等)이 붙기 때문에, 물어볼 것도 없이 2승 1패로 승리하게 된다. 이 법은 경마와 같은 내기 도박뿐 아니라, 군대의 전술로도 활용되었다.

길이 좁고 지세地勢가 험한 데다, 나무가 무성하여 숨어 있기에 안성맞춤이지. 게다가 나는 이곳 출신인지라 이 일대의 지형에 대해서는 훤히 알고……."

그는 이 일대에 궁사 1만 명을 길 양쪽에 매복시킨 다음 '위나라 군대가 도착하여 횃불이 타오르면 일제히 불빛이 있는 쪽으로 화살을 날리도록' 명령을 내려 두었다. 또 길 옆에 서 있는 가장 큰 나무의 껍질을 벗기고는 그곳에 "방연은 이 나무 아래에서 죽는다!"라고 써 놓았다.

날이 어두워지자 예상대로 방연이 마릉에 이르렀다. 그는 나무에 무슨 글자 같은 것이 쓰여 있음을 발견하고는 더 자세히 보기 위해 횃불을 밝히도록 명령을 내렸다. 횃불이 타오르는 순간, 화살이 비 오듯 날아들었다. 일대 혼란에 빠진 위나라 군대에는 명령도, 신호도, 퇴각을 알리는 북소리도 먹히지 않았다. 대세가 기울었음을 직감한 방연은 스스로 목숨을 끊었다. 그 와중에도 "결국 손빈 이 자식의 명성을 높여 주는구나!"라며 끝까지 질투의 마음을 버리지 못했다고 한다.

전쟁에서 대승을 거두었을 뿐 아니라 개인적 원한까지 풀어 없앤 손빈은 이후, 속세를 버리고 산야에 은둔했다. 일설로는 귀곡 선생과 함께 선계로 갔다고도 전해진다.

02

질투가 삼켜 버린 우정
-흄과 루소

스코틀랜드 출신의 회의주의자이자 철학자인 흄과 스위스 출신의 프랑스 계몽주의 사상가인 루소와의 다툼도 흥미롭다. 흄은 '모든 의식은 인상印象-어떤 대상에 대하여 마음속에 새겨지는 느낌에 기초한 감각적인 경험에서 생겨난다'고 주장함으로써, 경험론의 입장에서 철저한 회의론자를 자처하였다. 반면 루소는 계몽주의자들의 지성 편중과 사회의 불합리성을 격렬하게 비판하였으며, 프랑스 혁명에 있어서 예언자적 역할을 담당하였다. "이른바 문명이 자연적인 인간 생활을 왜곡시켜 사회적 불평등을 조성하였고, 이것이 오늘날의 사회악을 만들어 냈다."고 지적하면서 '자연으로 돌아갈 것'을 외쳤던 것이다.

사상이나 기질에 있어서 별다른 공통점을 찾을 수 없는 이 두 사람이 어떻게 해서 인연을 맺게 되었을까? 우연히도 두 사람은 같은 시기, 파리에 함께 있었다! 영국 런던에서 2시간 남짓 떨어진 서부 도시인 브리스톨에서 프랑스로 건너간 흄은 그곳에서 3년 동안 검소한 삶을 보내며, 『인성론』을 저술하였다. 그리고 이 책을 출판하기 위해 다시 런던으로 돌아왔다. 이 책은 큰 호응을 얻지 못했고 많이 팔리지도 않았다. 하지만 학계의 주목을 끌기에는 충분했다. 다만 그 관심이 경멸적이라는 데에 문제가 있었다.

이와 달리 그가 이름을 숨긴 채 출판한 『도덕과 정치논집』은 독자들의 반응을 불러일으키며 상당한 성공을 거두었다. 이에 용기를 얻은 흄은 스코틀랜드에 위치한 에든버러 대학의 윤리학과 정신 철학 교수직 응모에 신청서를 제출했다. 그러나 무신론자라고 하는 비판이 반대편에서 제기되었던 탓으로, 흄 자신의 적극적인 변호에도 불구하고 결국 교수 임용에는 실패하고 말았다.

이후 흄의 생활은 궁핍해져 갔다. 생계를 유지하기 위해 아난달 후작의 가정 교사가 되었을 때, 그의 연봉은 300파운드에 지나지 않았다. 하지만 글을 쓸 수 있는 시간적 여유가 보장되었기 때문에 흄은 이 생활에 만족해했다. 그러나 알고 보니, 아난달 후작은 정신 이상자로서 매우 괴팍한 젊은 귀족이었다. 그의 이상한 성격이 발동해서였는지 흄은 1년 만인 1746년 4월, 해고를 당하고 말았다. 할 수 없이 고향인 스코틀랜드로 돌아가려 했으나 다행히 먼 친척뻘이자 장군인 클레어 경의 비서로 일할 수 있게 되었다. 그리고 바로 이 시기에 그의 주저인 『인간오성에 관한 연구』가 완성되었다.

그 후, 스코틀랜드로 돌아온 흄은 에든버러에 있는 변호사 협회 도서관의 직원으로 근무했다. 도서관 사서의 장점 가운데 하나는 저술에 필요한 책들을 맘껏 볼 수 있다는 점이었다. 이곳에서 흄은 『영국사』를 집필하였고, 이 책이 큰 성공을 거두어 판권으로 벌어들인 돈만 3,000파운드에 이르렀다. 이 책으로 인해 흄은 철학자로서보다는 역사가로서 더 높이 평가받기도 했다.

뛰어난 업적을 남김으로써 상류 사회의 일원이 된 흄에게 하나의 제안이 들어왔다. 프랑스 법원 영국 대사로 임명받은 허트포드 백작이 자신의 개인 비서로 일해 줄 것을 요청한 것이다. 거듭되는 요청에 마침내 흄은 1763년, 프랑스행을 결심한다. 물론 파리에서 그의 생활은 성공적이었다. 당시 프랑스 계몽주의 철학자들은 그를 존중하고 우대해 주었다.

그러나 1766년 1월, 영국으로 귀국하는 길에 흄은 루소와 동행하는 결정적인 실수를 저지르고 만다. 많은 철학자들이 '루소를 믿어서는 안 된다'고 충고하였지만, 흄은 아랑곳하지 않았다. 두 사람은 함께 지낼 수 있는 집까지 구하여, 서로 존중하면서 좋은 시절을 보냈다. 그러나 이런 친밀한 관계는 얼마 가지 못했다. 월폴[4]이 루소에 대한 풍자의 글을 영국 출판계에 발표하자 루소의 피해망상증이 재발하고 말았던 것이다. 루소는 이것을 흄의 탓으로 돌리며 '흄이 철학자들과 합세하여 음모를 꾸몄다'고 굳게 믿었다. 흄은 자신의 결백을 루소에게 설득하려 했으나 실패하고, 결국 루소는 말 한마디 없이 프랑스로 돌아가고 말았다.

그렇다면 왜 흄이 그처럼 루소에게 자비를 베풀었을까? 스코틀랜드섬 출신으로 잉글랜드영국 본토에서 그다지 인정을 받지 못했던 흄은 프랑스에서 최고의 찬사와 좋은 대접을 받았다. 반면 루소는 프랑스 소르본 대

---

4   월폴: 최초의 공포 소설 『오트란토 성』으로 유명한 영국 소설가이다.

학으로부터 고발당하고, 의회로부터는 죄에 대한 심판을 받았다. 성직자들이 선동한 군중의 돌팔매질을 당하고, 조국인 스위스에서마저 쫓겨나는 신세가 되었다. 모두가 1762년 『사회계약론』과 『에밀』이 나오면서부터였다. 파리에서 『사회계약론』은 봉인되었고, 『에밀』은 불태워졌다. 경찰은 이 책을 압수하는 한편, 루소에게 신체구금의 형을 내렸다. 루소는 프러시아에 속하는 뇌샤텔스위스 서부의 도시의 공국으로 피신하였고, 여기에서 국적을 얻는 대가로 제네바의 시민권을 포기해야 했다.

이 무렵, 흄은 바로 이 53세의 망명객을 위해 영국에 은신처를 마련해 주어야 하는 무거운 짐을 떠맡은 것이다. 물론 흄이 루소를 직접 챙긴 데에는 평소 자신이 소외당했었던 경험이 한몫 거들지 않았을까 추측된다. 그러면 여기에서 당시 흄이 루소에게 제안한 내용을 들어 보도록 하자.

"영국의 서적상들은 파리의 서적상들보다 더 많은 인세印稅를 지급할 수 있으니, 당신이 조금만 수고를 무릅쓴다면 검소하게 생활하는 데 어렵지는 않을 것이오. 내가 이런 상황을 말하는 이유는 인류에게 은혜를 베풀면서도 어떤 보답조차 받지 않으려는 당신의 단호함을 잘 알고 있기 때문이오."

이에 대한 루소의 답변 역시 매우 호의적이었다.

"당신의 선량한 마음은 내게 영광이자 감동입니다. 당신의 제안에 대한 최고의 답은 그 제안을 받아들이는 것이며 나는 감히 그렇게 할 것입니다. 5~6일 안에 당신 품으로 출발하겠습니다. … (중략) 무엇보다 이는 동시대인 중 가장 저명하며 선량한 마음이 그 명성을 뛰어넘는 당신에게 의지함을 기뻐하는 내 마음의 충고입니다. 나는 평화롭게 삶을 마무리할 수 있는 고독하고 자유로운 은신처를 간절히 원합니다."

1766년 1월 10일 저녁, 폭풍우가 휘몰아치던 영국 해협. 항구에 발이 묶여 있던 여객선 한 척에 영국인 외교관과 스위스인 망명객이 함께 올랐다. 두말할 필요 없이 그 주인공들은 데이비드 흄과 장-자크 루소였다. 이들은 목적지인 영국의 도버 항구 쪽을 바라보며 '서로를 영원히 존경하고 우정을 함께 나눌 것'을 굳게 약속했다. 앞으로 18개월 동안 천국과 지옥을 동시에 맛보게 될 것이라는 사실을 알지 못한 채로.

끝까지 아름다울 것 같던 우정에 금이 간 것은 영국에서 일어난 대반전 大反轉으로부터였다. 흄이 상대적으로 덜 주목을 받았던 데 비하여, 루소는 그야말로 엄청난 찬사를 받았던 것이다. 『영국사』의 저자로 부와 명성을 손에 쥐고 공직에서도 많은 활약을 펼쳤던 흄이 루소로 인하여 빛을 잃게 된 것이다. 이 때문에 잔뜩 속이 상해 있는데, 당시 비정상적인 심리 상태에 있던 것으로 보이는 루소마저 엉뚱한 주장을 하고 나섰으니 둘의 우정이 깨질 수밖에 없었다.

"대중들은 속기 좋아하고, 흄은 그들을 속이기 위해 태어났다. 그의 초청은 나의 명성을 깎아내리려는 비열한 음모였다!"

흄은 자신의 호의와 진심을 몰라준 채, 한바탕 악다구니를 쓰고 프랑스로 되돌아가 버린 루소를 도저히 이해할 수 없었다. 흄은 즉각 사건의 자초지종을 밝힌 소책자를 출판하여 루소의 비방이 아무런 근거도 없다고 주장했다. 나중에는 루소를 맹비난하는 단계에까지 나아갔다.

"그는 가장 사악한 인간이자 인간의 본성을 모독하는 가장 흉악한 악당이며, 심지어 거짓말쟁이에 잔인하고 파렴치한 인간이다!"

사실 흄은 보통의 회의론자 이미지, 가령 풍채가 빈약하고 남을 의심하는 눈초리에 비아냥거리는 것 같은 입을 가진 사람과는 거리가 멀었다. 그의 얼굴은 둥글넓적하고 살이 많이 찐 편이었으며, 입은 크고 우직한 느낌을 주었다. 얼굴이 못났음에도 불구하고 그가 파리에서 근무하는 동안에는 사교계 부인들 사이에 인기가 높았다고 한다. 미혼未婚인 덕분(?)인지 알 수는 없지만 그의 성품이 느긋하고 선량했음은 분명했던 것 같다.

그런 그가 루소에 대해서만큼 자제력을 잃은 채 순식간에 무너졌다. 이성으로 무장한 흄이 풍부한 감수성의 주인공 루소의 공격에 과민 반응을 보였다는 사실은 놀라운 일이 아닐 수 없다. 1766년 여름, 흄은 평생 추구하던 중용中庸의 도를 벗어 버리며 결국 '이성은 감정의 노예일 뿐'이라는 사실을 증명하고 말았다. 그리고 이 대목에서 우리는 18세기 계몽주의 시대의 유럽 궁정과 사교계를 발칵 뒤집어놓은 사상 초유의 스캔들을 목도하게 되는 것이다. 이 일이 얼마나 세상 사람들의 관심을 모았던지, 흄을 잘 아는 사람들은 '미치광이' 루소 때문에 그의 성격이 변한 사실에 몹시 안타까워했다고 한다.

03
연구 실적 가로채기
-데카르트와 파스칼

이 두 사람은 근세 합리론의 대표자들로서 같은 시대를 살았던 프랑스의 수학자이자 철학자였다. 그렇다면 둘 사이의 관계는 어떠했을까?

파스칼프랑스의 수학자·물리학자·철학자·종교 사상가은 1623년 법관의 집안에서 태어났는데, 그의 아버지는 특히 수학에 호기심을 품고 있었다. 파스칼은 세 살 때 어머니를 잃고 여덟 살이 되었을 때, 아버지를 따라 파리로 옮겨 간다. 그의 아버지는 이곳에서 일류 학자들을 초대하여 아들에게 과학적 토론을 듣게 한다. 이 덕분인지 파스칼의 수학적 재능은 놀라울 정도로 빨리 나타났다. 학교 교육을 받지 않은 채 혼자 힘으로 유클리드 기하학을 연구하였다. 그리고 마침내 16세 때 연구 성과물인 〈원추곡선론圓錐曲線論〉을 발표하였던 바, 이는 데카르트를 놀라게 하기에 충분했다. 또한 파스칼은 아버지가 세금 계산에 애를 먹는 걸 보고 그 능률을 높여 주기 위하여 1642년 계산기를 발명하였다. 그러나 이와 같은 열정적 연구로 인하여 많은 에너지를 소모하고 말았다. 그 결과, 18세 때부터 그는 서서히 병의 증세를 느끼기 시작했다.

당시의 학계에서는 '진공은 불가능하다'는 데에 이견이 없었다. 그러나 토리첼리이탈리아의 물리학자이자 수학자가 로마에서 진공에 대한 실험을 하였는데, 그 순서는 다음과 같다. 첫째, 1미터의 유리관을 한쪽 끝만 막은 뒤 수은을 가득 채운다. 둘째, 막히지 않은 쪽을 손으로 막아 공기가 들어가지 않도록 한 후, 따로 수은이 가득 들어 있는 둥근 용기 속에 거꾸로 세운 다음 손을 뗀다. 셋째, 그러면 유리관 속에 꽉 채웠던 수은이 약 760밀리미터 정도 아래로 내려오고 유리관 위쪽은 아주 적은 양의 수은 증기를 제외하고는 아무것도 존재하지 않는, 진공 상태가 된다. 이것이 바로 '토리첼리의 진공'이다. 이 실험을 통해 토리첼리는 자연이 진공을 싫어해서 생기지 않는 것이 아니라 역학적인 원인에 의한 것이라 설명하고 있다. 이 이야기를 전해 들은 파스칼은 약 1년 동안 모든 시간과 정력을 끌어모아 이 실험에 집중하였다. 그 결과, 그는 독자적인 실험 결과를 논문으로 발표하여 근대적인 물리 실험법의 창시자로서 명예를 얻게 되었다.

얀센주의[5] 신앙에 접하여 최초의 회심을 경험한 파스칼은 1647년, 건강이 나빠져 파리로 향했고, 이곳에서 27년이나 연상인 데카르트의 방

---

5   얀센주의(Jansenism): 얀세니즘이라고도 한다. 네덜란드의 가톨릭 신학자 얀세니우스가 주창한 기독교 교리이다. 초대 기독교회의 엄격한 윤리로 되돌아갈 것을 촉구하고, 인간의 자유의지를 부정하는 듯한 학설을 부르짖었다. 로마 교황으로부터 여러 차례 이단(異端)으로 선고받았는데, 특히 파스칼이 얀세니즘의 입장에서 예수회 회원의 도덕론을 공격하였던 일은 유명하다.

문을 두 번 받는다. 이때까지만 해도 두 사람 사이에 진공의 본질에 대한 의견 차이는 없었다. 그러나 이듬해 파스칼이 기압의 문제를 해결하기 위해 실험을 했는데, 데카르트는 그 실험을 시사示唆한 사람이 바로 자신이라고 하며 파스칼을 비난하기 시작했다. 그러나 파스칼 역시 그 실험은 자기 자신의 아이디어라고 주장하며 한 치도 양보하지 않았다.

두 사람은 모두 17세기의 프랑스가 낳은 천재적인 사상가들이었지만 물리학의 영역에서뿐만 아니라 성격이나 인생관, 세계관 또는 신과 진리를 대하는 자세에 있어서 너무나 달랐다. 데카르트가 이성을 모든 것의 기준으로 삼는 철저한 합리주의자라면, 파스칼은 이성을 존중하면서도 그 한계를 분명히 인정하는 사상가였다. 데카르트는 "나는 생각한다. 고로 나는 존재한다."라고 말하였지만 파스칼은 오히려 "오만한 인간이여! 신의 말씀을 들어라."고 충고한다.

전자(데카르트)의 신은 이성으로 생각되는 철학자의 신인 데 반하여 후자(파스칼)의 신은 심정으로 느껴지는 종교인의 신이었다. 데카르트의 회의懷疑가 학문적 진리에 도달하기 위한 방법적 회의였다면, 파스칼의 그것은 종교적 진리에 도달하기 위해 신음하면서 탐구하는 회의였다. 그렇기 때문에 파스칼은 데카르트에 대하여 반대의 입장을 명백히 표시하였던 바, 『팡세』에는 다음과 같은 구절이 있다.

"나는 데카르트를 용서할 수 없다. 그는 그의 모든 철학에서 가능한 한 신 없이 지나치려고 한다. 그러나 그는 세계에 운동을 주기 위해서 신으로 하여금 한 손가락을 움직이게 하지 않을 수 없었다. 그 다음에는 그에게 신이 필요치 않았다."

파스칼의 생애에 놀라운 사건은 1654년 말에 일어난 마차 사고였다.

파스칼은 네 마리의 말이 끄는 마차를 타고 있었는데, 말의 고삐가 풀려 마차가 다리로 돌진했던 것이다. 다행히 그의 생명에는 아무런 지장이 없었지만, 이 경험은 독실한 기독교 신자였던 그로 하여금 본격적인 자기 성찰을 하도록 만들었다. 이 와중에 파스칼은 저 유명한 『팡세』, 『시골 친구에게 보내는 편지』 등을 저술했고, "인간은 생각하는 갈대이다." 라는 유명한 말을 남기기도 하였다.

"인간은 자연에서 가장 연약한 한 줄기 갈대일 뿐이다. 그러나 그는 생각하는 갈대이다. 그를 박살내기 위해 전 우주가 무장할 필요는 없다. 한 번 뿜은 증기, 한 방울의 물이면 그를 죽이기에 충분하다. 그러나 우주가 그를 박살낸다 해도 인간은 우주보다 더 고귀하다. 인간은 자기가 죽는다는 것을, 그리고 우주가 자기보다 우월하다는 것을 알기 때문이다. 반면에 우주는 아무것도 모른다."

1651년 아버지가 죽은 후 여동생이 수도원으로 들어간 것과는 달리 파스칼은 사교계에 뛰어들어 인생의 기쁨을 추구하였다. 그러던 중 노름에서 딴 돈을 공정하게 나누어 주는 문제에 부딪혀 확률론을 창안하기도 하였다. 1654년 11월 23일 깊은 밤, 파스칼은 결정적인 회심回心의 환희를 체험하고 포르루아얄 수도원프랑스의 여자 수도원의 객원客員이 되었다. 이 점은 수녀인 여동생에게서 입은 감화가 크게 영향을 미쳤다고 한다.

당시 프랑스의 가톨릭교회 안에서는 정치적 주도권을 쥐고 있던 예수회와 포르루아얄에 모인 얀센파 사이에 신학상의 격렬한 논쟁이 벌어지기 시작했는데, 파스칼은 자신도 모르는 사이 그 논쟁에 말려들었다. 그는 예수회 신학의 기만을 폭로하는 한편, 그 오만불손한 윤리를 공격하였다. 이때 파스칼이 쓴 서한문은 그 경쾌하고 솔직한 표현에 의해 프랑스어에 새로운 문체를 도입한 결과가 되었다. 그 후 『기독교의 변증론』을 쓰려고 했으나 병으로 인하여 완성하지 못한 채, 39세로 생애를 마쳤다. 사망 후 그의 가까운 친척과 포르루아얄의 친우들이 그 초고를 정리·간행하였는데, 이것이 바로 『팡세』[6]의 초판본(1670년)이다.

1658년, 파스칼은 두통과 치통에 시달리면서 엄청난 정신적 고통을 느꼈다. 비록 두통을 잊고자 사이클로이드^{직선 위로 원을 굴렸을 때 원 위의 정점이 그리는 곡선}를 연구하며 수학의 발전에는 크게 기여하였지만, 4년 동안 잠도 제대로 못 이룰 정도로 두통에 고통스러워했다.

그렇다면 진공 실험을 두고 파스칼과 다툼을 벌였던 데카르트는 그 후 어떻게 되었을까? 데카르트의 명성이 높아지자 스웨덴의 크리스티나 여왕이 그를 개인 교사로 초빙했다. 데카르트는 1649년 가을 스톡홀름으로 가서 그곳에서 다음해 2월 11일 세상을 떠났다. 공식적인 사인死因은 폐렴이었다. 어려서부터 몸이 허약했던 데카르트는 아침에 늦잠을 자는 습관이 있었다. 그런데 새벽에 잠이 들어 정오 무렵까지 침대에 누워 있는 그의 생활이 여왕에 의해 방해를 받았고, 이것이 그 몸의 면역 체계를 약화시켰기 때문이라는 설이 유력하다.

한편, 다음과 같은 독살설도 있다. 스톡홀름에서 활동하던 프랑스 가톨릭 선교사 자크 비오그 신부가 영성체[7] 빵에 독극물을 발라 데카르트

6___ 『팡세』: 원래는 '사색집'이라는 뜻으로, 제1부는 하나님을 떠난 인간의 비참, 제2부는 하나님과 같이 있는 인간의 행복으로 구성되어 있다. 이 가운데 가장 유명한 구절은 '인간은 생각하는 갈대'라는 대목이다.

7___ 영성체(領聖體): 기독교에서의 성찬식을 일컫는 말이며, 가톨릭에서는 이때 빵과 포도주가

에게 주었다는 것이다. 신교 국가인 스웨덴이 가톨릭 국가로 바뀌기를 바랐던 비오그 신부가 데카르트의 '불온한' 사상이 스웨덴 여왕에게 영향을 미치게 될 것을 우려하여 그러한 짓을 저질렀다는 것이다. 이와 관련하여 교황청은 데카르트의 저서를 금서 목록에 올리기도 했다.

데카르트 사후死後 12년이 지난 1662년 6월, 파스칼은 천연두에 걸린 가난한 가족에게 집을 내주고 누이의 집에 들어가 지냈으며, 같은 해 8월 19일 경련 발작으로 그의 찬란하면서도 고통스럽던 생애를 마감하였다. 사체를 해부한 결과, 그의 위장과 중요기관들이 비정상이었던 데다 뇌에도 심각한 외상이 있었다고 한다.

39세로 생애를 마감한 파스칼과 54세로 삶을 마친 데카르트, 인류 역사에 위업을 남긴 이 두 사람이 살아생전 화해를 하였다면 얼마나 아름다웠을까?

실제로 그리스도의 살과 피로 변화되며(화체설, 化體說), 이를 먹고 마실 때 그리스도와 한 몸이 되는 은총(恩寵)을 받게 된다고 가르친다.

부지깽이 스캔들
-비트겐슈타인과 칼 포퍼

똑같이 오스트리아 태생이면서 철학자이기도 한 비트겐슈타인과 칼 포퍼 사이의 이른바 '부지깽이 스캔들'은 무척이나 유명하다. 이 사건을 간단히 소개하면 비트겐슈타인[8]이 고함을 지르며 부지깽이를 휘두르고, 급기야 청중과 자신의 적수인 초청 발표자 칼 포퍼[9]를 두고 회의실 문을 쾅 닫으며 도망치듯 나가 버린 일을 가리킨다.

보통 철학자라고 하면 네모난 방에서 두꺼운 뿔테 안경을 쓰고, 두꺼운 옛날 서적을 펼치면서 중얼거리는 이미지를 떠올릴 것이다. 그런데

8 　비트겐슈타인(1889~1951년): 오스트리아 태생의 철학자이자 논리학자이다. 영국에 정착하여 무어, 러셀에게서 배웠으며, 캠브리지 대학의 교수를 역임하였다.

9 　칼 포퍼(1902~1994년): 오스트리아 태생의 영국 철학자로, 저서 『열린 사회와 그 적들』, 『역사주의의 빈곤』 등이 유명하다.

두 철학자가 부지깽이를 들고 서로를 위협하는 장면이라니. 이 흥미로운 드라마에는 총 3명의 유명한 철학자가 등장한다. 비트겐슈타인, 칼 포퍼 그리고 버트런드 러셀10. 듣고 보니 모두 20세기를 풍미했던 철학자들이 아닌가?

먼저 비트겐슈타인은 오스트리아 비엔나에서 부유한 철강 재벌의 5남 3녀 가운데 막내로 태어났다. 그는 상속받은 막대한 재산을 모두 선물해 버렸다. 그것도 이미 상당한 재산을 가지고 있는 그의 형제자매들에게. 그러나 그가 왜 그런 행동을 했는지는 알려져 있지 않다.

온 가족이 음악에 특출한 재능이 있었는데, 그의 집에 드나든 당대의 음악가 가운데에는 독일의 작곡가 슈만, 오스트리아의 작곡가 말러, 독일의 작곡가 브람스 등이 끼여 있었다. 특히 현대 프랑스 음악의 거장이자 작곡가인 라벨의 유명한 '왼손을 위한 피아노 협주곡'은 제1차 세계대전에서 오른팔을 잃은 천재 피아니스트, 즉 비트겐슈타인의 넷째 형을 위해 만들어진 곡이었다(이 곡은 라벨 자신의 지휘로 1931년 11월 27일에 연주되었다). 비트겐슈타인 역시 클라리넷 연주에 뛰어났으며 한동안 지휘자가 될 포부를 품었을 정도로 음악적 재능이 탁월했다.

그러나 집안에 비극이 깃들기 시작했다. 그가 열세 살 때 큰형은 자살했고, 2년 뒤 둘째 형도 세상을 떠났으며, 셋째 형마저 제1차 세계 대전 때 스스로 목숨을 끊었다. 그리고 넷째 형은 앞서 말한 대로 불구가 되었다. 그리하여 비트겐슈타인은 평생 동안 마음속 깊숙이 비극적인 정서를 부

---

10 버트런드 러셀(1872~1970년): 영국의 수학자이자 철학자로, 화이트헤드와의 공저 『수학 원리』는 수학의 역사상 획기적인 저서로 꼽힌다.

둥켜안고 살아야 했다. 그는 자신의 과업을 끝내기도 전에 머리가 돌아 버리거나 죽어 버리는 것은 아닐까 하고 끊임없이 두려워하였다.

이미 소년 시절에 최신형 재봉틀을 만들었던 비트겐슈타인은 독일 베를린 공과 대학을 거쳐 영국의 맨체스터 대학에서 항공 공학을 전공하였다. 그러나 수학을 거쳐 결국 철학에로 돌아왔다. 그가 캠브리지 대학에서 러셀의 강의를 들을 때, 스승에게 이렇게 물었다고 한다.

"혹시 제가 천치天痴가 아닐까요?"

"왜 그것을 나에게 묻는가?"

"제가 천치라면 비행사가 되고, 그렇지 않으면 철학자가 되려고요."

이에 대한 러셀의 대답은 다음 학기, 비트겐슈타인이 논문을 써 왔을 때 돌아왔다.

"아무래도 자네는 비행사가 되어서는 안 되겠어."

이때부터 비트겐슈타인은 철학을 공부하기 시작했다. 시간이 지남에 따라 그의 재능에 놀란 러셀은 제자를 두고 '천재의 완벽한 전형'이라고 불렀으며, 조지 무어[11]는 오히려 제자인 그의 수업을 청강하기도 하였다. 한번은 비트겐슈타인의 논문을 심사하던 무어에게 러셀이 질문을 좀 해 보라고 하였다. 그러자 무어는 시종 횡설수설하기만 했다. 이때 심사를 받던 비트겐슈타인이 벌떡 일어나, 무어의 어깨를 두드리며 이렇게 말했다.

"걱정 마세요. 절대로 이해 못 하시리라는 걸 알고 있으니까요."

---

[11] 조지 무어(1873~1958년): 영국의 철학자로, 러셀, 비트겐슈타인 등과 함께 캠브리지학파를 대표하며 20세기 실재론(實在論) 및 메타 윤리학의 선구자로 불린다.

1914년, 무어는 노르웨이로 향했다. 노르웨이 서남쪽에 있는 항구 도시인 베르겐의 작은 마을에서 고독한 삶을 이어 가고 있는 비트겐슈타인을 만나기 위해서였다. 마을에 도착한 선생^{무어}은 학생^{비트겐슈타인}의 말을 열심히 받아 적었다. 선생이 받아 적은 내용을 학생이 다시 바로잡아 주었고, 선생이 자기의 말을 알아듣지 못하자 마구 화를 내기도 했다. 이러한 장면을 볼 때, 머리가 좋은 만큼 비트겐슈타인이 다소 오만했던 것은 사실인 것 같다.

비트겐슈타인은 자신을 이해하지 못하는 사람들을 매우 폭력적으로 대했다. 이와 관련하여 이웃에 사는 농부 안나 레브니에게 지팡이로 위협을 가했던 사건이 전해지고 있다. 그런데 사건 자체보다 이에 대한 변명이 더욱 가관이다.

"내가 누구를 아주 좋아하거나 그와 사이가 좋을 때면 마치 기쁜 마음에 등을 두드리듯이 주먹이나 지팡이로 위협하는 제스처를 취하는 것이 내 버릇이다. 그것은 일종의 애정 표현이다."

다음으로 이 사건의 두 번째 주인공 포퍼는 어떤 사람인가? 20세기 투자의 귀재, 조지 소로스[12]는 "나의 투자 전략은 '수많은 경험적 사례에 의한 반증을 견딘 이론만이 받아들일 만하다'고 말한 포퍼의 가르침에서 나온 것이다."라고 말한 바 있다. 실제로 그는 포퍼의 제자 가운데 한 사람이기도 하다. 최근 미국 경기 불황기에도 막대한 투자 이익을 남긴 소로스는 『열린 사회와 그 적들』이라는 포퍼의 저서에서 이름을 따, '열린

12 　조지 소로스(1930~): 헝가리계 미국인으로 금융인이자 투자가이다. 소로스 펀드 매니지먼트의 의장을 맡고 있다.

사회 재단'이라는 재단을 세우기도 했다. 또 독일 수상을 지낸 헬무트 슈미트와 콜, 대처 영국 수상은 자신들에게 가장 큰 영향을 끼친 철학자로 포퍼를 꼽고 있다.

포퍼는 1902년 오스트리아의 빈에서 태어났다. 비트겐슈타인과 같은 조국을 가진 그였지만 집안 경제로 따지자면 비교가 되지 않았다. 물론 포퍼의 아버지가 변호사였기 때문에 어느 정도는 풍족했을 것으로 추측된다. 하지만 비트겐슈타인이 어릴 적부터 비범함을 드러냈던 것과 달리, 포퍼는 비교적 평범하였다. 그나마 제1차 세계 대전의 혼란 속에서 제도 교육에 환멸을 느껴 고등학교를 중퇴하고 만다. 그 후, 빈비엔나 대학에 청강생으로 등록하는데 여기에서 포퍼는 사상적으로는 마르크시즘을, 인물로는 아인슈타인을 만난다.

하지만 나치 독일이 조국인 오스트리아를 합병할 때, 마르크스주의자들이 그 사건을 '제국주의적 자본주의의 자연스러운 귀결, 즉 공산 혁명으로 가는 필연적인 과정'으로 받아들이는 것을 보고 마르크스주의와 결별하게 된다. 이때 "젊어서 마르크스에 빠지지 않으면 바보지만 그 시절을 보내고도 마르크스주의자로 남아 있으면 더 바보이다."라는 유명한 말을 남기기도 했다. 그리고 1922년에 빈 대학에 정규 학생으로 등록하여 26세 때에 철학 박사 학위를 얻는다. 그리고 마침내『열린 사회와 그 적들』라는 저서를 출간하면서 철학계의 총아로 등장하고, 이후 전성기를 누리기 시작한다. 역사주의와 전체주의를 비판적 시각으로 바라보는 『열린 사회와 그 적들』은 제2차 세계 대전 중 칼 포퍼가 저술한 두 권짜리 정치 철학 책이다. 히틀러가 조국인 오스트리아를 침공하였다는 소식에 분노한 포퍼는 전체주의 정치 체제에 대한 통렬한 비판을 이 책에 담았다. 제1권에서 포퍼는 플라톤의 정치 철학에 사기와 폭력, 인종 차별, 우생학 등 끔찍한 전체주의자의 악몽이 내재되어 있다고 주장한다. 그리고 제2권에서는 헤겔과 마르크스가 20세기 전체주의의 뿌리라고 비판하고 있다. 민주주의적 열린사회로의 중요성을 분석하고 논증한 이 책은 여러 분야에 걸쳐 큰 영향력을 끼쳤다.

그렇다면 이 무렵, 유럽의 상황은 어떠했는가? 비록 전쟁은 끝났으나 유럽의 미래는 암담해 보였다. 산업은 잿더미 속에 파묻혀 있었고, 기본 생활 필수품마저 제때 공급되지 못하였으며, 일부 서방 민주주의 국가에서는 공산당이 창궐하였다. 소련은 동유럽에서 주도권을 강화하면서 폭탄 개발에 열을 올리고 있었다. 이런 상황에서 비트겐슈타인은 철학 지망생들을 모아 놓고 '철학이란 언어를 가지고 장난치는 것에 지나지 않는다'고 가르치고 있었으니, 이러한 장면을 바라보는 포퍼와 러셀의 심경은 착잡하기 이를 데 없었을 것이다.

확실하지는 않으나 비트겐슈타인에 대한 반감에는 포퍼의 개인적인 열등감도 자리하고 있지 않았을까 추측된다. 자신이 가지지 못했던 부와 명예, 그리고 지성까지 겸비한 비트겐슈타인에 대한 질투와 분노. 이 모든 것들이 1946년 10월 25일 저녁 8시 30분, 캠브리지 킹스 칼리지 깁스 빌딩 회의실에서 터져 나오고야 말았던 것이다.

캠브리지 대학 모럴 사이언스 클럽의 주간 정기 모임이 열린 날, 포퍼는 초청 강연자 신분이었고 비트겐슈타인은 한 회원으로 이 모임에 참석했다. 철학사에서 무척이나 유명한 두 사람이었지만 실제로 만난 것은 이때가 처음이었다고 한다. 또 하나의 인물은 이 둘을 지켜보는 러셀이었다. 강연이 시작되자, 포퍼는 비트겐슈타인의 평소 주장과 반대되는 견해를 피력하기 시작했다.

"철학적 문제는 실제로 존재하는가? 그렇다."

그러자 비트겐슈타인이 즉각 반기를 들었다.

"그건 다 말장난에 불과하다."

둘 사이에 서로 다른 의견들이 오가면서 급기야는 큰소리까지 나오기 시작했다. 화가 난 비트겐슈타인은 부지깽이(아궁이에 불을 땔 때 쓰는 가느다란 막대기)를 집어 들고 포퍼를 위협했다. 물론 자신의 의견을 강조하기 위해서 부지깽이를 집어 들었다는 설도 있지만, 어떻든 그가 부지깽이의 뾰족한 촉을 포퍼 쪽으로 겨냥했던 것은 사실인 것 같다. 일이 다급하게 돌아가자, 러셀이 중재에 나섰다. 스승인 그가 제자인 비트겐슈타인에게 "당장 부지깽이를 내려놓아!"라고 소리를 지른 것이다. 이에 대해 제자는 스승에게 이렇게 대꾸했다.

"러셀 선생, 날 오해하고 있어요. 당신은 날 항상 오해했죠."

"비트겐슈타인, 자넨 뒤죽박죽으로 얘기하는군. 자넨 항상 뒤죽박죽으로 얘기하지."

잠시 숨을 돌린 후, 비트겐슈타인이 포퍼에게 요구했다.

"윤리적 원칙에 관한 진술을 한 가지 대 보세요!"

이에 대한 포퍼의 대답은 이것이었다.

"초청 연사를 부지깽이로 위협하지 않는 것."

상황이 이렇게 돌아가자, 비트겐슈타인은 부지깽이를 내던지고는 문을 쾅 닫고 뛰쳐나가 버렸다. 이게 바로 20세기 최고의 철학 스캔들 가운데 하나였던 '비트겐슈타인과 포퍼의 기막힌 10분'이었다. 물론 이 상황에서 가장 충격을 받았을 인물은 포퍼일 것이라 짐작된다. 평소 그가 '열린 사회'의 특징으로 '자유로운 토론이 가능하고, 사회제도는 구성원의 자유와 사회적 약자들을 보호하기 위해서 존재한다'는 점을 강조했을 뿐만 아니라, 그 자신이 사건의 당사자였기 때문이다.

그렇다면 러셀과 제자인 비트겐슈타인과의 관계는 어땠을까? 러셀은 그와의 만남을 '생애의 가장 자극적인 지적知的 사건 가운데 하나'라고 회고한 바 있으며, 그를 '천재의 완벽한 전형'이라고 불렀다. 둘은 사제지간으로 만나 친구이자 협력자의 관계로 발전하였다. 러셀은 비트겐슈타인에 대해 다음과 같이 회고하였다.

"그는 다루기 힘든 사나이로, 어떨 때는 한밤중에 찾아와 우리 안에 갇힌 호랑이처럼 배회하였다. 그에게는 방을 나가면서 자살을 감행하겠다고 선언하는 버릇이 있었기 때문에 그를 방에서 내보내기가 꺼림칙하였다. 그런가 하면 어떤 때는 한두 시간 동안 죽은 듯이 침묵을 지키곤 하였다."

비트겐슈타인은 러셀의 밑에서 배우는 동안, 논리적 원자론13에 도달하였다. 그러나 둘 역시 결국은 좋지 않은 모습으로 갈라서고 만다.

---

13   논리적 원자론: '이 세상의 모든 것을 잘게 쪼개면 더 이상 쪼갤 수 없는 원자에 도달하게 된다'는 주장을 원자론이라 부른다. 이러한 데모크리토스의 원자론으로부터 힌트를 얻은 러셀은 '온 세상의 진술들은 너무 복잡하여 부정확한 반면, 더 이상 쪼개질 수 없는 가장 단순한 원자 명제는 세상을 완벽하게 반영할 수 있다'고 보았다. 러셀은 "이 세계에 관한 이상적 언어를 완성하기만 하면 이 안에서 어떠한 명제도 참이 된다. 왜냐하면 이 언어와 이 세계가 같은 구조로 되어 있기 때문이다."라고 주장한다.

제8부

긴장과
경쟁관계

01
논쟁에서 화해로
-주자와 육상산

주자와 육상산은 맨 처음 논쟁을 벌인 사이였는데, 나중에 화해하여 아름답게 마무리된 경우에 해당한다. 먼저, 두 사람의 학문적 공통점과 차이점에 대해 살펴보기로 하자. 공통점으로는 두 사람 모두 정자학程子學의 계승자라는 점이다. 알다시피, 정자학이란 명도明道선생 정호程顥, 이천伊川선생 정이程頤 두 형제의 학문을 일컫는다. 이 두 사람을 특히 '이정二程'이라 부르는 바, 이들은 이른바 낙학[1]이라고 불리는 새로운 학파를 창시하여, 훗날 주자가 성리학을 집대성하는 데 중요한 토대를 제공했다.

때문에 주자와 육상산은 사람은 나면서부터 양심을 갖추고 있다는 선

---

1   낙학(洛學): 송학(宋學)의 한 갈래이다. 낙양 사람인 정호, 정이 형제의 학설로, 인간 본성에 관한 성명(性命), 이기(理氣)를 주로 다룬다.

천양심론^{先天良心論}을 주장하였고, 리^理를 보편적인 것으로 해석하였으며, 성리^{性理}를 학문의 대상으로 삼았다. 다만 주자[2]가 동생 정이천의 학설을 계승한 데 반하여, 육상산[3]은 형 정명도의 학설을 이어받고 있을 뿐이다. 이에 따라 주자의 학풍이 풍부하게 흘러넘쳐 번잡하기까지 한 데 반해, 육상산의 학풍은 단순하며 분명하다는 특징을 갖는다.

연구 방법에 있어서도 주자가 경험적 지식을 중시하고 귀납적으로 진리에 도달하려는 데 반해, 육상산은 직각적인 직관^{直觀}의 방법을 통하여 진리에 도달하려 한다. 우주를 바라보는 관점에 있어서 주자는 그 본체를 태극으로 보면서도 만물의 존재가 理와 氣로 이루어졌다고 설명하는 이기이원론^{理氣二元論}의 자세를 유지하고 있었지만 육상산은 이^理 외의 기^氣를 인정하지 않는 이일원론^{理一元論}의 입장을 고수하였다.

또한 주자는 인간의 본성을 사람이 본래부터 지니고 있는 심성인 본연지성^{本然之性}과 기에서 생기는 후천적인 혈기의 성질인 기질지성^{氣質之性}으로 구분하여 본연지성은 이^理로부터 얻게 되고, 기질지성은 기^氣로부터 생겨난다고 보았다. 반면 육상산은 기질지성을 인정하지 않았다. 수양론에 있어서도, 주자가 거경^{居敬}-마음을 바르게 하고 몸가짐을 조심하여 덕성을 닦음과 궁리^{窮理}-사물의 이치를 깊이 연구함를 2대 공부로 삼았고, 육상산

2___ 주자(朱子, 1130~1200년): 남송의 유교 사상가로, 이학(理學)을 집대성하였을 뿐만 아니라, 사창법(社倉法-곡식을 창고에 저장해 두었다가 춘궁기인 봄에 백성에게 꾸어주고, 추수기인 가을에 받아들이는 제도)이나 향약(鄕約-향촌 사회의 자치 규약)의 제정에도 힘을 쏟았다.

3___ 육상산(1139~1192년): 중국 남송의 철학자로, 심즉리(心卽理-마음이 곧 하늘의 이치이다)의 학설을 세웠는데, 이것이 나중에 왕양명에 의해 실천에 중점을 둔 심학(心學), 지행합일설로 전환됨으로써 '육왕(陸王)의 학'으로 불리게 된다.

은 마음을 맑고 밝게 하는 수양 공부 외의 것을 인정하지 않았다. 육상산이 주장한 궁리 역시 어디까지나 본심을 밝게 하는 데 필요한 것일 뿐이었다.

정리하자면 육상산은 우리 마음속에 나타나는 하늘의 원리와 사람의 욕구 사이의 대립긴장을 인정하지 않고, 마음과 하늘의 이치가 둘이 아니라 하나라는 심즉리 학설을 세웠다. 이에 따르면 세상의 이치가 모두 내 마음 속에 갖추어져 있기 때문에 마음이 곧 유일한 실재實在이다. 우주가 곧 내 마음이고, 내 마음이 곧 우주이다. 그러므로 사서오경**4**을 연구하는 등의 격물치지格物致知는 필요치 않으며, 오직 본심으로 돌아가는 공부만으로 충분하다.

이러한 입장에서 육상산이 주자를 비판한 내용이 있다. 그 가운데에는 가령 "태극이 이미 최고의 이理이거늘, 더 이상 태극 위에 무극無極이란 두 글자를 보탤 필요가 있느냐?"는 내용이 들어 있다. 주자에 의하면 우주의 본원은 주렴계가 말한 바와 같이 무극이 태극이다. 하지만 어디까지나 그것은 둘이 아니라 하나이다. 태극 외에 따로 무극이 없다. 말하자면, 무성 무취 무형 무술無聲 無臭 無形 無述-소리도 없고, 냄새도 없고, 형체도 없고, 말할 수도 없는한 태극의 묘를 일컬어서 무극이라 한 것뿐이니, 그것(무극)은 텅 빈 허무가 아니라 실제로 존재하는 것이요, 한갓 생산되어 나온 어떤 것이 아니라 모든 만물을 생산해 낸 근원 그 자체인 것이다. 그런데 육상산에 의하면 이 두 글자(태극과 무극)는 그 뜻에 있어서도 모순이 있

---

4 사서오경(四書五經): 사서와 오경을 뜻하는 말로, 『논어』, 『맹자』, 『대학』, 『중용』의 네 경전과 『시경』, 『서경』, 『역경』, 『예기』, 『춘추』의 다섯 경서를 일컫는다.

거니와, 유가 경전 가운데에도 그런 글자는 없었다는 것이다.

또한 태극도설5은 주렴계= 주돈이. 북송 시대의 유학자로 성리학의 기초를 닦았음의 작품이라기보다 본래 도가의 것이었다고 말한다. 육상산의 이 말은 주자의 학설이 정통 유학이 아니라고 하는 것과 똑같은 의미이다.

일이 이렇게 되자 육상산과 주자 사이에는 자연히 마찰이 일어날 수밖에 없었다. 더욱이 당시 주자는 육상산보다 아홉 살이나 많았다. 마침내 여동래6는 친구인 주자에게 육상산 형제와 그의 제자들이 모여 있는 강서江西 지방 신주信州의 아호사鵝湖寺로 방문해 줄 것을 요청한다. 비록 두 사람(주자와 육상산)은 출신 성분이나 집안 내력, 사상이 서로 달랐지만 서로의 존재를 익히 알고 있었다. 그리고 친구의 청을 주자가 받아들임으로써 두 사람 간의 만남이 이루어지는데, 이곳에서 벌인 논쟁의 결과는 어땠을까?

두 사람은 학문하는 방법에서부터 날카롭게 대립하였다. 주자는 "학문의 근본이란 널리 보고 넓게 관찰한 다음, 요약하는 것이다."라고 주장했고, 육상산은 "학문이란 모름지기 사람의 본래적인 덕성德性을 밝히는 데 그 목적이 있을 뿐이다."라 하였다. 주자가 육상산의 학문 태도를 "지나치게 간단하고 쉽다."라고 평가한 반면, 육상산은 주자의 방법이 너무 "지루하고 따분하다."고 평했다. 간이함과 지루함, 이 두 단어야말로 두

5　　태극도설(太極圖說): 우주의 생성, 인륜의 근원을 논한 249 글자의 짧은 글로서 주자의 저서이다.

6　　여동래: 여조겸이라고도 하는 남송의 학자이다. 주자, 장남헌, 육상산 등과 더불어 학문에 정진하여 크게 성공하였으며 주자와 함께 『근사록』을 편찬했다.

사람의 학문적 성향을 대변하는 것인지도 몰랐다.

물론 두 사람 사이의 논쟁 과정은 결코 녹록지 않았고 뚜렷한 결론도 나지 않았다. 하지만 이 사건은 사상계의 두 거장을 통하여 중국 철학이 한층 더 섬세하고 풍부한 쪽으로 발전하는 데 하나의 계기가 되었다. 이를 뒷받침하듯, 주자는 육상산의 남다른 기백에 대해 칭찬을 아끼지 않았으며, 그로부터 6년 후 백록동서원白鹿洞書院으로 육상산을 초청하여 강의를 해 달라고 요청까지 하였다.

백록동서원은 지금의 장시성 싱쯔현 북쪽의 여산 오로봉 밑에 자리하고 있었는데, 당나라 때 이발李渤이 하얀 사슴을 기르면서 독서로써 나날을 보냈기 때문에 이런 이름이 붙었다고 한다. 남송의 주희주자가 남강군의 지사가 되었을 때, 이곳을 다시 일으켜 삼강오륜과 『중용』을 학생에게 강의하는 동시에 수많은 학자를 초청하는 등 유교의 이상 실현에 힘썼다. 이후 점차 유명해져 천하 제1의 학교가 되었다.

육상산은 이곳에서 '군자는 의義를 밝히고, 소인은 이利를 밝힌다'는 제목으로 강연을 하였다. 그런데 사실 이 내용은 육상산의 심학7보다는 주자의 유학 사상에 더 가까웠다. 육상산이 주자의 입장을 배려하여 강연 주제를 그렇게 잡았는지 여부는 알 수 없으나, 어떻든 사람의 폐부를 찌르는 상산의 목소리에 청중들은 꼼짝도 하지 않았다. 날씨는 비록 추웠지만 감동으로 말미암아 흐르는 땀을 주체하지 못했다. 그의 엄한 꾸지람을 듣고 스스로 부끄러움을 느낀 사람들은 눈물까지 흘렸다. 당시 주

7___ 심학(心學): 심즉리(心卽理)의 학문 체계이다. 송나라 때의 육상산, 명나라 때의 왕양명이 제창한 학문을 일컫는다.

자도 그 자리에 참석하여 계속 부채질만 하였다. 마침내 서원에서는 이 강연의 요점을 돌 위에 새겨 학생들의 좌우명으로 삼도록 하였던 것이니, 주자의 사람 됨됨이가 이 일에 잘 드러나 있다 하겠다.

02

만고의 충절과 개국 공신
-정몽주와 정도전

이쯤에서 우리나라로 시선을 돌려보면 이미 앞에서 살펴본 바 있는 포은 정몽주와 삼봉 정도전이 눈에 띈다. 두 사람은 오랜 친구 사이였으나, 역성혁명易姓革命-다른 성씨에 의한 왕조의 교체과 온건, 개혁을 놓고 갈등하던 중 정적政敵으로 돌변한 경우이다. 먼저 정몽주에 대해 보자면 그는 고려 말엽 새로운 이념 체계로 도입된 주자학을 적극적으로 연구하고, 개경에는 오부학당, 지방에는 향교를 세워 이를 널리 보급하는 데 크게 공헌했다. 그러나 혼란한 고려 말의 정치 상황에서 '단심가丹心歌'를 통하여 고려조에 대한 충성을 거듭 피력하였고, 결국 선죽교 다리 위에서 철편에 맞아 숨을 거두었다.

반면에 위화도 회군[8]으로 이성계가 권력의 핵심으로 부상하면서 정도전의 야망은 급물살을 타기 시작했다. 그렇다면 정몽주와는 어떤 관계에 있었을까?

정몽주와 정도전, 이 두 사람은 목은牧隱 이색9을 스승으로 함께 모시며 동문수학한 사이기도 했다. 이색은 정몽주를 극구 칭찬하면서 우리나라 성리학의 창시자로 평가했으며 다섯 살 아래의 후배였던 정도전 또한 정몽주에게 존경의 마음을 표했다. 정몽주는 이후 정도전에게 많은 영향을 주며 '마음을 같이한 벗同心友'의 맹세를 나누었다. 정도전이 유배에서 풀려나 4년 동안 조상들이 태어났던 영주에서 학문과 후진을 양성할 때, 정몽주는『맹자』한 질을 보내 주었다. 정도전은 이를 하루 반 장 또는 한 장씩 읽으며 완전히 이해를 한 다음, 뒷장을 넘겼다고 한다.

그러던 어느 날, 명나라는 원나라가 지배하던 고려의 철령함경남도 안변군과 강원도 회양군의 경계에 있는 고개 이북 지역에 대한 연고권을 주장하며 행정관청의 일종인 철령위鐵嶺衛 설치를 고려에 통보해 왔다. 고려는 이를 자국 영토에 대한 침해로 받아들였다. 하지만 조정은 명나라와의 전쟁을 주장하는 최영 파와 외교적 방법으로 해결하자는 이성계 파로 나뉘어졌던 바, 이때 정몽주는 이성계 파와 의견을 함께 했다. 그럼에도 끝내 고려는 우왕과 최영 등이 앞장 서 요동 정벌을 시도하였다. 이에 정벌군의 지휘를 맡은 이성계는 압록강변의 위화도에서 군사를 돌려 개경으로 진격하고, 우왕을 폐위함과 동시에 최영을 처형해 버렸다.

권력을 장악한 이성계가 다시 창왕고려의 제33대 왕을 폐하고 공양왕고려

8␣␣␣ 위화도 회군: 고려 말기인 1388년에 요동 정벌군의 장수였던 이성계, 조민수가 압록강의 위화도에서 군사를 돌려 정변을 일으키고 권력을 장악한 사건이다.

9␣␣␣ 이색(李穡): 고려 말의 문신이자 학자이며, 우왕의 사부이다. 이성계를 억제하려 했으나, 이성계가 세력을 얻으면서 유배되었다.

의 마지막 임금을 옹립할 때에도 정몽주는 그와 뜻을 같이했으며, 심지어 공양왕을 세운 공으로 승진도 하고 공신에 오르기도 했다. 두 사람(정몽주와 정도전)은 '고려를 개혁해야 하고, 이를 위해서는 왕까지 폐할 수 있다'고 생각한 급진적인 성향도 다를 바 없었다. 하지만 정몽주의 입장에서 이성계를 직접 왕으로 세우자는 데에는 동의할 수 없었다. '무슨 일이 있어도 고려 왕조는 지켜야 한다!'는 것이 정몽주의 신념이었기 때문이다.

왕조를 교체해서라도 이성계를 왕으로 옹립하고 철저한 유교 사회를 건설하려는 것이 정도전의 꿈이었다면, 정몽주는 고려 왕조를 그대로 유지하면서 순차적으로 개혁을 실시하여 사회 전반에 무리가 없도록 하는 것이 도리라고 생각했다. 나무의 뿌리를 완전히 뽑아내고 새 나무를 심으려 했던 쪽이 정도전이라면, 나무의 썩은 부분만 도려내서 살려 보려는 쪽이 정몽주였다. 이 때문에 왕권 교체를 꿈꾸는 이성계와 정도전은 정몽주의 정적政敵이 될 수밖에 없었다.

1392년 3월, 명나라에서 돌아오는 공양왕의 세자 석奭을 마중 나갔던 이성계가 사냥을 하다가 말에서 떨어져 위독하다는 소식이 들려 왔다. 정몽주에게는 더할 나위 없이 반가운 소식이었다. 이 기회에 이성계 일파를 제거해야만 고려의 사직社稷-나라나 조정, 왕조을 보존할 수 있다고 판단한 정몽주는 우선 언관들을 시켜 정도전, 조준, 남은 등 이성계 일파를 탄핵하는 상소를 올리게 했다. 그렇게 해서 당시 유배 중이던 정도전을 강제로 가두고, 조준, 남은, 윤소종 등은 귀양을 보냈던 것이다.

한편, 이 소식을 들은 이성계의 다섯째 아들 이방원은 이성계가 머무는 해주로 급히 달려가 아버지의 귀경을 재촉했다. 이성계는 부상당한 몸을 가마에 싣고 급히 돌아왔다. 정몽주는 상황을 살피기 위해 병문안을 핑계로 직접 이성계를 방문하였다. 이성계는 평소와 다름없이 정몽주를 맞이했지만, 이방원의 생각은 달랐다. 이방원은 술상을 차려놓고 정몽주의 마음을 떠보았다. 두 사람은 「하여가」와 「단심가」를 통하여 서로의 마음을 확인하였고, 이후에 정몽주가 선죽교에서 죽기까지의 과정은 널리 알려져 있는 바이다.

마침내 이방원이 정몽주를 격살함으로써 고려 왕조를 지지하는 세력은 구심점을 잃고 와르르 무너졌다. 한편, 같은 해 6월 정도전은 정치 최일선에 부름받아 새 왕조를 창업하기 위한 정지整地 작업을 단행하였고, 7월 17일 공양왕의 선양禪讓-임금의 자리를 물려줌을 이끌어 내어 이성계를 임금으로 추대함으로써 새로운 왕조 조선을 건국하였다.

일등 개국 공신이 된 정도전은 조선의 핵심 실세가 되었고 행정, 군사, 외교, 교육에 이르기까지 전체적인 문물 제도와 정책의 대부분을 직접 정비해 나갔다. 이성계는 나랏일을 모두 정도전에게 맡겼고, 그리하여 정도전은 명실상부한 조선의 2인자가 되었다. 정도전은 한양 천도 당시 궁궐10과 종묘의 위치, 궁전의 이름, 도성의 8대문11의 이름까지 정하였고, 정부 형태와 조세 제도, 법률 제도의 바탕도 만들었다. 이 밖의 활약상에 대해서는 앞장 '출세의 달인들'에서 언급한 바 있거니와, 그럼에도

---

10 _ 원래 무학대사(無學大師-이성계를 도와 조선 건국에 일정한 역할을 하였고, 왕사를 지낸 조선의 승려)는 현재 청와대의 자리를 추천하였으나, 정도전은 이에 반대하였다. 결국 정도전의 뜻대로, 경복궁이 현재의 자리에 세워지게 되었다.

11 _ 한양 도성에는 4대문과 4소문을 두었다. 4대문은 흥인지문·돈의문·숭례문·숙정문이며, 4소문은 혜화문·소의문·광희문·창의문이다. 이 중 돈의문과 소의문은 멸실(滅失)되었다.

정도전은 이방원과의 권력 투쟁에서 패하여 비참한 최후를 맞이하고 말았다.

정몽주는 살아생전에 정도전을 안타깝게 여긴 적이 있었다. 친명파의 거두이자 대학자로서 덕망이 일세를 풍미한 정몽주는 오래 전부터 권신들이 함부로 날뛰며 권세를 휘두르는 것에 대해 비위가 상해 있었는데, 무엇보다도 정도전처럼 학문의 길을 닦았던 사람마저 이성계에게 동조하여 새로운 나라를 꿈꾸고 있는 데 대해 못마땅해 했다. 그리하여 결국 그는 친구나 마찬가지인 정도전을 포함하여 이성계 일파를 없애려는 계획까지 세웠던 것이다.

어떻든 두 사람은 서로 다른 환경이긴 하지만, 비명 속에 목숨을 잃었다는 점에서는 동일했다. 그러나 역사의 아이러니라고나 할까. 쉰여섯 살의 정몽주를 선죽교에서 때려 죽인 이방원은 그로부터 13년이 지난 1405년, 정몽주에게 영의정 직급을 주고, 익양 부원군이라는 관직과 문충文忠이라는 시호를 내렸다. "도당徒黨-불순한 사람의 무리을 만들어 나라를 어지럽혔다."며, 죽은 정몽주의 목을 다시 거리에 내걸기까지 했던 자들에게도 정몽주 같은 충신의 본보기가 필요했기 때문일까? 그의 의리 정신은 새로운 왕조의 안정과 유지라는 정치적 의도에 따라 재평가되었다. 더욱이 선죽교에 뿌린 피가 영원히 지워지지 않는다는 전설이 생겨나면서 정몽주는 도학의 비조12로, 역사적 전설로 남게 된 것이다.

그렇다면 그의 맞수 정도전에 대한 평가는 어떠했을까? 정도전은 조

---

12 _ 비조(鼻祖): '태생동물은 코가 제일 먼저 형상을 이룬다'고 하는 설에 의하여 생긴 말이며, 다른 말로는 시조라고도 한다.

선조 내내 신원되지 않다가 고종 때 와서야 관직이 회복되었다. 경복궁[13] 중건에 착수한 대원군[14]이 조선건국 초기에 궁의 설계 등에 참여한 정도전의 공을 인정했기 때문이다.

---

[13] 원래 경복궁은 1395년 태조가 창건하였지만 1592년 임진왜란으로 소실되고 말았다. 이후 흥선대원군이 추락된 왕실의 존엄과 권위를 회복한다는 명분으로 중건 공사에 착수하였다. 그러나 당시에는 백성들의 원망이 컸으며, 이것이 대원군 몰락의 한 원인이 되기도 하였다.

[14] 대원군(大院君): 흥선대원군(興宣大院君, 1820~1898년)의 본명은 이하응으로서 대한제국 고종의 친아버지이다.

03
원로학자와 소장학자의 대결
-퇴계와 고봉

퇴계 이황과 조선 중기의 성리학자인 고봉^{高峰} 기대승은 비록 친구 사이가 아니었음에도 불구하고, 그 이상의 우정을 나누었다. 이 두 사람은 출신지도 다르고, 나이 차이도 많았다. 퇴계는 경상도 안동 사람이었고, 고봉은 전라도 나주에서 출생하였다. 두 사람의 나이 차이는 무려 16년에 이르렀다. 두 사람이 논쟁을 벌일 당시의 신분에도 많은 격차가 있었다. 퇴계는 대사성^{성균관의 으뜸벼슬. 정3품}까지 지낸 59세의 노대가였고, 고봉은 겨우 과거에 급제한 33세의 소장에 지나지 않았다. 그럼에도 퇴계는 고봉의 이론을 신중히 검토하면서 자신의 잘못을 발견할 때마다 고쳐 나가기를 주저하지 않았다.

어떻게 해서 이런 일이 가능했을까? 먼저 논쟁의 핵심 내용부터 살펴보도록 하자. 퇴계의 주리론^{主理論}에 의하면, 이^理야말로 천지 만물을 만들어 내고 또 이끌어 가는 가장 본질적인 근원이다. 이러한 이^理 일원론은 사회, 윤리관에도 그대로 적용되었다. 예컨대 "군주와 신하가 있기 이전에, 이미 군신君臣의 이치가 있었다."는 식으로 봉건적 윤리 규범을 거부할 수 없는 천리天理로 만들어 버린 것이다. 이것은 당시 봉건적인 중앙집권제에 이론적 근거를 제공하는 결과가 되었고, 이리하여 퇴계는 중국 정주학15에서 출발하여 자신의 독창적인 철학 체계를 세움으로써 조선의 통치 이념을 완성한 인물이 되었다.

그런데 "사단16은 이理가 일으킨 것이고, 칠정17은 기氣가 일으킨 것이다."라고 하는 퇴계의 주장에 대해 고봉이 "사단 역시 기에 의해 일어날 수밖에 없다."고 주장하고 나섬으로써 그 유명한 사단칠정 논쟁이 촉발되었다. 퇴계는 사단이란 사물의 이理에 해당하는 마음의 본연지성本然之性에서 생겨나는 것이고, 칠정이란 사물의 기氣에 해당하는 마음의 기질지성氣質之性에서 일어나는 것이라 보았다. 그러나 고봉은 칠정뿐만 아니라 사단마저 기의 작용이라고 반박하였다. 이후 8년여 동안에 걸쳐 전개된 이 논쟁을 통하여 결국 퇴계는 "사단은 이가 일으켜 기가 그것을 탄 것이요, 칠정은 기가 일으켜 이가 그것을 탄 것이다."로 입장을 정리한다.

여기에서 주목할 점은 논쟁에 임하는 이 두 거목의 자세가 아닐까 싶다. 편지 가운데의 행간을 살펴보면 각자의 의견과 주장을 맘껏 펼치되, 반드시 올바른 결론을 내리려고 노력한 흔적이 담뿍 배어 있다. 붓끝을

---

15   정주학(程朱學): 송나라 때의 정호, 정이 및 주희 등이 주장한 유학, 송학, 성리학을 일컫는다.

16   사단(四端): 사람의 본성에서 우러나는 네 가지 마음씨로 곧 인의예지를 일컫는다.

17   칠정(七情): 사람의 일곱 가지 심리작용으로 곧 희로애락애오욕(기쁨, 노여움, 슬픔, 즐거움, 사랑, 미움, 욕심)을 뜻한다.

놀려 희롱하면서 어설프게 말재주나 부리고 어쭙잖은 글솜씨나 자랑하려는 사람들과는 거리가 멀었다는 뜻이다. 퇴계는 퇴계대로 겸손한 필치로써 맑고 높은 절개를 스스로 지켰고, 고봉은 고봉대로 학문과 글재주를 마음껏 펼치되 자신의 논리와 주장을 정중하게 내보였다. 옆에서 보기에는 두 사람의 기상이 서로 맞지 않을 듯하는데도, 서로는 상대방을 극진히 높이면서 품격 있는 논쟁을 이어갔던 것이다. 때로는 상대방을 공격하다가도 다시 상대를 추켜세워 주고, 때로는 상대방을 지지하다가 경계하기도 했다. 퇴계는 고봉을 나무라고 타일러 바로잡아 주는 한편, 고봉으로부터 얻은 유익 또한 숨기지 않았다.

이 장면에서 우리는 퇴계의 높은 인격을 만나 볼 수 있는데, 과연 그가 누구던가? 퇴계가 성균관에 들어갔던 스물세 살 때, 그 해는 기묘사화(앞장 '거절의 명수들' 참조)의 피바람 속에 조광조가 사형을 당하고 난 이듬해였다. 사기가 떨어진 유생들이 도학을 멀리하고 문학만 숭상하는 경박한 풍조가 널리 퍼져 있던 이때, 도학 공부를 고집하는 퇴계의 존재는 유생들에게 비웃음의 대상이 되었다. 그러나 퇴계는 이에 아랑곳하지 않았다.

그 후, 대과[18]에 급제함으로써 승문원 권지부정자종9품에 임명된 퇴계의 관리 생활은 순탄치 못하였다. 당시 세도가 김안로[19]가 고향이 같은 사

---

[18] 대과(大科): 소과(小科)에 합격하면 생원, 진사가 되는데 이는 다만 성균관에 입학할 수 있는 자격시험에 불과하다. 반면 성균관 학생들만 응시할 수 있는 대과(문과, 무과가 있었음)의 경우 이에 합격하면 벼슬에 나갈 수 있었다.

[19] 김안로: 조선 중기의 문신으로 1519년 기묘사화로 조광조 일파가 몰락한 뒤 발탁되어 이조판서에 올랐다.

람이라 하여 퇴계를 불렀으나 찾아가지 않았던 바, 이 때문에 그는 김안로의 미움을 받게 되었던 것이다. 그렇다면 퇴계가 어떻게 하여 김안로와 한 고향이었단 말일까? 퇴계의 고향은 경상도 예안현 온계리이다. 이에 김안로는 자신의 땅이 퇴계의 전처前妻 허씨의 고향인 영천군에 있었다 하여 그렇게 불렀다는 것이다.

이 대목에서 퇴계의 부인들에 대해 잠깐 살펴보도록 하자. 퇴계는 21세에 동갑나기 허씨 부인과 결혼하였다. 그러나 그 부인이 아들 둘을 남겨 놓고 세상을 떠나자 3년상을 치른 뒤, 서른의 나이로 권씨 부인과 두 번째 결혼을 했다. 퇴계는 재혼한 아내가 정신 장애가 있는 것을 알면서도 받아들였고, 그런 아내를 끔찍이 아꼈다.

그에 대한 일화 하나를 말하자면, 퇴계가 상가에 문상을 가려고 자락이 너덜너덜하게 닳아 해진 도포를 권씨 부인에게 꿰매 달라고 했다. 이때 권씨는 빨간 헝겊으로 기워 주었다. 아무렇지도 않은 듯 상가에 도착한 퇴계 주위로 사람들이 몰려들었다. 한 사람이 "원래 흰 도포는 빨간 헝겊으로 기워야 합니까?"라고 묻자, 퇴계는 "붉은색은 잡귀를 쫓고 복을 부르는 것이라, 우리 부인이 좋은 일이 생기라고 해 준 것이라네."라고 답했다고 한다.

그러나 재혼 16년만인 1546년 권씨마저 첫 아이를 낳다가 변을 당하고 말았다. 이때 퇴계는 전처(허씨) 소생 두 아들들에게 친어머니와 같이 부모의 묘 앞에 여막을 짓고, 3년 동안 아침저녁으로 음식을 올리는 시묘살이를 하게 했고, 자신도 권씨 묘소 건너편 바위 곁에 양진암을 짓고 1년 넘게 머무르면서 아내의 넋을 위로했다. 그리고 양진암 주위를 흐르는 개천 토계의 토兔를 퇴退로 고치고, 자신의 호 '퇴계'로 삼았던 것이다.

그 후인 1548년 퇴계가 다시 출사하여 단양군수와 풍기군수를 거치던 중 병을 얻어 1550년에 다시 낙향을 하게 되었는데, 이때 퇴계는 퇴계의 서쪽 양지바른 곳에 한서암을 짓고 그곳에서 조용한 은둔 생활을 시작하였다. 이때 유생들이 계속 찾아오자 한서암 동북쪽 계천 위에 계상서당溪上書堂을 지었다. 그리고 1552년 성균관대사성이 되어 조정에 나갔다가 1560년에 낙향한 후, 지금의 도산서당을 지었다.

어떻든 시대에 유행하는 학문이나 권세, 벼슬 등에 휘둘리지 않았던 퇴계야말로 조선의 선비를 대표할 만한 인격자였음이 분명하다. 이처럼 학문이 깊고 덕행이 높은 그에게 제자들이 몰려들 것은 불을 보듯 뻔했다. 그런데 그 많은 제자들에게 싫어하는 기색조차 보이지 않고 모두 다 받아들였다고 한다. 그리고 제자 대하기를 마치 벗을 대하는 것처럼 하였다. 비록 어린 제자라도 함부로 이름을 부른다거나 '너'라고 하지 않았고, 보내고 맞을 때에는 항상 공손히 하였다. 그리고 제자들 부형父兄의 안부를 언제나 물었고, 제자들이 먼 길을 떠날 때에는 술을 대접하여 보냈다 한다. 퇴계가 후배나 제자를 아끼고 사랑한 큰 스승이었음은 율곡에 대해 '후생가외後生可畏[20]'라는 표현을 쓴 것에서도 미루어 짐작할 수 있다. 이렇듯 폭이 넓은 그였기에 고봉에 대해서도 정중하게 대할 수 있었으리라 추측된다.

이제 고봉에 대해 알아보기로 하자. 조선 중기의 문신이자 성리학자인 고봉은 퇴계의 문인이기도 한 기준奇遵을 계부로 두었다. 그런데 학문에

20 　후생가외(後生可畏): '뒤에 난 사람은 두려워할 만하다'는 뜻으로, 후배가 계속 학문을 닦고 덕을 쌓으면 언젠가 선배를 능가할 수 있기에 그만큼 두렵다는 의미이다. 일찍이 『논어』 편에서 공자가 언급했었다.

대한 고봉의 열정은 유독 강해, 문과에 응시하기 위하여 서울로 가던 도중 하서 김인후와 이항^{기대승과 함께 호남을 대표하는 5학 가운데 한 사람} 등을 만나 학문을 논하였고, 정지운의 『천명도설』[21]을 보고 퇴계를 찾아가 의견을 구하기도 했다. 그 후로 퇴계와 12년에 걸쳐 편지를 교환하였고, 그 가운데에서도 8년 동안 이루어진 이 사단칠정 논쟁이 그토록 유명하게 된 것이다.

당시는 연산군, 중종, 명종 시대에 일어난 사화士禍로 인하여 유학 선비들의 입지가 크게 위축되어 있었다. 특히 명종 때에 일어난 을사사화로 말미암아 많은 선비들이 죽고, 외척 윤원형과 명종의 친모 문정왕후가 권력을 농단하던 때였다. 바로 그 시절에 두 거인의 사단칠정 논쟁은 폭력과 부패로 얼룩진 시대에 학문진작의 풍토를 불러일으켰을 뿐만 아니라, 정암 조광조가 꿈꾸었던 성리학적 이상 세계를 구현하려는 선비들에게 희망이 되었다.

누가 토론의 승자인가는 상관이 없었다. 굳이 따지자면 두 사람 모두가 승자였다. 두 거장의 토론은 중국 성리학의 수입국 조선이 아니라 성리학을 새롭게 해석하고 새로운 학문의 경지를 개척한 나라로 조선을 우뚝 서게 만들었다. 고봉 기대승은 명종 이후 선조 즉위 초까지 경연[22]을 주도하며 소장 선비들의 입지를 넓혀 나갔다. 율곡 이이가 등장하기

21 　『천명도설(天命圖說)』: 조선 전기 학자 정지운이 천명(天命-하늘의 명령)과 인성(人性-사람의 성품)의 관계를 그림으로 나타내고 해설을 붙인 유학 책이다.

22 　경연(經筵): 임금이 학문이나 기술을 강론하고 연마하며, 더불어 신하들과 국정을 협의하던 자리이다.

전까지 고봉은 새로운 세상을 열고자 분투하던 시대의 아이콘이었다.

고봉은 과거에 급제한 후 승문원부정자와 예문관검열 겸 춘추관기사관을 거쳐 승정원 주서에 임명되었고, 사헌부집의를 거쳐 45세 되던 1572년, 성균관대사성에 임명되었다. 이후 대사간, 공조참의를 지내다가 병으로 벼슬을 그만두고 귀향하던 도중 고부^{오늘날 전북 정읍}에서 객사客死하였다. 대선배 이황이 타계한 지^{1570년} 2년 후의 일이었다. 다만 그의 관료 생활에 우여곡절이 많았던 것은 그의 직설적인 성격과 당시의 불안정한 정치 상황에 원인이 있었던 것으로 보인다.

어떻든 이 논쟁으로 말미암아 조선 후기의 성리학은 주리파와 주기파로 나누어지는 결과를 가져왔다. 하지만 다른 한편으로 퇴계의 사상이 상당한 체계를 갖추게 되었고, 나아가 조선의 성리학 자체가 한 차원 높아졌다고 하는 평가를 받기도 한다. 그리고 이 일의 결말을 떠나 정작 퇴계와 고봉은 서로 예의를 갖추어 정중하게 대하였다고 하니, 실로 학계에서 보기 드문 아름다운 광경이 아닐 수 없다고 하겠다.

04
나치가 갈라놓은 운명
-야스퍼스와 하이데거

독일의 실존주의 철학자 야스퍼스는 매우 까칠한 성격의 소유자로서 리케르트[23]뿐만 아니라 하이데거와도 사이가 썩 좋지 않았던 것 같다. 먼저 리케르트와의 관계에 대해 알아보도록 하자. 야스퍼스는 우여곡절 끝에 김나지움독일의 인문계 중등 교육 기관을 졸업하였다. 그러나 기관지 확장증이라고 하는 의사의 진단을 받고 만다. 이 때문에 하이델베르크로 가서 요양 겸 강의를 듣는데, 이때 야스퍼스는 자기 나름의 의학적 처방을 내리기도 하였다. 이러한 경험 때문인지 야스퍼스는 원래의 전공인 법률에서 의학으로 진로를 바꾼다. 의사 예비 시험과 국가 시험에 잇따라 합격한 그는 곧이어 실습을 마치고, 개업 의사의 자격증까지 따기에

---

23   하인리히 리케르트(1863~1939년): 독일의 철학자로, 서남독일학파의 완성자라고 할 수 있다. 베를린대학에서 공부한 후 프라이부르크·하이델베르크대학 등에서 교수를 역임하였다.

이른다.

그 후, 야스퍼스는 하이델베르크 정신의학 교실에 잠시 머물렀다. 그런 다음 막스 베버24의 중개에 힘입어 심리학자로서 철학부에 들어간다. 특히 베버는 그에게 있어서 '세계의 의의를 긍정할 수 있는 혼을 불어넣어 준 위대한 사람, 사회학자, 경제학자 그리고 실존 철학자'였다. 그러나 야스퍼스와는 달리 리케르트는 철학자로서의 베버를 인정하지 않았다. 이에 격분한 야스퍼스는 "당신이야말로 베버의 주석註釋에나 나올 만한 인물로서, 결코 후대에 이름을 남길 수 없을 것이오."라고 응수하였다. 이후 두 사람은 공공연한 적이 되고 마는데, 결국 이 사건은 야스퍼스로 하여금 '철학 교수로서 철학을 강의해야 한다'는 생각을 갖게 하였다.

그리하여 서른세 살 때에 하이델베르크 의학부로부터 교수 초빙이 있었음에도 불구하고, 야스퍼스는 이를 거절하고 철학 학부를 선택한다. 그리고 4년 후에는 당시 철학 학부 주임이었던 리케르트의 반대를 극복하고 정원 외 교수가 된다. 그리고 이듬해에는 철학 제2 강좌의 주임 교수가 되어 리케르트와 동등한 지위를 갖게 되었다.

다음으로 하이데거와의 관계이다. 하이데거가 『존재와 시간』을 출간했을 때, 가장 충격을 받은 동료 철학자가 바로 야스퍼스였다. 당시 야스퍼스의 니체 및 키르케고르 연구는 큰 업적으로 평가받고 있었으며 이를 바탕으로 새로운 철학을 구상하는 중이었다. 그런데 다섯 살이나 손아래인 하이데거가 한발 앞서 히트를 치고 말았던 것이다. 선두를 빼앗긴 야스퍼

24　막스 베버(1864~1920): 독일의 사회학자이자 경제학자이다. 마르크스와 더불어 현대의 사회과학에 큰 영향을 끼쳤다. 대표작으로 『프로테스탄티즘의 윤리와 자본주의의 정신』이 있다.

스는 서둘러 자신의 저서를 완성하였고, 여기에서 나온 책이 바로 『철학』이다.

독일이 낳은 이 두 거장은 얼핏 보기에는 큰 차이가 없었다. 추구하는 철학적 방향과 과제가 큰 틀에 있어서는 일치했고, 철학의 새로운 분야를 개척했다는 찬사도 동시에 듣고 있었다. 그러기 때문에 더욱 라이벌 의식을 가졌을지도 모른다. 하지만 찬찬히 들여다보면 두 사람 사이에는 차이점이 많다. 특히 나치 정권 하에서의 처신이 그렇다.

하이데거는 1917년 프로이센 장군의 딸인 엘프리데 페트리와 결혼했다. 반면 야스퍼스는 유대인 아내를 만난다. 야스퍼스가 의학 공부를 하던 시절, 진화생물학자 에른스트 마이어와 많은 시간을 함께 보냈는데 마이어는 그의 누이인 게르트루트를 야스퍼스에게 소개했고, 두 사람은 1910년 결혼하게 된다. 그러나 1930년대 나치 정권이 들어서면서 아내 거르트루트가 유대인이라는 사실이 문제가 되었다. 야스퍼스는 유대인과 결혼했다는 이유만으로 상당한 박해를 받았다. 철학과 주임 교수임에도 불구하고, 학교 행정에 관한 모든 권한이 박탈되었다. 그러자 사방에서 그에게 이혼을 권고했다. 그러나 야스퍼스는 꿈쩍도 하지 않았다. 급기야 야스퍼스는 대학 교수직마저 박탈당하게 된다. 1937년 여름학기가 끝나기 직전에 대학으로부터 휴직을 통보받은 것이다. 이 무렵 독일의 모든 대학에서는 유대인과 결혼한 교수들이 면직되었다.

급기야 그는 '외국으로 망명하든지, 아니면 국내에서 강제 이혼을 당하든지' 둘 중에 하나를 선택해야 하는 기로에 놓인다. 하지만 그는 이혼을 하지 않은 채 국내에 머물기로 하였고, 이때부터 죽음을 각오한 생활이 시작된다. 청산가리를 낮에는 선반에, 저녁에는 머리맡에 두었다. 왜냐하면 비밀 경찰이 언제 침입할지 모르기 때문이었다. 유언장도 미리 작성해두었다. 생사가 걸린 위기 상황에서 야스퍼스는 "혹시 내가 체포되어 죽임을 당하게 되면 부디 아내와 함께 묻어 달라."는 당부를 남겼다고 한다.

그럼에도 대학에 대한 애착을 버리지 못하고 매일 대학 주변을 돌아다녔는데, 이때 그의 부인은 남편을 위해 스스로 목숨을 끊으려고까지 하였다. 그 후 생활물자의 배급이 끊어지고 주택이 몰수되는가 하면 생명마저 위협받게 되어 야스퍼스 자신도 자살을 생각하였다. 그러나 한 가닥 희망을 가지고 저서들을 집필하기 시작하였다.

특히 그는 '과연 어떤 철학자가 두려움에 대항하였는가?'를 밝히기 위해 인물 중심의 철학사를 써 나갔다. 그는 나중에 이때를 회고하여 "나는 히틀러로부터 8년간의 휴가를 얻었다. 이 휴가가 없었더라면 나의 후기 철학을 완성할 수 없었을 뿐 아니라 위대한 철인들에 대해 알지도 못했을 것이다."라고 하였다. 그러나 그는 나치의 위협 속에서 저항하지 못하고 침묵만 지키고 있었던 사실에 대하여 후일 깊은 죄책감을 느끼며 살았다고 한다.

이와는 반대로 『존재와 시간』을 통하여 갑자기 유명해진 하이데거는 후설의 후계자로 프라이부르크 대학의 교수가 되었다. 그리고 1933년에는 같은 대학의 총장으로 추대되었다. 그런데 이때는 히틀러의 나치 정권이 집권하고 있던 때였다. 물론 독일 대학의 총장 자리는 명예직에 불과하여 일종의 보직과 같은 것이다. 그럼에도 불구하고, 당시 국민적 인기가 높았던 하이데거의 총장 취임은 그 자체가 독재 정권을 옹호하는 것으로 비쳐졌음에 틀림없을 터이다.

나치 정권 하에서 갈등하던 독일 철학계의 양 거두, 그들의 운명은 시간이 지남에 따라 변하기 시작했다. 보다 정확하게 말하자면 두 사람의 입지가 뒤바뀌게 되었던 것이니, 마침내 나치의 패망일인 1945년 5월 7일, 독일은 무조건 항복을 했고 야스퍼스는 다시 태어난 것과 같은 기쁨을 맛보며 신생 독일에 대한 희망에 부풀었다. 그는 13명의 교수로 구성된 위원회를 가동시키면서 대학 재건에 착수하였다. 야스퍼스의 존재는 패전의 굴욕감에 사로잡혀 있던 당시의 독일인들에게 있어서 커다란 위안이 되었다. 이제 세상은 그를 영웅으로 받들었다.

반면에 나치 정권 하에서 총장에 취임했던 하이데거는 그의 학문적 권위와 명예에 지울 수 없는 티를 남기게 되었다. 나치에 협력했다는 실수로 인하여 그는 나치가 패망한 1945년에 교수직을 내놓아야 했다. 그 후로 복직이 되긴 하였으나, 즉각 명예교수로 물러나고 만다. 여성 철학자 한나 아렌트[25]는 이러한 그의 과오를 "시실리 섬의 독재자, 디오니소스의 스승이 되었던 플라톤의 과오와 그다지 다르지 않다."고 평할 정도였다.

과연 한나 아렌트가 누구인가? 20세기 독일 실존 철학의 거장 마르틴 하이데거보다 17세나 어린 그의 제자, 그럼에도 불구하고 50여 년에 걸

---

[25] 한나 아렌트(1906~1975년): (제3장 '출세의 달인' 참조) 독일 출신의 정치 이론가이다. 유대인 집안에서 태어났으며, 마르부르크 대학에서 하이데거의 지도를 받으며 철학을 공부했다. 이후 나치에 적극 협력하던 하이데거에게 환멸을 느껴, 하이델베르크로 옮겨갔다. 그곳에서 야스퍼스의 지도를 받아 논문을 썼다. 그러나 1940년에는 독일 시인이자 철학자인 하인리히 블뤼허와 결혼했다. 제2차 세계 대전이 끝나고 하이데거와의 관계를 회복했으며, 청문회에서 하이데거를 위해 증언을 하기도 했다. 처음에는 이것이 남편의 권유에 따른 것으로 알려졌으나, 후일 그녀가 하이데거와 대학 시절부터 불륜 관계였기 때문으로 밝혀졌다.

쳐 사랑을 지속할 수 있었던 여자가 아닌가 말이다. 어느 날 69세가 된 그녀는 하이데거의 부인인 엘프리데마저 배제한 채, 병상에 누워 있는 하이데거 곁으로 다가간다. 25년 만에 본 하이데거의 얼굴은 무척이나 늙어 있었고, 게다가 죽어 가고 있었다. 그리고 자신의 애제자이자 사랑하는 여인을 끝내 알아보지 못했다. 1년에 겨우 서너 통 주고받을까 말까 했던 편지만으로도 그토록 긴 세월 동안 사랑을 유지할 수 있었던 스승에게 한나는 마지막 작별 인사를 고한다.

"당신을 처음 만나 사랑에 빠졌던 날처럼 당신을 사랑해요. 당신도 알고 있죠? 신의 뜻대로 나는 죽고 난 뒤에 당신을 더욱 더 사랑할 거예요."

한나는 그로부터 4개월 뒤, 갑작스런 심장마비로 세상을 떠났다. 그리고 하이데거는 다시 그로부터 6개월 후, 87세의 나이로 생을 마감했다.

제2차 세계 대전이 끝나자 하이데거보다도 야스퍼스의 철학이 더 많은 독자를 갖게 되었다. 하이데거에 비해 야스퍼스의 철학은 유럽 철학의 전통에서 크게 벗어나지 않으며 이해하기도 쉬웠기 때문일 것이다. 그 때문인지 우리나라에서도 야스퍼스를 소개하는 책들이 많이 나왔다. 하지만 그의 저서가 너무 많은 데다 다루는 범위 또한 너무 넓어서 독창적인 맛이 떨어진다는 비판도 있다. 그리하여 요즘에는 철학적 업적이나 그 깊이에 있어 하이데거가 더 높이 평가받는 경향이 있다.

참고문헌

강성률, 『2500년간의 고독과 자유』, 형설출판사, 2005

강성률, 『위대한 철학자들은 철학적으로 살았을까』, 평단, 2011년

강성률, 『철학스캔들』, 평단, 2010

강신주 외 14인, 『동양의 고전을 읽는다』, 휴머니스트, 2006

강영계, 『철학의 이해』, 박영사, 1994

강태권 외, 『동양의 고전을 읽는다』, 휴머니스트, 2006

공상철, 『중국, 중국인 그리고 중국문화』, 다락원, 2001

곽철환, 『시공불교사전』, 시공사, 2003

군나르 시르베크, 닐스 길리에 저, 윤형식 역, 『서양철학사1』, 이학사, 2016

군나르 시르베크, 닐스 길리에 저, 윤형식 역, 『서양철학사2』, 이학사, 2016

김길환, 『동양윤리사상』, 일지사, 1990

김영수, 『제자백가』, 일신서적, 1991

박은봉, (개정판)『한국사 100장면』, 실천문학사, 2000

박종홍, 『일반논리학』, 백영사, 1948(박종홍 전집 세트, 민음사, 1998)

박해용, 『청소년을 위한 서양철학사』, 두리미디어, 2004

반덕진 편저, 『동서고전 2000』, 가람기획, 2006

방누수, 『청소년, 책의 숲에서 꿈을 찾다』, 인더북스, 2012

서용순, 『청소년을 위한 서양철학사』, 두리미디어, 2006

석인해, 『장자』, 일신서적, 1991

신일철 외, 『한국의 사상가 20인』, 현암사, 1981

안광복, 『처음 읽는 서양 철학사』, 어크로스, 2017

안광복, 『청소년을 위한 철학자 이야기』, 신원문화사, 2002

엄정식 편역, 『버트런드과 분석철학』, 서광사, 1983

영남철학회, 『위대한 철학자들』, 미문출판사, 1984

요한네스 힐쉬베르거 저, 강성위 역, 『서양 철학사 상 고대와 중세』, 이문출판사,
    2015

요한네스 힐쉬베르거 저, 강성위 역, 『서양 철학사 하 근세와 현대』, 이문출판사,
    2015

이수광, 『공부에 미친 16인의 조선선비들』, 도서출판 들녘, 2012

이영재, 『재미있는 중국철학 이야기』, 박우사, 1993(홍익CNC, 2013, 전자책)

이쿠다 사토시 저, 김수진 역, 『하룻밤에 읽는 성서』, 랜덤하우스, 2000

이회문화사, 『중국역대인명사전』, 2010

임건순, 『제자백가 공동체를 말하다』, 서해문집, 2017

장기균 저, 송하경, 오종일 공역, 『중국철학사』, 일지사, 1989

장유고 저, 고재욱 역, 『중국근대철학사』, 서광사, 1989

전호근, 『한국 철학사』, 메멘토, 2015.

정병조, 『인도철학사상사』, 서림사, 서울, 2005

차마고도 편저,『청소년을 위한 세계의 문학』, 큰곰자리, 2010

차이위치우 저, 김영수 편역,『5000년 중국을 이끌어온 50인의 모략가』, 도서출
      판 들녘, 2015

철학교재편찬회 편,『철학』, 형설출판사, 1991

토오도오 교순·시오이리 료오도 저, 차차석 역,『중국불교사』, 대원정사, 1992

한국공자학회,『공자사상과 현대』, 사사연, 1980

한국정신문화연구원(한국학중앙연구원),『한국민족문화대백과사전』, 워키백
      과, 우리 모두의 백과사전, 1979~1991

한국철학회 편,『한국철학사』, 동명사, 1997

한단석,『서양 현대 철학사』, 신아출판사, 2012

현상윤,『조선유학사』, 민중서관, 1974

황광우,『철학하라』, 생각정원, 2012

황병석,『Basic 고교생을 위한 국사용어사전』, 신원문화사, 2001

B.러셀, 서상복 옮김,『서양철학사(A History of Westerrn Philosophy)』, 을
      유문화사, 2009

F.코플스톤, 김성호 역,『합리론: 데카르트에서 라이프니츠까지(A History of
      Philosophy: Descartes to Leibniz)』, 서광사, 1996

F.코플스톤, 박영도 역,『중세철학사(Mediaeval philosophy:Augustine to
      Scotus)』, 서광사, 1989

F.코플스톤,『철학의 역사(A History of Philosophy)』, The Newmann Press
      Westminster, Maryland, 1960

H.J. 슈테릭히,『세계철학사(Geschichte der Philosophie)』, 분도출판사,
      1981

I. F. 스톤, 편상범·손병석 역,『소크라테스의 비밀』, 간디서원, 2006

J. 힐쉬베르거, 강성위 역,『세계철학사(Geschichte der Philosophy)』, 이문출

판사, 1987

P. 존슨, 윤철희 역, 『지식인의 두 얼굴(Intellectuals)』, 을유문화사, 2005

S.P.램프레히트, 『즐거운 서양철학사』, 김문수 역, 동서문화사, 2017

W. 바이셰델, 이기상. 이말숙 역, 『철학의 뒤안길(Die philosophische Hintert
reppe)』, 서광사, 1990

① 최선을 다해 연락을 시도했음에도 저작권자를 찾지 못하거나 미처 연락받지 못한 인용문에 대해서는 정보가 확인되는 대로 판본에 반영하고 필요한 절차를 밟겠습니다.

② 인용된 부분 가운데 원전의 본뜻을 크게 벗어나지 않는 범위 안에서, 내용 축약과 필자의 독창적인 해석 및 추가적인 설명이 있을 수 있음을 밝힙니다.

고집불통 철학자들

© 강성률, 2023

1판 1쇄 인쇄__2023년 01월 05일
1판 1쇄 발행__2023년 01월 15일

지은이__강성률
펴낸이__홍정표
펴낸곳__글로벌콘텐츠
　　　　등록__제25100-2008-000024호

공급처__(주)글로벌콘텐츠출판그룹
　　　　대표_홍정표 이사_김미미 편집_임세원 강민욱 백승민 문방희 권군오 기획·마케팅_홍민지 이종훈
　　　　주소__서울특별시 강동구 풍성로 87-6, 201호
　　　　전화__02) 488-3280 팩스__02) 488-3281
　　　　홈페이지__http://www.gcbook.co.kr
　　　　이메일__edit@gcbook.co.kr

값 18,500원
ISBN 979-11-5852-379-4 03100